JN411842

차면望 기운다朔

차면望 기운다朔

최화웅 에세이

수필과비평사

| 열다섯 번째 책을 내며 |

저는 올해 여든셋입니다.

사람은 생태적으로 한 번 태어나 죽게 마련입니다. 그러나 인문학적으로 몇 번이고 다시 태어날 수 있다고 합니다. 우리는 옳고 그름, 오고 감, 차고 기우는 삶을 통해 스스로를 정화하며 새로워집니다. 저는 라디오가 현장의 소리를 그대로 전하던 1970년대 초 아날로그 시대 기자로 출발하여 해방공간의 혼란에 이어 6 · 25, 자유당 독재와 4 · 19 혁명, 5 · 16 군사쿠데타와 군사독재를 거치면서 총칼을 앞세운 독재자들의 비상계엄으로 숨죽였던 '죽음의 공포와 수난을 겪은 파괴적 시대'를 살았습니다.

하늘은 세상의 짙은 어둠을 뚫고 우리에게 태양과 달의 밝은 빛을 보내고 있습니다. 이론물리학자 카를로 로벨리(Carlo Rovelli)는 "보이는 세상은 실제가 아니다"라고 했습니다. 이 세상은 상호작용에 의해 사라지고 나타나는 변화를 거듭합니다. 우리는 우주宇宙와 연결된 흔들리지 않는 생명의 빛을 지닌 존재입니다.

저는 1991년 첫 글숲『MBC NEWS 최화웅입니다』에서 스스로 올곧은 기자가 되겠다고 다짐했습니다. 그렇게 해와 달이 뜨고 지는 동안 지난해 제67회 부산시 문화상(언론출판부문)을 받고 부산문화재단의 도움으로 새로운 글숲『차면望 기운다朔』를 발간하게 되었습니다.

저는 그동안 1,500여 편의 글을 쓰며 현실과 맞닥뜨렸습니다. 그때마다 온몸에 돋은 미뢰味蕾로 삶과 세상을 보고 듣고 느꼈습니다. 저는 "차면 기운다"는 자연의 순환이론을 기억합니다. 저의 끝없는 투병과 함께 금혼식을 맞은 아내의 높고 깊은 사랑과 우아한 애정이 저의 오늘을 지켰습니다. 한 점 꽃으로 다가온 손녀 리아와 유나에게 뜨거운 애정을 보내며「수필과비평사」를 이끄시는 서정환 회장님과 유인실 주간님, 그리고 출판사 편집관계자 여러분들께 깊은 감사를 전합니다.

2025년 3월 광안리에서

최화웅

차례

제 2 부

제 3 부

제 4 부

제 5 부

제 6 부

나의 수필론

제 1 부

차면望 기운다朔

뇌腦는 알고 있다

가면假面을 벗어라

선線이 말하다

마스크를 벗은 빈필 단원들

메튜 본의 로미오와 쥴리엣

말과 글은 행동이다

고향, 울말섬에 이는 강바람

망각의 레테 강변에서

오렌지재스민 꽃 피다

나는 서재에 산다

차면望 기운다朔

'차면 기운다.'는 말이 있다. 자연의 순환이 세상의 이치를 깨우쳐 주는 격언이다. 한자 '달月자'는 달의 모양을 본뜬 상형문자다. 밤하늘 초승달의 품에 안긴 샛별의 사랑스러운 모습이 우아하다. 차면 기우는 자연현상은 사물이 극極에 달하면 반드시 반전하는 세상의 이치를 깨닫게 한다. 달은 스스로 빛을 발하지 않고 태양의 빛을 받아서 되쏜다. 달빛은 차고 이성적이다. 지구에서 볼 때 하늘의 태양–지구–달이 순서대로 나란히 놓이면 보름으로 바라볼 '가득 찼다는 망望'이고 달이 태양과 지구 사이에 끼어 일직선을 이룰 때 그믐으로 '초하루 삭朔'이라 쓴다. 그믐은 '그믈다'에서 나온 말로 '저물다'라는 뜻이다.

달이 삭으로부터 다음 삭에 이르고, 망으로부터 다음 망에 이르는데 걸리는 자전 주기와 공전 주기는 약 27.321582일이다. 달은 초승달과 상현달, 보름달, 하현달, 그믐달을 거쳐 다시 삭으로 순환하기를 거듭한다. 우리는 어린 날 동요 「반달」을 노래하며 꿈을 키웠다. "푸른 하늘 은하수 하얀 쪽배엔/ 계수나무 한 나무 토끼 한 마리 / 돛대도 아니 달고 삿대도 없이/ 가기도 잘도 간다. 서쪽 나라로." 해와 달이 뜨고 지는 우주의 연출이 경이롭다. 그믐 이튿날 삭을 거쳐 음력 초사흘이 되어서야 새아씨 눈썹 같은 초승달을 보게 된다. 초승달은 초저녁 서쪽 하늘에 잠시 걸렸다 진다.

초승달이 뜨면 음력으로 새로운 한 달이 시작한 지 사흘째다. 초저녁 서쪽 하늘의 초승달 곁에서 빛나는 개밥바라기별, 샛별을 품은 밤하늘의 풍경은 아름답다. 초승달은 처음 생겨난 달이라는 뜻의 '초생初生달'이 그 어원이다. 그러나 세월이 흐르면서 '생'이 '승'으로 음운변화를 일으켰다. 초승달은 이슬람교의 상징이다. 초승달이 이슬람교의 창시자 마호메드가 동굴에서 깨달음을 얻어 알라신으로부터 계시를 받을 때 초승달과 샛별이 이를 지켜보았다는 뒷이야기다. 삶도 명예도 정치도 사업도 세부귀영화는 하나 같이 극에 달하여 찼다가 서서히 기울며 우리에게 자연의 순환적 변화를 보여준다.

아브라함 시대 믿음의 뿌리인 구약성서 창세기 16장 '하가르와 이스마엘'에서 출발한 이슬람 교도와 기독교 세력과 이슬람 세력이 오늘날까지도 나누어져 대립하고 다툰다. 17세기 오스만튀르크는 유럽을 침략하여 오스트리아의 빈까지 진격하였다. 오스트리아는 하얀 초승달이 그려진 군기를 휘날리며 닥친 15만 오스만튀르크 대군를 1만 5천의 병력으로는 도시 방어에 급급하였다. 결국 빈을 포위한 오스만튀르크 군은 도시 외곽에서 도심에 이르는 길이 결사 항전으로 막히자 결국 땅굴을 파서 기습하기로 하였다.

밤늦도록 일하던 제빵사 피더 벤더가 조용한 밤에 땅을 파는 기계 소음을 듣고 이상하게 생각하고 이를 궁중에 알려 땅굴의 정체를 밝혀냈던 것이다. 전쟁이 끝난 뒤 오스트리아 황제가 친히 제빵사 피터 벤더를 불렀다. 그 자리에서 피더 밴더는 황제에게 오스만트루크 군대를 물리친 것을 기념하여 초승달 모양의 빵을 만들고 싶다고 아뢰었다. 이에 황제는 흔쾌히 초승달 모양의 빵을 독점적으로 만들어 팔 수 있도록 허락하였다. 이런 사연으로 탄생한 초승달 모양의 '크루아상(croissant)'을 오스트리아 사람들이 즐겨 먹게 되었다.

크루아상은 마리 앙뚜아네트가 프랑스 루이 16세에게 시집들면서 크루아상을 전하여 프랑스에서 페이스트리로 만들어져 널리 퍼졌다. 프랑스 혁명 때 안주인으로 들어앉은 마리 앙투아네트의 호화 방탕한 생활상이 전해지면서 베르사이유궁을 향해 빈 남비와 후라이팬을 들고 시위에 나서 "먹을 것을 달라"고 절규했다. 정치는 국민이 편안하게 살면서 걱정 없이 배불리 먹이는 일이 첫째다. 당시 서민들이 생활고와 어려움에 비해 마리 앙뚜아네트 왕비의 사치스런 궁중생활이 국민에게 비난을 받았다. 이에 분노한 농민 노동자의 시위가 폭발, 전파되면서 프랑스 혁명의 도화선이 되었다.

뇌腦는 알고 있다

나는 퇴직을 앞두고 하루야마 시게오(春山 茂雄)가 쓴 『뇌내혁명腦內革命』을 읽었다. 그 뒤 지인의 권유로 박문호 박사의 『뇌과학 공부』를 읽고 나름의 뇌공부를 하게 되었다. 「이토록 뜻밖의 뇌과학」의 저자 리사 펠드먼 배럿은 "뇌를 안다는 것은 나와 인간을 이해한다는 것"이라고 말했다. 기록記錄의 사전적 의미는 "어떤 일을 수집, 정리하고 갈무리하여 특정 신호로 매체를 통해 남기는 것"이다. 나는 오늘도 탁상용 컴퓨터에 매달려 정보를 탐색하고 글쓰기로 시간을 보낸다.

컴퓨터는 PC로부터 계산 속도가 빠르고 많은 자료를 오랜 시간 꾸준히 처리할 수 있는 슈퍼컴퓨터로 발전하고, 슈퍼컴퓨터보다 1억 배 빠른 양자컴퓨터시대로 나아가고 있다.

깊은 밤 멀리서 들려온 파도소리와 개구리 합창이 내가 즐기는 자연의 화음으로 고향 명지의 들녘과 별빛 영롱한 겨울 밤하늘이 기억에 남아 있다. '기억記憶'의 사전적 의미는 "지난 일을 잊지 않고 외어 둠"이라고 풀이한다. 기억은 "과거의 사물에 대한 것이나 지식 따위를 머릿속에 새겨 두었다가 회상하는 것을 말한다."라고 했는데 어학사전에서 기억記憶은 첫째, 이전의 인상이나 경험을 의식 속에 간직하거나 도로 생각해 내는 것이고, 둘째 사물이나 사상事象에 대한 정보를 마음속에 받아들이고 저장하고 탐색하여 끄집어내는 정신 기능, 셋째 계산에 필요한 정보를 필요한 시간만큼 수용하는 기능이라고 정리하였다.

뇌腦는 우리말로 골骨이다. 우리의 뇌는 두개골 속 중추신경계中樞神經系의 중심으로 특정 다수의 신경 세포가 모인 것이다. 뇌는 대뇌大腦, 간뇌間腦, 소뇌小腦, 중뇌中腦, 뇌교腦橋, 연수延髓로 이루어져 있는데 뇌의 한가운데 자리 잡은 변영계의 해마가 기억하는 능력으로 학습과 공감을 분석하고 평가한다. 뇌의 무게는 남성이 1,350~1,450g, 여성이 1,200~1,250g으로 뇌의 용량은 오스트랄로피테쿠스의 뇌가 380~450cc, 호모하빌리스의 용량 530~800cc, 호모에렉투스의 뇌 용량은 900~1,100cc, 호모사피엔스의 뇌 용량은 1,300~1,600cc로 점점 늘어났다. 인류의 뇌의 용량은 원시 인류에 비해 현생인류가 2~3배 커졌다.

뇌에는 혈액의 20%가 흐른다. 뇌는 인체 중에서 가장 복잡한 기관으로 뇌는 받아들인 정보를 저장 · 기억 · 탐색하는 기능을 한다. 기억은 과거로부터 현재와 미래로 잇는 시간 의식의 출현과 자아와 인간문화를 형성한다. 인간의 뇌는 무려 1,000억 개의 뉴런(neuron, 신경세포神經細胞와 뉴런이 연결된 시냅스(synapse))가 신경네트워크를 이룬다. 뇌의 신경세포는 뇌를 통해 지능, 감정, 운동 등 다양한 기능을 수행한다. 얼굴의 귀 높이 근처 두개골 좌우 깊은 곳에 자리 잡은 한 쌍의 해마가 누워있다. 해마는 뇌의 한 부분으로 그 형태가 바다물고기 해마(海馬, Sea Horse)처럼 생겼다고 붙여진 이름이다.

그래서 라틴어 학명 해마(Hippocampus)를 얻었다. 해마는 감각기관이 보내는 모든 정보를 저장하는 기억의 창고다. 해마는 단기기억 부위와 언제 어디서 어떤 일이 있었는가에 대한 기억을 저장하고, 장기적인 기억과 공간개념, 감정적인 행동을 조절한다. 『우주에서 인간의 지위』를 쓴 막스 셀러(Max Scheler)는 "인간은 뇌를 통해 지각하고 인식한며 오성悟性의 물리적 매개체, 물리적 장소는 뇌이다."라고 하였다. "감각의 수용체와 분석, 통합 인식과 오성, 예측 등의 활동이 모두 뇌에서 일어난다. 그러므로 '뇌'를 제어하면 형식적으로 인간은 제어된 뇌에 의하여 통제될 수 있다."고 말했다.

뇌는 일상의 기억을 낱낱이 기록한다. 주로 좌측 해마는 최근의 일을 기억하고, 우측 해마는 태어난 이후의 모든 일을 기억하며 학습한다. '영혼의 눈'이 썩으면 뇌도 썩는다고 했다. 뇌의 해마가 손상을 입으면 새로운 정보를 기억할 수 없게 된다. 기억이 만들어지는 과정은 감각기관을 통해 정보가 뇌로 들어오면 정보를 조합하여 하나의 기억으로 저장하는 것이다. 뇌의 첨병尖兵은 눈과 귀다. 눈과 귀는 맑고 밝아야 한다. 인간은 감각기관으로 외부의 자극 대부분을 받아들인다. 감각기관은 시각, 청각, 미각, 후각, 촉각을 들 수 있으며, 이를 오감五感이라 한다.

사람은 오감 중 시각이 차지하는 비중이 약 80%를 차지한다. 감각기관의 핵심은 외부의 자극을 신경신호로 변환시킨다. 신경신호란 신경 세포인 뉴런을 통해 눈으로 들어온 정보를 뇌로 전달된다. 수용기에서 시작된 뉴런의 흥분이 뇌에 전달되어야 비로소 세상을 인식하게 된다. 컴퓨터와 달리 사람의 기억은 주소화되지 않았다. 사람의 기억은 다른 쪽에서 연상을 시켜주어야 비로소 연결되어 기억을 떠올릴 수 있다. 기억이 깜박거린다는 말은 여기에 문제가 있는 것이다. 기록記錄은 기억소자를 저장하다가 필요에 따라 다시 끄집어내 회상한다.

가면假面을 벗어라

가면은 거짓으로 타인을 속이기 위해 얼굴을 가리는 도구다. 성경에서는 "하늘 아래 무엇을 숨길 수 있냐?"고 묻는다. 가면은 좁은 의미로 얼굴을 가리고 넓은 의미로 전통 탈을 쓰고 양반사회를 조롱하는 연희에서 널리 사용하였다. 요즘 와서 마당놀이 공연이 잦아졌다. 흔히 가면은 얼굴 전체를 가리는 것과 얼굴 일부를 가리는 가면으로 나누어진다. 얼굴 아래를 가리는 가면을 복면腹面이라 부른다. 우리는 사람의 눈을 피하고 불통의 수단으로 메시지를 가로막는 정체사회, 비대면사회, 단절사회를 경험하며 산다.

이스라엘에서는 기원전 9,000년경 돌가면을 발굴하였고 우리나라에서는 부산 영도 동삼동패총에서 발굴된 가리비 조개껍질

무지에서 눈과 입에 구멍이 뚫린 조개껍질 가면이 발굴되었다. 평소 얼굴로 표출되는 감정을 표정으로 감출 수 있기에 이중적 태도나 내면의 고뇌를 가리려는 여러 가지 가면을 만들었다. 국어사전에서는 가면을 “연극이나 춤 또는 놀이에서 얼굴을 감추거나 달리 꾸미려고 종이, 나무, 흙 따위로 만들어 얼굴에 쓰는 물건”이라고 풀이하였다.

‘페르소나(Persona)’는 그리스에서 배우들이 무대에 오를 때 얼굴을 가리는 도구로 썼던 가면이다. 페르소나는 라틴어에서 사람(Person)의 인격, 성격(personality)을 표현한 어원으로 심리학에서 널리 쓰인다. 예부터 얼굴을 ‘얼의 꼴’ 이라 하듯 정신분석가 융은 인간의 모습을 페르소나라 칭하였다. 페르소나는 이탈리아어와 스페인어에서 발음 그대로 지금도 사람을 지칭할 때 쓰이고 “이미지 관리를 위해 쓰는 가면”을 의미하기도 한다. 우리나라에서 분장을 위해 썼던 탈을 광대 · 초라니 · 탈 · 탈박 · 탈바가지라 하였다.

‘가면(面, mask)’의 어원은 ‘domino, persona, mask’에서 찾을 수 있다. 그러나 엄격히 구분하면 얼굴 앞면을 가리는 면구와 가면으로 머리 전체와 뒷꼭지까지 감싸는 가두 · 가수 · 투두로 구분한다. 우리네 탈놀이假面劇에서 사용하는 탈은 얼굴 전면을 덮고 탈 뒤에는 ‘탈보假面布’가 머리를 동여매 후두부를 가린다. 20세기 들어 인간지능의 개발과 컴퓨터의 활용으로 인간의 확장이 하나의 공간을 이룬다. 그 첫 공간은 자신이다. 우리는 안과 밖, 겉과 속으로 나눈다. 속은 겉의 연장이다.

마종기 시인은 〈우화의 강〉에서 "사람이 사람을 만나 서로 좋아하면 두 사람 사이에 물길이 튼다."고 했다. 세상은 어디에서나 타인과 '너는 너, 나는 나'의 차이와 경계를 고집하며 '나와 너'로 나누어 고립시켜 놓았다. 내 생각이 남과 다른 차이점을 서로의 차이를 거부하고 극단적인 적대감으로 적과 동지로 나누어져 다투고 싸운다. 우리의 생각은 안과 밖, 겉과 속으로 나눈다. 산다는 것은 하늘과 땅 사이에 존재하는 것이다. 그것을 불가에서는 일찍이 불이不二라 하였다.

불이不二란 공空의 원리와 맞물린 개념이다. '나'는 어느 날 내면에서 울리는 '그건 네가 아니야', '가면으로 너의 얼굴을 가리지 마.'라는 말이 어디에선가 들려오는 듯 하다. '나와 너'라는 짝말은 가면을 쓴 인간관계 속에서 진정한 자아를 발견하고 찾아가는 길이다. 마르틴 부버는 『나와 너』를 통해 인간관계가 깨진 현대의 위기 상황을 극복할 수 있는 대안을 제시하려고 하지 않았던가. 나는 현실의 삶을 통해 무엇인가를 느끼고 생각한다. '나'는 '너'로 인하여 비로소 '나'가 되는 것이라는 깨우침을 얻게 된다.

선線이 말하다

나는 젊어서 "직선直線은 죽음의 길이요 곡선曲線은 생명에 이르는 길"이라고 들었다. 직선은 곧아 빠른 지름길이다. 직선이 부딪혀 꺾이거나 부러지는데 비해 곡선은 휘어져 둘러간다. 어느 날 새벽에 배달된 주말 타블로이드판 신문 간지에서 이병남의「청년의 계절을 지난 삶… 노년의 성장은 부드러운 곡선처럼」이라는 제목의 기사를 읽었다. 거기서도 스페인 건축가 가우디는 일찍이 "직선은 인간의 것, 곡선은 신의 것"이라는 말을 인용하고 있었다.

사람의 행동은 한결같이 변함없는 바름과 곧음을 요구한다. 욕망에 눈이 어두워 시작과 끝을 보지 못하는 사람들로 세상은 항상 어지럽다. 뱃사람의 눈에 수평선 너머 먼바다를 눈으로 내다

볼 수 없듯이 항구를 떠난 배의 도착지는 보이지 않는다. 지구가 둥글고 시력의 한계 때문이다. 우리의 삶도 직선과 곡선으로 이루어지면서 보일 듯 말 듯, 빛과 어둠이 우리를 시험에 들게 한다. 인간은 바로 가든 에둘러 가든 끝내 우리가 가는 종착지는 죽음이다.

기하학적으로 점(點, dot)과 점이 이어져 선(線, line)을 이루고 면(面, surface)과 면이 만나 공간(空間, space)을 만든다. 선은 이어지고 연결한다. 면은 서로를 갈라 놓고 나눈다. 직선은 칼과 얼음처럼 냉혹하고 비정하다. 그러나 곡선은 부드럽고 정감과 여유, 차분한 흐름으로 감싼다. 법정은 잠언집 『살아 있는 것은 다 행복하라』에서 "사람의 손이 빚어낸 문명은 직선이다. 그러나 본래 자연은 곡선이다."라고 했다.

서둘지 않는 노년이 펼치는 삶은 젊은이처럼 빠른 직선이 아니고 스스로를 성찰하며 쉬엄쉬엄 돌아가는 굽이 길로 이 세상을 느릿느릿 의義로운 인생길이다. 내가 맞은 노년의 길이 아무리 고루하고 험난하여 고통스럽다 해도 느린 곡선 따라 삶을 곱씹으며 성찰하게 되리라. 생명의 길로 나아가는 하늘의 길은 오늘도 하나의 선線으로 '나의 생각, 우리의 삶'은 찬란한 굽이 길로 쉼없이 나아가리라.

마스크를 벗은 빈필 단원들

2021년 11월 17일 수요일 하루의 일상은 불행과 행운이 겹쳤다. 그날은 낙상사고로 입원 중인 병원에서 퇴원하는 날이자 투석 치료가 없는 날이었다. 이른 저녁 아내와 함께 오페라 글래스를 챙겨 백스코 오디토리움으로 나섰다. 만나는 사람들의 눈빛이 하나같이 기대와 설렘으로 넘쳤다. 연주 시간이 되자 빈필 단원들이 좌우 벽면 커튼을 제치고 한 사람씩 등단하였다. 단원들은 자리를 잡기 전 무대에 서서 쓰고 있던 마스크를 벗어 주머니에 넣으면서 객석의 청중들과 시선을 맞추며 인사를 나누었다. 마침내 수석 바이올리니스트의 사인으로 튜닝에 이어 지휘자 리카르도 무티(Riccardo Muti)가 등단하였다.

수석 바이올리니스트 다니엘 프로샤우어는 이번 부산 공연에 대해 “여러 번 연주 여행을 해왔지만 이번 한국 투어만큼 감정이 복받치는 일이 없었다.”고 말했다. 빈필은 여든의 지휘자 리카르도 무티가 지휘봉을 잡았다. 빈필은 우리나라와 일본에서만 공연이 이루어졌다. 120명의 단원들이 백신 접종을 완료하고 지난 3일 전세기로 일본에 도착해 도쿄 등 4개 도시에서 7회 공연을 마친 후 12일 우리나라로 건너왔다. 호텔과 공연장을 오가는 동선 이외에 일체의 외부 출입을 금지하는 조건으로 지휘자 및 오케스트라 단원 등을 포함하여 총 120명이 자가격리 면제를 승인받았다.

빈필의 한국 공연은 14일 서울 세종문화회관 공연에 이어 15일 대전, 16일 서울 예술의전당, 17일 부산 벡스코 오디토리움에서 공연을 가졌다. 빈필은 맞춤 제작 악기 호른과 트라이앵글, 염소가죽 팀파니가 선율을 한결 풍요롭게 했다. 오랜 세월에 걸쳐 고유한 악기와 뛰어난 연주 기량을 자랑하는 단원들로 구성된 빈필이 청중의 귀를 사로잡을 수 있는 데에는 단원과 청중 모두가 공연에 마음을 모았기 때문이리라. 코로나19 이후 공항이 닫힌 이후 대규모 해외 오케스트라의 내한 공연은 빈필이 처음이다. 객석은 흥분과 설렘으로 가득 찼으나 1, 2부의 레파토리는 차분하고 담백했다.

이번 공연에서 연주한 곡은 모차르트의 교향곡 「하프너」와 슈베르트의 교향곡 제9번 「더 그레이트」였다. 슈베르트의 교향곡 제9

번은 1821년 '미완성 교향곡'을 작곡한 지 7년 만인 1828년 3월에 작곡된 작품이다. 그는 이 곡을 작곡한 지 9개월만인 그해 11월 31세의 나이로 세상을 떠났다. 앙코르로 연주한 베르디 오페라 「운명의 힘」 서곡은 한결 풍부하고 부드러운 연주로 억제된 분위기를 해체시켰다. 「운명의 힘」 서곡은 칼라트라바 후작의 딸인 레오노라와 잉카의 마지막 귀공자인 알바로가 서로 사랑하지만 극구 반대하는 레오노라의 아버지를 피해 함께 도망하려다가 사고로 연인의 아버지를 죽이게 된 불운한 운명을 노래하였다.

알바로 자신도 끝내 절벽에서 뛰어내려 죽음을 맞는 사랑의 운명이 줄거리다. 그만큼 서곡도 처음부터 음울하고 비극적이다. 금관악기의 음색은 무언지 모를 두려움이 깃든 장엄함을 드러내고 그 관현악의 숲을 지나면 현악기의 선율로 인해 팽팽한 긴장감이 물결쳤다. 이어서 남자 주인공 돈 알바로의 슬픈 테마가 구성진 오보에의 음색으로 우리의 마음을 울린다. 「운명의 힘」 서곡은 여주인공 레오노라의 간절한 기원 같은 가락을 현악기가 되풀이하여 떨리는 듯 연주하는 트레몰로로 이어간다. 가락이 무척 아름답고 인상적이었다. 천천히 느릿하게, 때로는 격정적으로 빠르게 변화하는 연주에서 금관악기의 힘찬 합주가 여태까지 따라오던 불안감을 떨쳐내고 현란한 관현악의 연주로 마무리하였다.

메튜 본의 로미오와 쥴리엣

어버이날을 앞두고 우리 부부는 사위로부터「로미오와 쥴리엣」 공연을 예약했다는 연락을 받았다. 우리 부부는 2019년「백조의 호수」공연에 이어 5년 만에 매튜 본의 공연을 다시 보게 되었다. 공연 날짜를 투석 치료가 없는 5월 24일 금요일 오후로 잡았다. 대사가 없는 발레 무용극「로미오와 쥴리엣」은 스토리텔러의 명 안무가 매튜 본의 강렬하고 도발적인 연출에 환상적인 프로코피 옙의 발레 모음곡이 셰익스피어 대본을 만나 최고의 러브 스토리를 완성하였다. 뮤지컬이듯 발레의 형식에서 벗어난 영국 무용단 뉴 어드벤처스의 춤을 보게 되었다. 매튜 본은 셰익스피어의 희곡과 프로코피옙 음악으로 각색한 베로나의 로맨스를 부산에 전했다.

셰익스피어의 희극은 1597년에 쓴 아름답고 슬픈 사랑의 이야기다. 「로미오와 쥴리엣」은 무용계에서 본격적으로 만들어지기 시작한 것은 1935년 프로코피엡의 「로미오와 쥴리엣」 4막 10장이었다. 매튜 본은 정신병원을 연상시키는 하얀 벽과 타일의 베로나 인스티튜트를 배경으로 다양한 소품과 역동적인 춤으로 식상한 고전의 무대를 금지된 사랑과 청년기의 각성을 새롭게 조명하였다. 오랜 세월 쌓아온 몬터규와 캐풀렛 가문의 갈등은 덮어 두고 두 가문의 아들과 딸인 로미오와 쥴리엣이 가면무도회에서 서로 첫눈에 반해 사랑을 함께하기로 맹세한다. 안무가는 1590년대 젊은이의 사랑을 이 시대 10대들의 이야기로 다시 만들어 내기 위해 많은 변화를 시도하였다. 즉 「로미오와 쥴리엣」의 대단원을 아름다운 비극의 자결로 각색함으로써 매튜 본은 약물, 트라우마, 우울증, 학대, 성 정체성 등 젊은 세대가 마주한 사회적 문제를 가감 없이 묘사하여 공감을 불러일으켰다.

이 작품은 오늘날 10대의 이야기로 재탄생시킨 것이다. 우리 주위 어딘가에 숨쉬고 있을 로미오와 쥴리엣이 마주한 약물, 트라우마, 우울증, 학대, 성 정체성 등 젊은 세대가 겪고 있는 사회문제를 거침없이 표출시켰다. 매튜 본은 “이번 공연은 「로미오와 쥴리엣」의 결말을 그 어떤 버전보다 비극적인 끝맺음으로 마무리한다.”고 밝혔다. 매튜 본의 무용극은 대중에게 익숙하고 뻔한 줄거리를 새롭게 재해석한 스토리텔링이 특징이었다. 대표적인 예가 「백조의 호수」로 「백조의 호수」는 영국의 왕실을 배경으로 연약한 여성 백조 대신 근육질을 자랑하는 남성 백조를 등장시킨 것을 비롯하여 주인공이 뱀파이어가 되는 「잠자는 숲속의 미녀」, 오페라 「카르멘」을 자동차의 정비소 배경의 스릴러로 바꾼 「카 맨(The Car Man)」처럼 「로미오와 쥴리엣」은 원작처럼 두 집안의 갈등이 원수지간이 된 현실을 접고 현대적 감각으로 새로운 이야기를 재창조하였다.

안무가 매튜 본은 "무용에서 심각한 사회 문제를 다루는 것이 낯설고 어렵게 느껴졌지만 영화, 드라마, 연극에서 이런 문제를 보다 정직하게 다루는 것이 중요하다."는 생각을 무대에서 실현하였다. 이어 "내면의 악마와 싸우는 쥴리엣, 경험이 부족하고 별난 로미오, 동성 커플, 감정적 깊이가 있는 악당에 대한 묘사가 관객과 공감대를 형성할 것"이라고 밝히고 2018년 영국 전역에서 1,000명 이상이 참여하는 대규모 오디션을 통해 흑백을 가리지 않은 신예 10대 무용수를 선발하였다. 매튜 본은 '발코니 듀엣' 장면에서 역사상 가장 긴 로미오와 쥴리엣의 키스 장면 또한 성공적이었다. 매튜 본의 「로미오와 쥴리엣」은 젊은이의 불같은 사랑을 보다 강렬하게 표현하기 위해 감미로운 키스 장면을 무려 5분이나 끌고 가면서 입술을 맞댄 채 몸을 끌어당기는 격렬한 연기를 연출하였다.

「로미오와 쥴리엣」에서 빼놓을 수 없는 '발코니 정경'으로 로미오와 쥴리엣을 들어올리는 리프트 동작을 반복해 감정을 절정으로 끌어올려 클라이맥스를 맛보게 하였다. 이 같은 연출과 연기를 통해 두 사랑의 감정을 관객들에게 직접 전달하려고 애썼다. 「로미오와 쥴리엣」에서 사랑에 불타는 10대들의 감정을 그대로 무대 위에 올려놓은 채 두 집안의 케케묵은 갈등을 제거함으로써 기성세대에 의해 격리된 청춘남녀의 비극적 사랑이라는 원작의 본질을 더욱 뚜렷하게 재해석한 새로움이 돋보였다.

말과 글은 행동이다

말과 글은 곧 행동이다. 말과 글은 그 사람의 의식과 품격을 반영한다. 말은 그 사람의 성정性情과 됨됨이를 곧이곧대로 드러낸다. 그래서 우리가 듣는 '싸가지'라는 말은 화자話者와 필자筆者를 동시에 떠올리게 한다. 더구나 시대에 따라 말과 글의 표현과 반응은 다르다. 요즘 같은 시대에 남을 속이고 끝내 이겨야 하는 비뚤어진 자유 경쟁사회에서 수단 방법을 가리지 않고 싸운다. 남을 속이고 죽여서라도 내가 이겨야 하는 비정함은 유아독존 독자생존에 있다. 마치 해방정국解放政局의 살벌한 세상이 지금 되살아난 듯하다. 오늘날 우리는 정치꾼과 권력계, 언론, 교수와 지식인들마저 옳고 그름을 가리지 않은 채 자신의 이득을 앞세우는 패거리가 되어 서로 헐뜯고 다투며 편가르기와 세몰이에 열중한다.

'싸가지'는 우리 말에서 주로 부정적인 의미로 사용되는 표현이다. 보통 누군가가 무례하거나 예의 없을 때 그 사람을 비하하는 의미로 쓰인다. "싸가지 없다."라는 표현이 그렇다. 다만, 이러한 표현은 상대방에게 상처를 줄 수 있기 때문에, 사용할 때 각별히 주의하는 게 좋다. '싸가지'는 싹수머리를 뜻하는 우리말로 강원도와 전라도에서 널리 쓰인다. '싸가지'의 사전적 의미를 "앞으로 잘 트일 만한 낌새나 징조"를 뜻하는 말에서 그 근원을 찾을 수 있다. 국문학자 정민의 자상한 설명을 들어보자. "씨앗을 심고 얼마 지나면 싹이 나온다. 어떤 씨앗은 제 껍질을 더리에 이고 새 떡잎을 밀어 올리기도 한다."고 했다. "될성부른 나무는 떡잎부터 알아본다."고 하지 않았던가.

처음 나온 새싹은 여린 연둣빛이다. 움터 나오는 새싹의 여린 모가지가 싹아지. 즉 싸가지다. 싸가지가 없으면 기다려봤자 헛일이다. 곡식은 싸가지가 있어야 하고 나아가서 사람은 더욱 튼실한 싸가지를 가져야 한다는 말이다. 동네 어른들은 어려서부터 싸가지가 없으면 커서도 알곡 없는 쭉정이라 하셨다. '싸가지'는 '싹'+'아지'로 이루어진 낱말인데, '싹'은 말 그대로 풀 같은 것의 싹이고 '아지'는 강아지, 송아지, 망아지 등의 '새끼'가 변한 말이다. '싸가지가 없다.'는 말은 곧 가망이나 희망이 없다는 말이다. "싸가지가 없다."는 말은 "가망이 없다", "희망이 없다", "안 될 거야 아마" 등의 말과 같은 의미다. 우리가 흔히 '싸가지 없다'라고 말할 때 그 '싸가지'는 "예의나 버릇이 없는 사람을 일컫는 말"로 결코 좋은 의미로 쓰이는 말은 아니다.

지난 2008년 2월 『경향신문』 논설위원 이승철은 「싸가지 결핍증」이라는 칼럼에서 "질병 중 진짜 고치기 힘든 질병이 있다. 싸가지가 없을 때 걸리는 질병이 바로 그것이다. 이 병의 현상은 아무에게나 반말을 한다."라고 했듯이 상대를 함부로 대하는 상스런 말투다. 전북대 강준만 교수는 2014년 『싸가지 없는 진보』에 이어 2020년 『싸가지 없는 정치』에서 「싸가지 3대 용법」으로 첫째, 매우 심한 무례를 지적할 때 둘째, 도덕적 우월감을 지적할 때 셋째, 언행이 일치하지 않는 위선을 지적할 때 쓰는 말이라고 하였다. 1395년 태조 3년 한양 도성都城을 건립할 때의 일이다. 인간人間이 갖춰야 할 인仁, 의義, 예禮, 지智, 신信 등 오상의 덕목에 따라 유교적 철학과 이념을 국시로 삼은 조선은 동대문을 인仁을 상징하는 측은지심惻隱之心을 일으키는 문으로 흥인지문興仁之門이라 하였다.

서대문은 의義로 사양지심辭讓之心으로 자신을 낮추고 겸손하여 두텁게 갈고 닦는 문이라 하여 돈의문敦義門, 남대문은 예禮를 숭상하는 문이라 하여 숭례문崇禮門으로 지었다고 전한다. 우리가 어릴 때 숭례문을 크리스마스 씰에서 보았다. 북문의 지智는 시비지심是非之心으로 옳고 그름을 가릴 줄 아는 마음으로 홍지문弘智門이라 하였고 중심의 가운데를 뜻하는 "신信"을 넣어 보신각普信

閣을 세웠다. 보신각의 종소리를 그냥 흘려듣기보다 '싸가지 있는 세상'을 바라는 마음을 전하려는 시대정신으로 받아들이면 어떨까. 우리는 지금 총성 없는 전쟁 같은 총선을 치르는 싸가지가 없는 세상에 살고 있는지 모를 일이다.

고향, 울말섬에 이는 강바람

강에는 물이 흐른다. 물은 높은 곳으로부터 낮은 데로 흘러 바다에 이른다. 강은 넓고 길게 흐르는 큰 물줄기로 옛날에는 가람이라 일컬었다. 강의 옛말 가람은 '큰 강' 또는 '대수'라는 뜻을 가졌다. 명지는 어린 날 희미한 추억과 첫사랑의 그리움, 서리와 해루질의 추억이 자리 잡은 곳이다. 울말섬이라는 옛 이름의 명지는 하단과 녹산 사이 낙동강의 삼각주다. 하단 쪽에는 하구언河口堰이 녹산 쪽에는 수문水門이 바닷물을 막아 수돗물을 마시고 농사를 지을 수 있게 되었다.

지금은 논밭과 염밭을 메워 아파트와 빌딩을 짓고 자동차가 달리는 낯선 신도시로 변하였다. 그곳은 원래 싱그러운 강바람이 불고 질펀한 갈숲과 갯벌이 펼쳐진 섬마을이었다. 명지의 옛 골목에 들어서면 그리운 사람이 얼굴을 내밀 것만 같다. 어린 날 명지가 노상 그립다. 명지는 700리를 달려온 낙동강이 바다와 만나는 곳으로 사계四季의 변화가 뚜렷하다. 명지의 사계는 이른봄이면 강가에 남은 얼음이 녹을 때쯤 강이 몸을 풀고 강둑을 언덕삼아 내려다본 풍광은 어린 물새들의 목소리와 갈순의 생명력이 이어진다.

평소 낮은 목소리로 속삭이듯 흐르는 어질기만 한 강이 여름이면 큰물이 지져서 거센 흙탕물로 우렁차게 흐른다. 큰물 진 강물에 초가지붕과 축사가 떠내려왔다. 축사 위에 오른 소, 돼지, 닭 등 가축들이 때아닌 동물농장을 연출하며 울음을 터뜨렸다. 개울물은 자갈을 굴리며 흐르지만 깊은 강물은 속으로 소리없이 흐느꼈다. 가을이면 하늘 높푸르고 해돋이와 해넘이 때 강물 위에 핀 윤슬이 눈부시고 황홀했다. 그 빛은 수평선까지 이어지고, 들녘에는 농부의 발걸음 따라 잘 익은 나락이 고개를 숙이며 농부의 귀가를 맞는다.

무더위가 가고 서늘한 강바람이 불어오는 가을이면 갈숲이 카키색으로 옷을 갈아입고 온몸으로 춤춘다. 거룻배로부터 청년배에 이르는 크고 작은 배들이 가을을 실어 나르느라 부지런히 강기슭을 오르내린다. 뱃전에 싱그러운 강바람이 불어와 속삭이고, 돛 가득 강바람을 실은 돛단배가 그림처럼 미끄러진다. 강나루에는 나들이 끝에 돌아오는 아낙들과 통학생들의 발걸음이 종종걸음을 쳤다. 강은 합성어로 강처녀, 강마을, 강가, 강기슭, 강나루, 강물, 강바닥, 강섶, 강어귀, 강줄기, 산골강, 샛강, 뒷강, 강쇠바람, 강교, 강구, 강안, 강동, 강남, 강낚시 등이 있고 강변, 강산, 강촌 등이 정겹다.

우리가 입에 달고 다닌 동요 「산바람 강바람」은 첼리스트 박태현의 작곡으로 일제강점기 1936년에 선보인 노래다. 오늘따라 청록파 시인 박목월의 「나그네」가 절로 외워진다. 「나그네」 시에는 "술 익는 강마을의 저녁노을이여-지훈"이라는 대목이 부제로 붙은 시구가 떠오른다.

나그네

— 술 익은 강마을의 저녁노을이여 — 지훈

강나루 건너서
밀밭 길을

구름에 달 가듯이
가는 나그네

길은 외줄기
남도 삼백 리

술 익은 마을마다
타는 저녁놀

구름에 달 가듯이
가는 나그네

박목월이 자신의 고향인 경주로 조지훈을 초대하였다. 그리고 목월의 초대를 받은 지훈은 경주로 향했고, 그곳에서 두 사람은 많은 이야기를 나누게 된다. 그때 경험했던 목월의 인정과 경주의 풍물이 기억에 남아 조지훈은 목월에게 보내는 편지로 자신을 달래다가 「완화삼」을 짓게 되었다.

완화삼(玩花衫)
— 목월에게

차운산 바위 위에 하늘은 멀어
산새가 구슬피 울음 운다.

구름 흘러가는
물길은 칠백 리(七百里)

나그네 긴 소매 꽃잎에 젖어
술 익는 강마을의 저녁 노을이여

이 밤 자면 저 마을에
꽃은 지리라

다정하고 한 많음도 병인 양하여
달빛 아래 고요히 흔들리며 가노니

박목월의 시 「나그네」는 '강나루 건너 밀밭 사이로 외길이 끝없이 펼쳐져 있는 고적한 전원 풍경'을 그린다. 그리고 외길에서 느끼는 나그네의 고독은 삼백 리로 더욱 멀고 까마득하기만 하다. '남도 삼백 리'는 실제의 거리라기보다 화자가 느끼는 고독한 나그네의 심사였으리라. 외길로 길게 뻗은 쓸쓸한 황톳길 따라 어느 마을을 지날 때 코끝에 와닿는 술 익는 향기, 마침 서산의 석양이 붉게 번지는 들녘의 정경이 고독한 나그네의 눈에 비친 강마을의 모습은 오늘도 변함없이 서정으로 아름답다.

망각의 레테 강변에서

나는 '만 나이 통일법'에 따르면 산수傘壽를 지나 망구望九에 들었다. 세월은 참 빠르다. 이제까지 산 것만 해도 장하고 스스로 감동한 일이다. 하루하루 산다는 의미는 하루하루 죽음에 가까이 다가서는 것이리라. 태평양전쟁 중 1943년 12월 20일 병중의 어머니로부터 태어난 나는 우리나라 사람들의 건강수명과 평균수명을 모두 넘겼다. 그러나 11년째 혈액투석치료로 연명한다. 우리는 왜 늙고 병들어 노화와 수명을 이기지 못하고 죽는가? 새해 들어 아파트 둘레길을 걷다 넘어져서 무릎뼈 골절로 두 달 넘게 입원하기도 하였다. 그 뒤 휠체어와 러너(runner)에 의존하여 입원실을 벗어났다. 요즘은 퇴직 이후 내가 즐기는 일상은 무엇보다 여유와 자유다.

젊은 날 마감 없는 기자 생활에 쫓긴 일상을 벗어나 자유로움에 이르는 길을 찾은 것이 나에게는 크나큰 축복이다. 사람들은 100세 시대는 물론이고 120세까지 건강을 유지하며 살아갈 준비를 해야 한다고 이야기한다. 그러나 최근 들어서 느끼는 몸의 변화는 다리 근력과 시력의 노화를 느끼고 눈꺼풀이 처지고 눈의 흔들림으로 초점과 원근遠近을 조절하기가 어려울 때가 있다. 오래도록 책을 읽고 신문을 펴놓고 읽기가 차츰 힘들어진다. 다음 달에는 책을 읽고 글을 더 쓰기 위해서 눈을 안정시키고 시력을 회복하기 위해 안과 병원을 찾아 정밀검사를 받기로 했다. 필요하다면 '노인성 당뇨망막병증의 치료와 백내장 수술'을 대비하기로 하였다.

나이 들수록 야외 활동과 외출 외식을 삼가고 안전에 유의한 실내 생활로 하루 평균 5~6천 보를 걷고 스트레칭을 한다. 이제 더 늦기 전에 세 살 버릇을 털어내고 바른 자세를 갖기로 해야겠다. 이만큼의 나이에서 죽음을 준비할 때다. 우리나라 노인층의 사망자가 늘어나는 연령층은 남자 85세, 여자 90세부터라고 한다. '밤새 안녕'이라는 말이 있듯이 내일 일은 아무도 모른다. 또한 모든 이가 피할 수 없는 마지막 떠나는 길이 죽음이다. 80부터의 삶은 그 이전과는 확연히 다르다. 어제까지 하던 일을 이제 와서 할 수 없게 되고 나이듦에 따라 두려워지고 주저하는 일이 늘었다. 최근 30년 이상 고령자 의료를 전담했다는 일본 정신과 의사 '와다

히데키(和田秀樹)'가 쓴 『80세의 벽』을 읽었다.

히데키 선생은 "80의 벽을 넘으면 인생에서 가장 행복한 20년이 기다린다."고 했다. 피터 · G 피터슨이 쓴 『노인들의 사회 그 불안한 미래』와 노인의학전문가 루이즈 애런슨이 쓴 『나이듦에 관하여』, 장 아메리의 『늙어감에 대하여』를 읽으며 나름의 '나이 공부'를 하였다. 특히 호주 농가바라 원주민 칼 · 에릭 스베이비와 텍스스쿠프트가 쓴 『모든 것을 살아 있게 하라』와 전혜성의 『가치 있게 나이 드는 법』, 대화록 『지혜롭게 나이 든다는 것』을 비롯하여 일본 작가 소노 아야코의 계로록戒老錄 『나는 이렇게 나이들고 싶다』와 엘리자베스 M, 토마스의 『품위 있게 나이 든다는 것』을 차례로 읽으며 스스로를 돌아보았다.

그 밖에도 2005년 미국 현대문학 작가 코맥 메카시의 소설 『노인을 위한 나라는 없다』는 충격과 고려시대 나이든 집안 부모를 낯선 곳이나 깊은 산속에 내다 버렸다는 슬픈 고려장高麗葬의 이야기와 돈벌이를 위한 시대적 산물인 노치원과 양로원, 요양병원이 거리마다 높은 빌딩에서 성업 중이다. 소리꾼 장사익의 노래 「꽃구경 가다」가 지금과 같은 퇴행과 혼란의 시대에 우리의 마음을 울린다.

옛 그리스인들의 망자亡者의 저승 가는 길을 생각해 본다. 그리스인들은 죽어서 고통의 강을 건너는데 네 번째 강에서 영혼을 불태워 정화하고 마침내 다섯 번째 레테의 강을 건너 모든 것을 잊는다고 했다.

그리스 신화 속 '레테의 강'은 살아서 쌓은 기억을 비우는 망각의 강이자 망자가 마지막 건너는 죽음의 강이다. 망자는 하나같이 하데스가 지배하는 지하 세계로 간다. '레테의 강'은 망자가 하나같이 가야 하는 마지막 강이다. 아케론(Acheron)은 슬픔/비통, 코키투스(Cocytus)는 탄식/비탄, 플레게톤(Phlegethon)은 불, 레테(Lethe)는 망각, 스틱스(Styx)는 증오를 상징한다. 망자는 명계로 가면서 레테의 강물을 한 모금씩 마신다. 레테 강물을 마신 망자는 과거의 모든 기억을 말끔히 지우고 전생의 번뇌에서 해탈한다. 나도 이제 곧 지하의 세계, 하데스로 가는 '레테의 강'을 건너야 할 때가 가까웠다. 그때를 위해 이형순의 『마음이 나이만큼 안 늙어서』를 다시 읽는다.

오렌지재스민 꽃 피다

거실 창가의 오렌지재스민(OrangeJasmin)이 꽃을 피웠다. 은은한 꽃향기가 집안 가득하다. 나는 사계 중에서도 봄날 아침 하늘을 우르러 봄기운에 취하는 날이 가장 행복하다. 오렌지재스민의 잎과 열매는 오렌지와 비슷하고 향기는 은은한 재스민 향을 뿜어내서 붙여진 이름이란다. 새봄은 생명의 계절이다. 아파트 둘레길에는 새봄을 알리는 노란꽃 민들레와 수선화 무리가 언덕 곳곳에 피고 생강나무와 산수유가 노란 꽃망울을 터뜨려 화답한다. 목련이 올해도 가지 끝에 탐스런 꽃망울을 키운다. 겨우네 집안에 갇혀 있던 오렌지재스민 화분이 꽃망울을 키우더니 오늘 아침 마침내 연한 크림색 꽃잎을 터뜨린다. 은은한 사랑의 향기로 오렌지재스민은 "당신은 나의 것"이라는 꽃말로 다가선다.

꽃이 진 뒤에는 녹색 열매가 달려 빨갛게 익어가는 모습이 단조로운 노년의 삶을 변화로 이끈다. 봄햇살 머무는 곳에 화분을 옮겨놓고 봄을 즐긴다. 봄을 시샘하는 꽃샘추위가 한두 차례 닥치지만, 계절의 변덕을 막을 수 없는 일. 봄은 상생相生의 아름다움으로 공존의 의미를 선사한다. 봄이야말로 자연, 가족, 평화, 상생, 공존, 생태 등의 가치가 돋보이는 계절이다.

나는 영랑 김윤식 시인의 작품 중에서 봄을 이끄는 따사로운 새봄의 노래를 좋아한다. "돌담에 속삭이는 햇발같이/ 풀 아래 웃음 짓는 샘물같이/ 내 마음 고요히 고운 봄길 위에/ 오늘 하루 하늘을 우러르고 싶다// 새악시 볼에 떠오는 부끄럼같이/ 시詩의 가슴에 살포시 젖는 물결같이/ 보드레한 에메랄드 얇게 흐르는/ 실비단 하늘을 바라보고 싶다."

시를 만나면 일상의 초점이 뚜렷하다. 일찍이 병원을 접고 통영으로 귀향한 창효 형이 싱싱한 생굴을 보내주어 봄향기를 전했다. 통영 생굴은 겨우내 지친 마음을 맑게 씻어내 온몸에 새봄의 기운을 넘치게 한다. 김영랑 시인은 1935년『영랑시집』에 53편의 시를 상재上梓할 때 제목 없이 시를 순서대로 배열하여 1~53번까지 순서를 매겨 실었다.『영랑시집』의 두 번째 시로, 우리가 잘 알고 있는 '돌담에 속삭이는 햇발같이'라는 제목의 시가 있다. 그 첫 시집의 첫 번째 시는 "끝없는 강물이 흐르네"다. 이 시는『영랑시집』에 실리기 앞서 1930년『시문학』2호에 발표했는데 그때의 제목은 '내 마음 고요히 고흔봄 길우에' 였다. 영랑 시인은 1915년 강진보통학교를 마치고 이듬해 결혼했다. 이후 그는 어머니의 도움으로 서울 조선중앙기독교청년회관에서 영어를 배우다가 1917년 휘문의숙에 입학한다. 휘문의숙 3학년 때 3·1운동이 일어나 학교를 그만두고 강진에서 또다시 의거를 준비하다 체포되어 6개월 동안 옥고를 치른다. 1920년 일본으로 건너가 아오야마(靑山) 학원 중학부를 거쳐 같은 학원 영문학과에서 공부했으나, 1923년 관동대지진으로 학업을 중단하고 귀국하게 된다. 유학 중 무정부주의 혁명가인 박열과 사귀었고 괴테, 키츠 등의 문학정신에 깊이 빠졌다. 그 뒤 고향에 머물면서 1925년 김귀련金貴蓮과 재혼하였다. 1930년 정지용과 함께 박용철이 주재하던『시문학』 동인으로 참여하였다.

일제 말기에 창씨개명과 신사참배를 끝까지 거부한 시인 김영랑은 전남 강진군 강진읍 남성리에서 태어나 1930년부터 박용철·정지용·이하윤 등과『시문학』동인으로 시를 쓰기 시작하였다.『시문학』과『문학』에「동백잎에 빛나는 마음」과「모란이 피기까지는」,「돌담에 속삭이는 햇발처럼」의 주옥같은 작품들을 남겼다. 평소에 국악이나 아악, 클래식을 즐겨 들었던 그는 1950년 9·28수복 때 유탄에 맞아 숨을 거두었다. 시인 영랑의「돌담에 속삭이는 햇발같이」시구와 이양하 수필「신록예찬」이 한결 가까이 다가서는 계절이다.

나는 서재에 산다

아파트의 작은 끝 방이 나의 서재다. 작고 좁은 공간이지만 책상과 책장, 보스 콤포넌트 오디오와 블루투스 스피커, 100여 장의 CD, 컴퓨터와 프린터에 3,000여 권의 책에 압도되어 일상을 이어간다. 나는 좁고 작은 서재로부터 넓고 다양한 세상과 광활한 우주와 마주하며 음악을 듣고 책을 읽으며 글을 쓴다. 집을 나서면 지하철로 두세 정거장 거리에 새 책을 파는 가게와 헌책방, 그리고 청소년을 위한 인문학 서점 인디고 서원이 있다. 행복하다 인디고 서원은 2004년에 문을 연 청소년을 위한 인문학 서점으로 2층에는 문학, 역사, 사회, 철학, 예술, 교육, 생태, 환경은 물론 청소년들이 꿈과 희망을 펼친다.

인디고 서원은 영원한 어린이와 청소년들이 세상과 다른 청정 지역을 이룬다. 나는 간혹 인디고 서원과 이메일로 정보를 주고받는다. 2007년 문을 연 작은 혁명가를 위한 식당 '에코토피아(Ecotopia)'가 있어 편리하다. 『Ecotopia』는 1975년 출간된 어니스트 칼렌바크의 생태주의 유토피아 소설에서 이름을 따온 식당이다. 2004년 필맥이 펴낸 『에코토피아 뉴스』는 1890년 윌리엄 모리스의 소설 『News From Nowhere or An Epoch of Rest, Being Some Chapters from a Utopian Romance』를 『에코토피아 뉴스』라는 이름으로 영남대학교 박홍규 교수가 번역한 책에서 유래하였다.

에코토피아 식당은 2007년 인디고 서원에서 책을 읽는 아이들이 이름을 짓고 기획한 식당으로 인디고 서원 뒤뜰에 자리 잡은 소박한 유기농 식당이다. 그만큼 에코토피아는 친환경적 유기농 식재와 윤리적인 실천을 고민하는 사람들이 찾고 애용한다. 나는 "지금 이 순간에도 더 아름다운 세상을 향한 창조적 열정으로 꿈꾸기를 멈추지 않는 작은 혁명가들의 산실"인 인디고 서원을 매달 한두 번 들르는 고갯길 주막 같은 서점이다. 그곳 3층의 건물은 천정과 지붕을 뚫고 은행나무를 품었다. 인디고 서원에서 2006년부터 청소년들이 직접 만드는 인문교양지 『INDIGO+ing』과 2010년 국제 인문학 잡지 『INDIGO』를 발간하고 있다.

'혁명'보다 '인간'을 위해 살고자 하는 의지를 죽는 순간까지 치열하게 이어간 혁명가 『로자 룩셈부르크 평전』과 남한에서는 '빨갱이'로 북한에서는 '조선민주주의인민공화국 정권전복음모와 미제국주의자들을 위한 간첩행위사건'으로 사형을 언도 받은 『평전 박헌영』, 시대정신을 가장 완벽하게 구현한 휴머니스트 『체 게바라 평전』. 그리고 마사 누스바움의 『시적 정의(Poetic Justice)』등을 읽었다. 지난해 4월 하순 인디고 서원이 코로나 시대, 새로운 교육을 위해 엮어 낸 『공부는 정의로 나아가는 문이다』도 읽을 수 있었다.

인디고 서원에서 엮은 책은 『인디고 서원에서 공생의 책읽기』와 『인디고 서원에서 정의로운 책읽기』, 인디고 서원이 지은 『두잉 데모크라시』와 『가난한 사회 고귀한 삶』, 『영원한 소년』과 『인디고 서원에서 행복한 책읽기』, 인디고 유스 북페어 프로젝트팀이 지은 『가치를 다시 묻다』와 『꿈을 살다』, 그리고 인디고 아이들이 지은 『창조적 열정을 지닌 청소년, 아름다운 세상을 꿈꾸다』와 『My Beautiful Girl, Indigo(3판)』, 『토토, 모리를 만나다』를 발간했다. 나는 신간을 다루는 교보문고에는 일주일에 한 번, 헌책을 팔고 사는 알라딘 서점은 열흘에 한 번, 인디고 서원은 한 달에 한 번 들른다.

인디고 서원에서 네루다가 쓴 시집 『스무 편의 사랑의 시와 한 편의 절망의 노래』을 구해 읽었다. 변호사 출신 네루다는 인민전선을 결정하고 비델라를 지지하였다. 그러나 당선되기 전 그는 공산당과 맺었던 협약을 깨뜨린 비델라 정권에 맞서 1948년 상원에서 대통령을 탄핵하는 「나는 고발한다」라는 연설을 한다. 비델라 정부로부터 국가원수 모독죄로 수배당한 바루다는 칠레를 탈출한다. 그는 다시 시를 접고 정치의 장으로 나와 1969년 칠레 공산당의 대통령 후보로 지명되었다. 그 결과 사상적 동지 살바도르 아옌데가 대통령에 당선되면서 그는 프랑스 대사로 임명한다. 그는 1971년 노벨 문학상을 수상하였다.

급기야 1973년 피노체트가 쿠데타를 일으켜 아옌데는 피살되고 군사 정권이 들어선다. 네루다는 이 소식을 듣고 충격을 받아 병상에 누운 채 세상을 떠난다. 1996년 개봉한 영화 「일 포스티노(Il Postino, The Postman)」에서는 작은 섬 칼라 디소토에 오게 된 시인 네루다는 우체부가 된 어부의 아들 마리오와 우정을 통해 시와 은유의 세계를 펼치고, 아름답지만 다가갈 수 없을 것만 같았던 베아트리체 루쏘와 사랑을 나눈다.

나의 서재는 좁고 작아도 우주를 향한 창문이 활짝 열려 있어 신선하다. 창밖 너머에는 세계를 품은 사색의 파도가 진종일 말없이 밀려왔다 돌아나가는 풍경을 선사한다.

제 2 부

나이테가 말하다

나무는 나이테로 나이를 먹는다. 잘린 나무의 그루터기가 나이를 밝힌다. 나이테는 우리나라 화단의 거장 김환기(1913~1974)의 작품 「우주(Universe 5-IV-71 #200)」의 점을 떠올리게 한다. 캔버스를 메운 무수한 점이 우주를 상징한다. 그 점들이 영원한 그리움으로 동심원을 그리는 것이다. 나무는 물관과 체관의 부름켜와 나이테로 줄기를 이룬다. 부름켜에서 세포들이 분열하는 동안 세포는 쪼개지고 또 쪼개지며 줄기는 굵어진다. 줄기의 밑둥을 가로 자르면 그루터기에 둥근 물결 모양을 한 동심원이 마치 생명의 추상화로 그려진다. 그 동심원의 물결이 바로 나이테다.

나이테는 나무의 살아온 일생의 환경과 기후, 연륜을 말해준다. 나무는 한 해 한 줄의 나이테를 남기는데 봄으로부터 여름까지를 조재(早材, early wood, spring wood) 또는 춘재, 성장이 더딘 늦여름으로부터 늦가을을 거쳐 겨울에 이르는 동안 성장이 더디거나 멈추는 시기를 만재(晩材, late wood, summer wood) 또는 추재라 한다. 나무는 뿌리에서 끌어올린 영양분을 잎으르 보낸다. 잎에서는 엽록소가 햇빛을 받아 탄소동화작용을 유지한다. 봄에는 부름켜의 세포가 왕성하게 자라서 세포벽이 엷고 색이 옅고 가을이 지나 겨울에는 부름켜의 세포의 성장은 거의 멈춘 상태로 세포벽이 두껍고 색깔이 짙다.

나무는 뿌리 내린 환경의 영향을 받는다. 특히 사계에 따라 부름켜의 성장이 다른 역사를 말한다. 사계의 변화가 없는 열대와 한대에서는 나이테가 없다. 나무는 나이테로 삶을 기록한다. 나이테의 간격이 넓으면 비가 적당히 내리고 기온이 온화하였고 충분한 광합성으로 세포들이 고루 자란 나무의 성장 과정을 말해주고 나이테의 간격이 좁고 색이 짙으면 고달픈 삶의 흔적이다. 세계적인 연륜학자 미국 애리조나대학교 나이테 연구소 발레리 트루에(Valerie Trouet) 교수는 나이테를 두고 “일년 동안 새겨진 나무의 기쁨과 슬픔”이라고 말하였다.

배수가 좋은 비탈에 사는 나무는 나이테가 분명하고 너비도 넓다. 그러나 가파른 절벽이나 바위산에 사는 나무들은 나이테가 한 해에 하나씩 생기지 않는다. 계곡이나 강둑의 물이 넉넉한 곳의 나무는 나이테가 고르지 않다. 그만큼 나이테는 우리의 삶과 같다. 나이테는 탄생의 비밀, 생장의 과정과 생활 환경을 품었다. 나이테에 새겨진 부름켜와 나이테가 하늘과 별, 비와 눈, 고통과 극복, 수난과 죽음, 거짓과 진실을 말해준다. 고대인의 주거지 발굴 연구가 원시인들이 언제 집을 지었고, 얼마나 살았으며 어떻게 살았는지를 밝힌다. 천문학자 더글러스(A. E. Douglass)가 1937년 사막에 나이테 연구소를 세운 이후 지금까지 전 세계에는 100곳이 넘는 나이테 연구소를 세웠다.

나이테를 분석 연구하는 학문이 곧 연륜연대학(dendrochronology)이다. 연륜연대학이란 나무의 나이테를 분석해 연대를 측정하고 이를 활용하여 과거 기후와 생태를 연구하는 학문이다. 이를 통해 고고학과 기후 변화의 원인과 관계가 있는 생태학으로 발전시켰고 나이테를 연구하는 과학자 발레리 트루에, 그렌트 할리, 마르타 도밍게스 델마스는 미국 플로리다키스에서 나이테를 통해 허리케인 발생 빈도를 조사하였다. 나이테의 폭이 넓은 해에는 날씨가 온화해 무역 활동이 활발하였고 나이테가 좁은 해에는 허리케인이 자주 발생해 많은 배가 침몰하고 해적의 활동이 늘었다고 분석하기도 하였다.

지난 1904년 천문학자 더글러스 교수는 태양의 흑점 주기를 조사하기 위하여 나무 생장에 나타난 기후요소를 추적하다가 나이테 분석에서 연대를 추정하는 연대 측정 방법을 생각해 내었다. 이같은 연대 측정 방법으로 8,000년 전으로부터 멀리는 18,000

년 전의 연륜 연대기를 측정할 수 있게 되었다. 나무는 살아온 삶을 부름켜와 나이테에 고스란히 남긴다. 한겨울 나목이 된 갈잎나무는 무더운 여름날의 뙤약볕과 소나기, 세찬 겨울바람 소리 속에서 수난과 죽음을 통해 메멘토 모리(Memento mori)와 카르페 디엠(Carpe diem)의 정신을 일러준다.

등이 가렵다

잠자다 등이 가려우면 고약하다. 일어나 불을 켜기도 그렇고 한밤중에 효자손을 찾기는 더욱 귀찮다. 이어서 이제 늙었구나 하는 푸념을 하게 된다. 순간 외롭고 서글프다. "여보, 등 좀 긁어 주구려." 하면 아내는 마지못해, "예." 하고 잠결에 건성으로 긁는다. 가렵다는 말은 "근지러워 긁고 싶은 느낌이다."는 말이다. 나는 남보다 가려움이 심한 이유가 있다. 신장이 망가진 10여 년 전부터 만성신부전증으로 시작한 혈액투석치료 이후 칼륨과 인을 제대로 배출하지 못하기 때문이다. 가려움이 시작되면 귀와 얼굴, 이마와 머리밑, 얼굴과 옆구리까지 온몸이 가렵다. 손이 미치지 않는 등이 가려울 때는 방문틀 각진 모서리에 등을 부비거나 아내의 손과 효자손孝子手의 도움까지 받아야 한다.

효자손, '등긁개'를 마련한 일은 투석치료를 시작하기 전이다. 초등학교 동기 셋이 자동차를 번갈아 운전하며 동해안 여행을 떠났을 때 낙산사 매점에서 산 기념품이다. 효자손은 역사적으로는 외뿔고래 어금니를 사용하였다는 기록이 있는데 최초의 효자손은 이누이트가 상어의 이빨로 만들었다고 한다. 등이 한자로 背(배)라서 한자 단어로 써놓으면 이게 등을 말하는지, 배를 말하는지 헷갈린다. 거북이 등껍질을 귀갑龜甲으로 쓰면 배갑背甲이다. 우리말로는 등갑이라 하였다. 투석치료는 살아 있는 한 계속되어야한다. 나는 올해로 12년째 신장 대체요법인 혈액투석 치료를 받으면서 연명延命하고 있다. 소변이 끊긴 혈액투석 환자의 건체중(乾體重, dry weight)은 몸안의 수분 함량을 측정 유지하는 기준이다.

망가진 신장의 기능을 대신 일주일에 세 번씩 신장투석기로 대신하는 것이 투석치료다. 건체중은 투석치료 때 몸무게의 5%를 넘지 않도록 관리하는 하나의 지표다. 환자의 몸무게가 60kg이라면 다음 투석 때까지 체중 증가량이 3kg을 넘지 않도록 음식과 물의 양을 조절해야 한다. 건체중을 너무 낮게 측정할 경우, 투석 후 근육 경련이 일어나거나 저혈압증세가 나타나 힘들고 건체중을 높게 측정할 경우 수분이 제대로 배출되지 않아 몸이 붓고, 호흡이 어려워지며 소화불량 증세에 심할 경우 폐부종을 일으킨다.

혈액투석 치료는 일주일에 3일 하루 4시간씩 몸속의 독소와 과도한 수분을 제거하며 신성염기를 가진 박테리아를 제거한다. 치료 전후에 체크하는 건체중은 주치의와 간호사의 적절한 상담과 세밀한 처방의 기본자료다. 가려움이 계속되면 미지근한 물로 샤워를 하거나 병원에서 처방받은 스테로이드 제제 '데스오웬 로션'을 바른다. 긁는 행위는 형용사로 '가렵다, 근지럽다'는 의미다. 피부가 가려워 긁고 싶은 느낌이 들 때 긁으면 시원하다. 그러나 '견디기 힘들 정도의 가려움'은 괴로운 일이다. 투석치료를 받는 만성신부전증 환자는 신장내과 전문의와 투석 전문간호사와 잘 상의해야 한다.

'임금 귀는 당나귀 귀'라는 말처럼 임금 귀에 건전한 비평이나 국민의 여론이 귀에 거슬려 오히려 독설과 불평이 되어 화를 입을 수도 있다. '그리움', '그림', '글' 등은 모두 동사 '긁다'에서 유래하였다. 「등이 가렵다」는 표제의 시집을 낸 김명기 시인은 1992년 '문학세계'을 통해 등단하였다. 김명기 시인은 「등이 가렵다」에서 "버림과 비어 있음의 경계선은 어디 쯤일까// 요즘은 자꾸 등이 가렵다/ 뒤꿈치 치켜들고 몸을 비틀며/ 어깨 너머 허리 너머 아무리 손을 뻗어도/ 뒤틀린 생각만 가려움에 묻어 손 끝에 돋아난다"라고 비유하였다. '가려운 데를 긁다. 욕구를 충족하다. 근질근질한 느낌을 해소하다. 몸이 쑤시는 걸 풀다.'는 등의 관용구가 '긁다'라는 동사와 '가려움'이라는 명사가 합쳐진 표현이다.

삶은 수행修行의 도량

불교사상은 나의 주변과 생활에 가까이 있다. 불교를 문자 그대로 풀면 '부처님의 가르침'이다. 따라서 인간의 몸과 마음을 괴롭히는 모든 욕망의 망상, 그 번뇌煩惱로부터 벗어나게 해줄 깨달음의 도를 닦을 수 있도록 불타의 가르침을 전해 주는 실천 도장이 불교다. 불교는 처음 가지는 발심發心의 단계에서 스스로의 삶에 대한 총고백을 요구한다. 참회懺悔부터 살펴보자. '참懺'이란 지나간 허물에 대한 뉘우침이다. 전에 지은 악업인 어리석고 교만하고 허황되고 시기 · 질투한 죄를 모두 뉘우쳐 다시 일어나지 않게 하는 다짐이리라.

'회悔'란 죄를 미리 깨닫고 아주 끊어 버림으로써 다시는 죄를 짓지 않겠다는 각성이고 결단이다. 부처님을 믿고 정진해 나감에 있어 가져야 할 삶의 바른 자세 중 핵심이 바로 회개다. 부처님의 성도 설화를 통해 불교와 최초의 관계를 맺는다. 이 경전에 따르면 부처님은 보리수 아래서 수행할 때 풀방석을 깔고 앉았는데, 그 방석의 재료가 바로 잎의 모양새가 卍자인 길상초였다는 것이다. 이후 卍자는 불교를 상징하는 기호가 되었다. 아시아, 유럽, 아프리카 등지에서도 卍자와 관련된 신화와 전설이 있다. 여기에서는 태양의 상징으로 보기도 하고, 흐르는 물로 해석하기도 한다.

'만卍자'를 산스크리트어로 '슈리바차(Svastika)', '스바스티카(Svastika: 길상吉祥, 덕상德相, 행운幸運)'라고 하는데 모발이 말리고 겹쳐 해운海雲 같다는 뜻이다. 또한 이 말의 뜻은 다양하여 '슈리'는 행복 · 번영이라고 번역하고, Svastika는 인도 팔리어로 Svatthika라고 불리며, 길상 · 유락有樂 · 덕상 · 행복으로 풀이한다. 길을 가다 보면 절 표시로 대나무와 오색천을 휘날리며 卍자가 그려진 깃발을 거리에서 볼 수 있다. 그 집은 점을 치거나 굿을 하는 무당의 집이다.

나치의 상징으로 사용된 하켄크로이츠를 보면 섬뜩하다. 우만자(卐)를 비스듬하게 세워 아돌프 히틀러는 저서『우리의 투쟁(Mein Kamp)』에서 채택하였다. 빨강은 사회적 이념, 흰색은 국가적인 이념, 하켄크로이츠는 아리아 인종의 승리를 위해 싸우는 사명을 뜻한다. 한 방울의 낙수가 바위를 뚫는다는 '수적천석水滴

穿石'이라는 말이 있듯이 작고 적은 선업이 쌓여 마침내 깨달음에 이르게 되는 것이다. 불교는 자기완성만이 아니라 나와 남이 더불어 깨달아 이 세상을 불국정토佛國淨土로 만드는 것이 궁극적인 목적이다. 이는 바른 믿음과 생활 속의 바른 행함을 말한다. 부처님께서는 불자로서 지켜야 할 재가자는 먼저 불·법·승의 삼보三寶에 귀의한 뒤 오계五戒를 받고 신도의 길로 들어선다.

불佛은 인도어인 'buddha'의 음역이다. 불교의 가르침에 의하면 모든 사람은 불타가 될 수 있지만 부처님을 이룬다는 성불成佛과 '성불하다'는 표현을 사용하기 시작한 것은 대승불교가 형성되면서부터다. 윤회輪回는 생사라고도 이르는데 번뇌에 둘러싸인 범부의 상태다. 열반涅槃은 'nibban'의 음역으로 고요하다. 적寂, 적멸寂滅이라고 번역한다. 생사윤회를 벗어난 이상의 상태를 가리키는 말로 욕심(탐욕)·분노(진에瞋恚)·우치(愚痴, 어리석음), 즉 일체의 번뇌가 불을 불어 끄는 것과 같이 순간 사라지고 또는 번뇌의 불을 끈 것과 같은 상태의 깨친 상태를 말한다.

대승의 가르침은 재가에 있어서 일상의 모든 행위가 불교의 가르침이 되므로 일상이 그대로 수행의 도량으로 펼쳐진다. 나는 퇴직한 이후 집에 들어앉아 고전평론가 고미숙 씨처럼 "읽고 쓴다는 것, 그 거룩함과 통쾌함"을 공감하며 책을 읽고 음악을 들으며 글을 쓴다. 새벽 6시에 일어나 동트는 붉살을 맞으며 오전 내내 책을 읽고 KBS 콩을 통해 음악을 듣고 글을 쓴다. 오후에는 퇴고를 하거나 산책을 통해 명상을 즐긴다. 나에게 있어서 글을 쓰는 작업은 수행이고 지병을 다스리는 명약이다. 수행의 과정은 그 강도에 따라 쉬지 않는 수행으로 정신을 가다듬는다.

손녀와 콘서트 나들이

우리 부부는 지난 새봄에 외손녀 유나와 함께 콘서트 나들이를 즐겼다. 유나가 태어난 지 5년 10개월 만의 일이다. 나는 오래전부터 손녀와 콘서트를 함께 즐기기를 소망해 왔다. 그 일이 내 나이 여든을 넘기고서야 2024년 3월 19일 꿈을 이루었다. 마침 50년 지기知己 문화회관 후원회장 도용복 선생과 부산문화회 박홍주 이사장의 초청으로 이루어졌다. 공연 두 시간 전, '모차르트'에서 가벼운 저녁을 나눈 뒤 소극장으로 향했다. 곱게 차려입은 손녀 유나와 나란히 손을 잡고 소극장으로 걸어가는 길은 마냥 설레고 발걸음 또한 경쾌하였다. 김춘수 「꽃」의 "내가 그의 이름을 불러주었을 때/ 그는 나에게로 와서/ 꽃이 되었다."는 시구를 외웠다.

연주가 시작되자 연주복을 입은 노익장 한동일 씨가 무대로 나와 며칠 전 영면한 소프라노 이규도 씨를 추모했다. 그는 북바쳐 오르는 순간 눈물을 훔치며 돌아서서 들썩이는 어깨를 진정시키려고 애를 먹었다. 70년 전 6 · 25 피난 시절, 대신동 교회를 함께 다녔던 이규도 선생을 떠올리며 찬송가와 쇼팽의 녹턴을 연주하며 추모의 자리를 마련했다. 순간 청중들도 숙연해졌다.

함께 무대에 오른 피아니스트 김설화 씨와는 20년간 음악을 나눈 사제지간으로 피아니스트 한동일 선생은 1965년 한국인 최초로 제24회 리벤트리트 국제피아노 콩쿠르 우승자로 K-클래식의 서막을 연 우리나라 1세대 피아니스트다. 전세계 콩쿠르에서 연주 실력을 뽐낸 전설의 한동일 씨가 삼십 대 초반의 김설화 씨와 협연한 열정적인 무대였다. 그들은 「모차르트, 두 대의 피아노를 위한 소나타 D장조 K448」번을 열정적으로 연주하여 청중의 귀를 모았다. 소극장을 메운 청중들은 그들의 연주에 매료되어 숨을 죽였다.

'모차르트 효과'라는 말도 있듯이 나는 글을 쓸 때 모차르트 곡을 들으면, 집중력이 높아졌다. 오늘 콘서트는 특히 여든의 여유와 원숙미를 뽐낸 노년의 스승 피아니스트와 삼십 대 초반의 젊고 발랄한 피아니스트의 열정과 힘을 느낄 수 있는 자리였다. 손녀 유나는 쇼팽 녹턴의 선율에 따라 몸짓으로 반응하며 나직이 흥얼거리며 콘서트를 온몸으로 즐겼다. 2부에서 한동일 씨와 김설화 씨가 「라흐마니노프 피아노 협주곡 2번」을 연주하였다. 「피아노 협주곡 2번」은 3개 악장으로 이루어졌다. 라흐마니노프 피아노 협주곡 중 가장 널리 연주되는 곡으로 1901년 2월 완성되어 같은 해 10월 초연되었던 곡이다. 「라흐마니노프 피아노 협주곡 2번」은 우리나라 대중들에게도 사랑받는 곡 중의 하나다. 제1악장 2/2박자 c단조 모데라토로 악장을 시작하면서 연주하는 피아노 독주는 화음과 베이스가 마치 낮고 무거운 종소리를 속삭임으로 연상시키며 주고받듯 울려 퍼졌다. 섬세하고 신중하며 힘차게 시작하는 타건打鍵은 결연한 느낌과 함께 점점 강렬하게 다가왔다. 피아노 소리로 만들어 낸 종소리는 곡의 시작과 동시에 슬럼프에 빠졌던 라흐마니노프의 재기를 알리는 신호탄처럼 강렬하고 박력 넘치는 곡으로 광활한 동토대의 시베리아 정서를 흠뻑 머금었다.

러시아계 미국인 작곡가이자 피아니스트 라흐마니노프는 뛰어난 피아노 실력과 작곡으로 러시아 음악계의 기대를 한몸에 받았다. 젊은 음악가 라흐마니노프는 어린 나이에 자신의 교향곡 1번을 발표하였으나 실패에 그친 이후 사람들의 눈을 피해 은둔생활에 들게 된다. 이어 1900년부터 작곡하기 시작하여 이듬해 초에 완성되었고, 완성에 앞서 제2, 3악장을 1900년 12월 2일, 자신의 독주로 시연하였다. 대중들 앞에서 공식적으로 첫선을 보인 것은 1901년 11월 9일 모스크바에서였다. 초연은 대단한 성공을 거두었고, 이는 작곡가로서 확고한 자리매김을 하는 기회가 되었다. 그뿐만 아니라 이 작품으로 글린카상을 수상하는 영예를 얻었다.

이 작품은 작곡가로서 겪었던 좌절과 고뇌, 투쟁과 극복에의 의지를 담고 있다. 라흐마니노프를 듣고 있으면 차이콥스키의 선율과 겹친다. 러시아 특유의 문화적 정서, 이를테면 눈 내리는 자작나무숲, 광활하고 숨죽인 러시아대륙의 감성이 느껴진다. 그는 이 협주곡을 통해 그동안의 슬럼프와 역경을 털고 일어나 재기할 수 있었다고 전한다. 봄이 오는 3월 중순 우리 부부는 외손녀와 콘서트 나들이로 한동일 · 김설화 피아니스트가 연주하는 모차르트와 슈베르트, 쇼팽과 라흐마니노프 등 귀에 익은 선율을 함께 즐겼다. 곱게 차려입은 손녀 유나와 함께 콘서트장을 오가는 길이 가슴 설렜다. 돌아오는 길에 손녀 유나는 자주 들었다며 녹턴의 선율을 흥얼거리는 손녀의 콧노래가 귀갓길을 흥겹게 했다.

손녀 유나가 쓴 첫 시詩

2024년 3월 30일 이른 저녁. 카톡을 받았다. 지난달 삼육초등학교에 입학하기 위해 동래로 이사 간 외손녀 유나로부터였다. 등교하지 않은 토요일, 줄넘기 시간이 끝나고 아파트 정원을 거닐다 봄기운을 느낀 손녀가 집에 돌아와서 썼다는 '봄날'이라는 제목의 동시다. "따뜻한 봄날 잔디밭에서 뛰어논다/ 한 발 내딛는 순간이 참 즐겁다/ 꽃과 하늘을 보면서 노래 부른다."는 3행시로 어린 마음이 느낀 새봄의 감성을 그대로 전하였다.

유나의 시를 다시 읽는다. 새로운 감동을 느끼는 순간 삶의 의욕이 솟구친다. 나는 아직껏 영랑의 시 「돌담에 속삭이는 햇발같이」를 가슴에 품고 산다. "돌담에 속삭이는 햇발같이/ 풀 아래 웃음 짓는 샘물같이/ 내 마음 고요히 고운 봄 길 위에/ 오늘 하루

하늘을 우러르고 싶다// 새악시 볼에 떠오는 부끄럼같이/ 시의 가슴 살포시 젖는 물결같이/ 보드레한 에메랄드 얇게 흐르는/ 실비단 하늘을 바라보고 싶다." 이 시는 1930년 창간한 『시문학』 2호에 실린 「내 마음 고요히 고흔 봄길 우에」라는 제목의 작품이다. 이 시는 돌담에 비치는 햇살과 풀 아래 흐르는 샘물을 통해 봄의 정경을 노래하였다.

나는 나이가 들면서 그 많은 가요 중에서 「봄날은 간다」를 곧잘 흥얼거린다. 6 · 25를 겪은 1950년대 초 백설희가 노래한 이 노래는 이후 많은 가수들이 이어 불렀다. 그중에서 1977년 데뷔한 최백호와 소리꾼 장사익張思翼이 노래한 「봄날은 간다」를 즐겨 듣는다. 장사익의 이름 '사익思翼'은 '생각하는 날개'라는 뜻이다. 나는 1990년대 말 그의 공연을 창효 형의 초대로 부산문화회관 대극장에서 처음 접했다.

T. S. 엘리엇은 시 「황무지」에서 "4월은 가장 잔인한 달, 죽은 땅에서 라일락을 키워내고 기억과 욕망을 섞어서 봄비로 잠든 뿌리를 흔든다."라고 읊었다.

해마다 봄이 오면 4월의 혁명정신이 되살아나 내 가슴은 설렌다. 나는 11년째 혈액투석 치료를 통해 맞은 올해 사순시기를 통해 자신을 지킬 수 있는 묵상과 회개로 신앙쇄신을 꾀한다.

나는 베토벤의 가곡 「Ich Liebe Dich」와 「Adelaide」를 비롯하여 슈베르트 연가곡 「겨울나그네」, 「물방아간 아가씨」, 슈만의 「시인의 사랑」까지 독일 예술가 곡을 즐겨 듣는다. 그중에서도 알프스 산록에 피는, 키 작은 보라색 꽃으로 아름다운 여인을 찬미한 「아델라이데」의 선율이 손녀 리아와 유나를 연상시킨다. 「겨울 나그네의 봄꿈」은 눈보라 치는 겨울 추위와 고독 속에서 봄을 꿈꾸는 나그네의 이야기가 맑고 달콤한 선율로 노래한다. 꿈속에서 화려한 봄꽃을 보듯 독일의 아름다운 겨울 연가곡은 슈베르트와 슈만에 이르기까지 아름다운 독일어로 노래한다. 나는 학창 시절 독일 예술가 곡을 제대로 듣고 이해하기 위해 독일어를 전공했으면 하고 생각도 했었다.

지금도 눈을 감으면 바리톤 디스카우와 헤르만 프레이로부터 테너 프리츠 분더리히와 페터 슈라이의 감미로운 음성이 귓전에 머문다. '부활은 모든 죽음에서 되살아나는 것이 아니리라. 선을 행한 의인義人들이 새 생명을 얻고 악을 저지른 사람들은 하나같이 심판을 받아야 하리라.'라고 생각하는 때다.

수필 「봄을 노래하다」 중에 "봄은 저 아래 들녘을 돌아 저만치 오고 있습니다. 얼음장 밑을 흐르는 시냇물 소리에서, 송아지 울음소리에서, 보리밭 움트는 모습에서 생동生動하는 봄을 감지感知할 수 있습니다. 동장군 무서워 좀처럼 제 모습 보이지 않던 봄입니다. 동장군 매서운 눈초리에 서럽게 자라온 봄입니다. 봄은 이제 발걸음도 가볍게 사뿐사뿐 다가옵니다."

"봄은 어머니 가슴과 같다. 엄마의 마음은 언제나 따뜻하고 푸근하며 넉넉하다. 언제나 따뜻한 어머니 가슴에 손을 얹는 생각에 빠지면 무한한 사랑의 체온을 느낀다. 넓은 어머니 마음은 포용과 용서와 은혜로 가득하다. 봄은 배시시 웃으며 저만치 오고 있다. 순해진 바람결에 봄소식이 솔솔 오는 것 같다."는 시인의 시구詩句처럼 '기다리지 않아도 오고, 기다림마저 잊은 때도 봄은 해마다 찾아 온다.' 기다림이 자라서 다가왔다고 느껴지는 것은 기다림 때문일까? 오늘도 많은 얼굴들이 스치듯, 그리운 사람들의 얼굴이 동영상으로 스친다. 그것은 조심스럽게 다가서는 생명의 계절, 봄의 덕분이리라.

아까시 꽃향기 휘날리다

어느덧 5월이다. 챠이콥스키 피아노 독주곡 사계 중에서 「5월」은 한 편의 서정시를 대하듯, 눈부신 신록 아래 그리운 아까시 꽃향기를 선물로 전한다. 다시 맞은 5월은 하늘 아래 들녘, 산과 강에 온통 초록 물감을 풀어놓은 듯하다. 신석정 시인은 「5월이 돌아오면」에서 "5월이 돌아오면 내게서는 제법 식물 내음새가 난다"는 시구와 "당신 가슴에 빨강 장미가 만발한 5월을 드립니다"로 말문을 연 오광수 시인의 「5월을 드립니다」 시구를 다시 읊어본다. 계절의 여왕, 5월의 날씨는 4월에 비해 햇살이 따사롭고 단비가 자주 내려 싱그럽다. 그래서 5월은 겨울 속에 봄이 있고 여름 속에 가을을 품었듯이 철쭉, 장미, 백합, 천리향과 배롱나무가 차례로 꽃을 피운다.

5월의 햇살과 여린 연록의 향기가 바람을 타고 흩날려 하늘에는 구름과 바람이 사랑을 속삭인다. 5월의 햇살을 봄맞이로 노래한 영랑 시 「오월」과 피천득의 수필 「오월」, 윌리엄 워드워스의 「무지개」가 우리에게 사랑의 설렘과 울림을 전한다. 영랑은 "들길은 마을에 들자 붉어지고/ 마을 골목은 들로 내려서자 푸르러졌다/ 바람은 넘실 천이랑 만이랑/ 이랑이랑 햇빛이 갈라지고/ 보리도 허리통이 부끄럽게 드러났다// 꾀꼬리도 엽태 혼자 날아볼 줄 모르나니/ 암컷이라 쫓길 뿐/ 숫놈이라 쫓을 뿐/ 황금 빛난 길이 어지럴뿐/ 얇은 단장하고 아양 가득 차 있는/ 산봉우리야 오늘밤 너 어디로 가버리련"라고 노래하였다.

피천덕은 「5월」을 "신록을 바라보면/ 내가 살아 있다는 사실이 참으로/ 즐겁다// 내 나이를 세어 무엇하리/ 나는 지금 오월 속에 있다/ 연한 녹색은 나날이 번져가고 있다/ 어느덧 짙어지고 말 것이다// 머문 듯 가는 것이/세월인 것을~"이라는 작품을 남겼고 워드워스는 「무지개」 시를 통해 "하늘의 무지개를 바라보면 내 가슴은 뛰누나/ 내 어렸을 때도 그랬고/ 어른이 된 지금도 그렇고/ 늙어서도 그러기를 바라노니/ 그렇지 않으면 차라리 죽느니만 못해/ 어린이는 어른의 아버지/ 바라건대 나의 매일 매일이/ 아름다운 자연의 경건함으로 엮어지기를"이라는 영혼의 설렘을 전했다. 지금 다시 생각하면 워드워스의 시를 익히던 시절이 얼마나 순수했던가.

나 늙어 무지개를 바라보며 가슴 뛰지 않으면 어이하나 하고 은근히 걱정하였다. 지금도 무지개를 보면 가슴 뛰고 시멘트 바닥과 기운 돌담 틈새를 비집고 노란 꽃을 피운 민들레의 강인한 모습을 보면 감동이다. 고운 선율로 가슴 깊숙이 파고드는 클래식 선율을 듣거나 영혼에 울리는 문학작품을 접할 때 감탄을 연발한다. 이런 감동 속에서 나는 놀라운 변화를 일으킨다. 생명력 충만한 5월에는 싱그러운 자연이 찬란한 사랑을 온몸으로 노래하게 하리라.

1894년 5월 11일은 민중이 갈구한 자유와 평등의 달로 전라도 고부의 동학 접주 전봉준全琫準 등을 중심으로 동학교도와 농민들이 종교적 민중혁명을 일으킨 달이다. 그 혁명은 들불처럼 번졌다. 5월은 동학혁명 130주년을 맞는 달이다. 자주와 민주, 평화, 통일을 향한 사회운동의 실천적, 정신적 기둥이 된 동학사상의 가르침은 "사람이 하늘"이라는 인내천人乃天과 인간으로 오신 천주님을 선언하였다. "자신의 눈으로 세상을 볼 것이 아니라, 세상의 눈으로 자신을 보라."는 말을 묵상한다.

여름은 기상학적으로 6 · 7 · 8월(음력 4 · 5 · 6월)을 말하나, 천문학적으로는 하지(6월 22일경)부터 추분(9월 23일경)까지를 말하고, 24 절기상으로는 입하(5월 6일경)에서 입추(8월 8일경)까지를 말한다. 이 시기에는 윗논 보리 베고 아랫논에 벼 심는 때로 옛날 같으면 '송장도 벌떡 일어날 때'라는 말처럼 눈코 뜰 새 없는 농번기다. 그 바쁜 중에도 우물가에는 앵두나무 꽃 피고 앵두 같은 사랑의 이야기를 전한다.

어느 실향민失鄕民의 노래

— 내 고향 명지를 노래하다

하늘 아래 펼쳐진 강과 바다 산과 들
한반도 최남단을 아우르고
오랜 세월 파도가 켜켜이 쌓은 모래등嶝에서
신천지와 해후邂逅하며 스스로 율려律呂에 빠지다

첫 도래인이 노래한 별자리와 바람
대서사시, 『울말섬의 찬가』의 에스프리가
역사와 철학, 삶과 꿈을 통섭統攝한 자리에서
옛 울말섬을 향한 전원교향곡이 울린다

은하銀河의 별빛 아래 동서로 뻗은 고샅길 따라
Homo Sapiens로부터 우주인宇宙人의 심성이
고조선의 민족정신, 그 숨결과 맥박으로 이어져
기원전 가야의 땅을 스치는 바람으로 일어났다

갈숲과 습지를 염전과 논밭으로 일구고
모래섬, 열촌列村에서 선조들이 피운 개척의 의지
윤슬로 피어나 스스로 성찰하는 영혼이
자연과 더불어 영원의 하늘과 땅을 이루었다

구한말 서당 헐고 세운 민립동명학교民立東鳴學校
민중의 개벽 의지 끝내 독립 정신으로 승화하여
장터에서 거듭 외친 3 · 1 독립 만세의 함성
오늘도 우주의 창공으로 맥놀이 친다.

노마디스트(nomadist)의 일상
모래알 같은 생명의 도전과 상상
삶과 꿈을 극克한 삶의 기도가
생生의 한가운데서 홀로 외친다.

손녀들의 선물

겨울을 지낸 화분들이 다투어 꽃을 피운다. 새봄을 여는 생명의 빛과 소리가 맑고 밝다. 때맞춰 내린 몇 차례 시우時雨가 메마른 대지를 적시며 겨울잠을 깨웠다. 창문 너머로 매화에 이어 수선화의 샛노란 꽃들이 봄을 외치고 물오른 가지가 막 피어난 꽃망울을 키운다. 봄은 그렇게 새로운 생명의 계절을 이끈다. 씨 뿌리는 계절, 농부의 몸짓은 활기차고 거리에서 만나는 행인의 표정이 밝기만 하다. 누가 봄을 '보다'라는 말에서 시작하였다고 했던가.

농가월령가農家月令歌 정월령正月令에서는 "정월은 맹춘孟春이라, 입춘立春, 우수雨水 절기로다. 산중 간학에 빙설은 남았으나 평교광야에 운물雲物이 변하도다."라 했다.

우리 부부는 늦게 본 손녀들이 선물한 다육多肉이 '로미오와 쥴리엣'에 정성을 쏟는다. 다육이는 대체로 낮고 작은 화분에 심어 햇살 좋은 베란다와 창가로부터 식탁과 서재, 집안 어디에 두어도 어울리고 한 달에 한두 번의 물만 주면 그만이다. 우리 집에 온 다육이는 호주 퍼스에서 고등학교에 다니는 친손녀 리아가 방학을 우리와 함께 지내고 돌아가면서 할머니와 할아버지께 선물한 '쥴리엣'이고 두 번째 다육이 '로미오'는 유치원을 마친 외손녀 유나가 초등학교 입학을 앞두고 금정구로 이사 가면서 선물한 것이다.

'로미오와 쥴리엣'은 셰익스피어가 1597년 발표한 사랑의 이야기다. 작품의 무대는 이탈리아의 베로나로 에르베 광장을 낀 좁은 골목이 얼굴을 맞대고 있다. '로미오와 쥴리엣'의 이야기는 처음 단테의 『신곡』에서 소개되었다. "연옥편"에 원수지간 '카프레티 가家'와 '몬테키 가家'가 등장한다. 이탈리아 작가 '반텔로'에 의해 두 명문가의 이름으로 등장하는 이 책의 번역본이 유럽에 퍼져나갔다. 16세기 말 이탈리아 작가 '고르테'가 쓴 『베로나의 전설』에서는 '로미오와 쥴리엣'이 실존 인물로 전해졌다.

어느 날 밤 로미오가 친구들과 함께 쥴리엣 가의 무도회에 숨어든다. 무도회에서 로미오가 쥴리엣을 보는 순간 '금사빠' 했다. 쥴리엣을 본 로미오는 쥴리엣에 대한 그리움으로 캐풀릿 가의 담장을 넘는다. 쥴리엣 또한 로미오가 그리워 잠을 이루지 못하고 발코니에 나와 서성거리며 설레는 마음을 다독였다. 심지어 밤하늘의 달을 향해 사랑을 고백하기에 이르렀다. 그 순간 고백을 엿들은 로미오는 순간 쥴리엣에게 나타나 서로의 사랑을 고백하고 긴 포옹 끝에 결혼을 약속한 다음날 비밀리에 결혼식을 올린다. 로미오는 비밀 결혼식 뒤 친구들과 어울린 사건에서 쥴리엣의 사촌 오빠 티볼트를 죽이게 된다. 결국 로미오는 베로나에서 추방되고 쥴리엣은 부모의 성화로 다른 사람과 결혼한다.

쥴리엣은 비밀 결혼식 주례를 맡았던 로렌스 신부의 제안으로 잠시 가사 상태에 빠지는 비약을 건네받고 그걸 먹은 뒤 잠들었다. 쥴리엣이 죽은 줄 안 캐플렛 가는 충격과 비통에 빠져 장례식을 치르고 그녀가 죽었다는 소식을 전해 들은 로미오는 슬픔에 잠긴다. 쥴리엣은 다시 베로나로 숨어든다. 쥴리엣 곁에서 절규하던 로미오도 목숨을 끊고 만다. 잠시 후 깨어난 쥴리엣은 눈을 감은 로미오를 발견하고 자신도 목숨을 끊고 만다. 희곡 「로미오와 쥴리엣」의 이야기는 이렇게 믿음과 사랑, 슬픔과 안타까움을 남겼다. 이 희곡은 두 가문의 갈등과 대립이 자식을 잃고 난 후 가문 간의 증오를 회개하면서 화해와 사랑으로 발전하여 해피엔딩으로 끝난다.

우리는 「로미오와 쥴리엣」을 통해 사랑의 힘이 얼마나 강하고 순수한 힘을 가졌는지 느낀다. 「로미오와 쥴리엣」의 메시지가 갈등과 대립, 전쟁과 정쟁으로 얼룩진 세상을 향한 평화의 복음을 전한 것이다. 젊은이의 죽음을 통해 두 가문이 성찰하고 깨달아 평화롭게 살아가는 모습이 새삼 투영된다. 이로써, 이야기는 진실한 사랑과 화해가 모든 갈등의 감정을 극복할 수 있다는 깨우침을 전한다. 나는 아직도 자리 잡지 못한 '우리 집의 로미오와 쥴리엣'의 화분을 오늘도 아내와 함께 정성스레 돌보며 봄햇살 드는 창가에 나란히 내다 놓고 지낸다. 우리 집 로미오와 쥴리엣에 사랑의 눈길을 주며 내 곁을 떠나 사는 손녀 리아와 유나를 그리워한다. 그리운 손녀들 같은 봄햇살이 집안 가득하다.

눈코 뜰 새 없다

'눈코'는 '눈과 코'를 말한다. '눈치코치'에서 알 수 있듯이 실제 의미는 '눈'에 있는데 그 의미를 강조하기 위해 눈과 같은 감각기관이며 가까이 있는 '코'를 덧붙인 것 같다. 코는 눈과 달리 항상 열려 있어 따로 뜰 필요가 없다. '눈 뜰 새가 없다.'라는 상황을 강조하기 위해서 흔히 바쁠 때면 '눈코 뜰 새가 없다.'라고 말한다. '새'는 '사이'의 준말로 '겨를이나 시간적 여유'로 '눈코 뜰 새 없다.'는 말은 '정신 못 차리게 바쁘다.'라는 뜻을 나타내는 관용구로 '눈코 뜰 새 없다'는 표현은 '몹시 바쁘다'는 뜻의 과장된 표현이다. 이 말은 바빠서 무심코 내뱉는 말로 바쁘면 위아래 주위를 살필 겨를이 없다는 말이다.

한자 사자성어로는 '눈과 코를 뜰 수 없다'는 의미로 안비막개眼鼻莫開가 있다. 바꿔 말하면 그저 발밑만 보고 산다는 쳇바퀴 돌듯

하는 다람쥐의 삶을 비유한 말이다. 고전 문헌에서 '안비막개'라는 말은 바쁘다는 뜻 외에도 바람이 불어 먼지가 날려 눈코를 뜰 수 없는 상황에 쓰이는 말로 사람의 눈코를 들먹인다. 늙어도 운동하고 책 읽고 음악 들으며 글쓰는 일은 여전한데 머리는 재빠른 세상에 따라가지 못한다. 손은 둔하고 몸은 굼떠 자리를 옮기기도 힘들다. 관용구가 일반적인 표현을 더 강하게 하는 효과가 있다면 속담은 상징성, 관습성, 대중성, 일상성을 바탕으로 오랜 세월에 거쳐 정착된 표현으로 삶의 지혜를 전달한다.

'개'에 대한 관용구의 예로 "개 패듯 하다."라는 말이 있고, 속담의 예로는 "개 발에 편자鞭子"라는 말은 가진 물건이나 입은 옷이 제 격에 어울리지 않아 우스꽝스럽다는 의미다. 속담은 태생적으로 해당 언어와 지역의 문화를 반영하기에 문화를 익히는 길이 된다. 속담은 명언과 유사하나 널리 유행하면서도 누가 만들었는지는 알 수 없다. 가치판단의 속담은 과학적인 통계와 인과관계, 성립 전제 등에 대한 고찰로 내려진 결론이 아니라 제한적인 경험과 겉으로 보이는 현상, 특정 목적에 기반하여 도출된 결론이다.

속담이나 명언이 사자성어로 호환하는 경우도 많다. 특히 한자로만 되어있을 뿐 의미까지 같은 것도 있다. 이 경우 대부분 정약용의 『이담속찬耳談俗纂』이나 이덕무의 『열상방언洌上方言』, 홍만종의 『순오지旬五誌』, 저자 미상의 『동언고략東言考略』에서 한자로 옮긴 속담들이 사자성어로 정착된 경우다. '눈코 뜰 새 없다.'는 말을 두고 문법에 엄격한 고지식한 사람이면 '눈을 뜨고 코로 숨쉴 새도 없다.'라고 고쳐 말할지 모른다. 그러면 말의 리듬감과 재미가 있을 리 없다. 여든을 넘긴 요즘도 만나자는 연락과 모임 소식이 전하지만 내용을 살펴보는 것으로 만족할 때가 많다. 아내의 생일과 집안의 대소사를 탁상달력에 표시한다.

이럴 때는 '눈코 뜰 새 없다.' 보다 '정신없다.'라고 말하기도 한다. 나에게 있어서 '눈코 뜰 새 없다.'는 말은 늙고 병든 몸으로 병원을 오가며 가족들의 간병으로 발밑만 보고 살아간다는 말이 제격이다. 좀더 자세히 말하면 빗나간 독자생존의 자본주의와 남성 독점의식, 군사 검찰 독재 체제를 거부하고 근본주의적 급진 개혁을 이상향으로 삼고 살아왔다. '관용구'와 '속담'은 차이가 있다. '관용구'는 '단어의 의미만으로는 전체의 의미를 알 수 없는 특수한 의미를 나타내는 어구語句'인데 비해 '속담'은 '예로부터 민간에 전하는 격언이나 잠언'으로 사전에 뜻풀이가 나온다.

『표준국어대사전』은 '따로 보기'기능을 갖추고 있다. 이는 '관용구' '속담' 등을 따로 검색할 수 있는 기능으로 예를 들어 '관용구'로 들어가 '눈'과 '코'를 검색하면 '눈'과 '코'에 관련된 관용구들이 모두 나온다. '속담'은 '눈'과 '코'를 검색하면 관련 속담도 모두 찾아볼 수 있다. '관용구'가 단순히 비유의 기능을 가지는 어구에 비해 '속담'은 풍유나 아포리즘적 요소를 가진 교훈이나 풍자를 담은 어구로 구별된다.

갓 따온 머위잎

4월 초순 어느 화창한 봄날, 옛 직장 동료 이을규 아나운서로부터 전화가 왔다. 그는 대뜸 집이 어디냐고 물었다. 늦은 오후 연락을 받고 주차장으로 내려갔다. 작업복과 몸빼 차림에 모자를 쓴 노부부의 모습이 영락없는 농사꾼의 모습이었다. 그는 한수漢水 이남에서 1970년대 부산 구덕운동장에서 최초의 전국야구중계를 맡았던 '흘러간' 아나운서다. 집에 올라가서 차라도 한 잔 나누자고 손을 끌었으나 한사코 마다하고 떠나면서 "선배님을 생각하면서 직접 뜯은 봄푸성귑니다."라는 말과 함께 보따리 하나를 건네주었다.

보따리를 풀자 머위 특유의 풋내음이 집안 가득 풍겼다. 땅의 봄기운을 머금은 머위잎이었다. 이 국장은 고향 진해시가 창원시에 흡수 통합되면서 진해시의 고유지명을 잃었다. 이 국장은 30여 년 전 마산에서 고성으로 넘어가는 진북 고개 언저리에 부모님으로부터 물려받은 2천여 평의 대봉 감나무밭을 퇴직 이후 직접 가꾼다. 아이들이 출가한 뒤 진북고개 감나무밭을 일주일에 한두 차례 오가며 농사의 참맛을 들여가고 있다. 그곳은 원래 습한 과수원 자리로 머위의 군락지다. 머위는 지역에 따라 '머구', '머우'라고도 부르는 여러해살이풀이다. 우리나라에서 머위는 충청도와 전라도에서 많이 나고, 이른봄이면 잎보다 꽃대가 먼저 올라오면서 밑동의 잎꼭지가 길게 뻗어 나와 봄소식을 전한다.

머위의 다른 이름은 웅취, 총취, 명가지 등의 이름으로 불린다. 풀 중에 식용이 가능한 곰취, 단풍취, 참취, 수리취 따위를 통틀어 취나물이라 부른다. 예부터 이른봄이면 벚꽃이 필 무렵 머위향이 지천에 깔린다. 아낙들은 이맘때면 머위잎과 줄기를 따 데쳐서 나물과 국 등 다양한 먹거리를 만들어 어른들의 밥상에 올려 기력을 도운다. 머위는 봄이면 우리나라 전역의 산록과 습기가 많은 곳이나 큰 나무 아래 응달진 곳이면 어디든 무리 지어 자란다. 개머위는 잎이 머위보다 작다고 붙여진 이름이다. 일부 지방에서는 잎이 말굽처럼 생겼다고 말굽취라고 부르기도 한다. 머위는 잎부터 뿌리까지 버릴 게 없다.

머위의 어린순은 봉두채蜂斗菜라는 약제로 쓰인다. 예부터 민간에서는 봉두채를 두고 "잠자는 곰도 벌떡 일어나 봉두채를 먹었다."고 말할 만큼 귀한 보약이었다. 어린순은 식용으로 쓰이고 뿌리는 만성기관지염으로 인한 기침과 천식, 호흡곤란과 폐결핵 등에 널리 쓰였다. 어릴 때 이른봄이면 자주 먹었던 머위된장국의 그 구수하고 부드러웠던 맛을 지금도 잊지 못한다. 아내는 "이 귀한 것을 고맙게도."라는 혼잣말을 되뇌어가며 밤늦도록 잎과 줄기를 다듬었다. 4월 식탁에서는 한동안 머위쌈과 나물이 끊이지 않았다.

2004년 창비문학상을 수상한 옥천의 송진권 시인은 「나의 월인천강지곡」에서 봄이 제철인 머위를 "논둑에 선 조팝꽃이며 자잘한 꽃다지 냉이며 개불알꽃/ 하다못해 벌금다지며 머위까지/ 목숨 있는 것이라곤/ 모두 북 치고 소고 들고 상모 돌리며 꽃 피운/ 거뭉가니 들판을 가면/ 내가 물살 물굽이 물비늘 소용돌이까지 다 거느리고/ 참개구리며 물방개며 밀뱀 장구애비까지 거느린 붓도랑물 데리고/ 거뭉가니 들판을 가면/ 매어놓은 염소도 몽롱한 눈으로 나를 돌아보며/ 니가 저 아래 동실집 쫑마리 아녀? 물어보기도 하는/ 거뭉가니 들판을 가면/ 풍덩, 무엇이 물로 뛰어드는 소리에 돌아본/ 물 댄 논마다 하나하나 들어찬 달 위에 올라앉은/ 개구리들이 노래를 부르는/ 물꼬를 타놓아 철철철철 넘실대는 월인천강을 가며"라고 노래하였다.

다시 맞는 여름

여름은 절기 입하立夏로부터 시작한다. 어느새 봄은 가고 여름이다. 여름은 6~8월 사이로 낮이 길고 무더운 계절이다. 여름이 시작하는 6월은 그리스 신화의 헤라와 동격이자 주피터의 아내 여신 유노이고, 또 다른 하나는 '젊은이'를 뜻하는 라틴어 'juniores'에서 그 유래를 찾을 수 있다. 특히 6월에는 결혼식을 많이 치르는데, 6월의 유래가 유노(헤라)에서 이름을 따왔기 때문이라고 한다. 어릴 때 이맘때가 되면 뒷강에서 발가벗고 물장구치며 물놀이와 서리 하기에 하루해가 짧았다.

유노는 결혼의 여신이다. 그로 인해 6월에 결혼을 하면 운이 따른다는 속설이다. 여름 밤하늘에 백조 별자리는 다섯 개 별이 은하수 가운데에 큰 십자형을 이루며 자리 잡았다. 이 별자리는 여름 내내 쉽게 볼 수 있는 별자리다. 백조 중심에는 밤하늘에서 가장 밝은, 백조의 꼬리를 나타내는 데네브가 있다. 다른 별로는 뚜렷한 색 대비로 유명한 알비레오와 백조의 가슴을 나타내는 사드르다. 시그너스는 다양한 문화와 문명에 걸쳐 다양한 문화적 의미와 상징성을 가진다.

그리스 신화에서 백조는 사랑, 변신, 아름다움의 주제와 관련되어 있다. 「농가월령가」 6월령에서는 계하季夏인 6월의 절기와 간작 · 북돋우기, 유두의 풍속, 장 관리, 삼 수확, 길쌈 등을 노래하였고, 한국세시풍속사전에서는 계하季夏를 음력 6월로 하여 이미 늦여름을 이야기한다. 계곡마다 아까시꽃 향기가 넘쳐나고 밤꽃이 뒤따라 펴 눈부시다. 해마다 이맘때면 여름방학을 앞두고 뭉게구름에 닿을 듯 자란 갈대가 우리를 설레게 했다. 여름을 작곡한 클래식 작품들이 많다. 하이든의 「오라토리오 4계」와 비발디 「4계」 중 '여름', 멘델스존의 「한여름 밤의 꿈」, 드뷔시의 피아노 협주곡 모음곡 「미뉴에트」, 「달빛」, 「파스피에」 등을 즐겨 듣는다.

이맘때면 비발디의 4계 중 여름은 선율이 그립다. 제1악장은 뜨거운 여름이 다가오면 타는 듯 뜨거운 태양 아래 목동과 양이 지쳐버린다. 제2악장에서는 더위에 겁을 먹은 양치기들은 어쩔 줄 몰라 하고 시원한 옷을 찾아 입고 시원한 음식을 먹는다. 제3악장은 하늘을 두 쪽으로 가르는 무서운 번갯불과 그 뒤의 우레

소리에 이어 우박이 쏟아진다. 베토벤의 여섯 번째 교향곡 「전원」은 '장엄한 감동과 자연의 아름다움'을 표현한다. 맑고 투명한 음색으로 시작하여 차츰 풍부하고 깊이 있는 멜로디로 발전한다. 베토벤은 이 곡에서 자연의 소중함과 아름다움을 상기시키며 인간과 자연의 감정을 연결하는 영감을 전한다. 제1악장에서 시골에 도착했을 때의 유쾌한 감정을 불러일으키고 제2악장은 시냇가의 정경, 제3악장 농부들의 즐거운 모임, 제4악장 천둥 폭풍우, 제5악장에서는 목동의 노래와 폭풍우 뒤에 오는 상쾌함과 기쁨, 그리고 감사의 기분을 전한다.

노천명 시인 시 「유월의 언덕」은 "아카시아꽃 핀 유월의 하늘은/ 사뭇 곱기만 한데/ 파라솔을 접듯이/ 마음을 접고 안으로 안으로만 들다// 이 인파 속에서 고독이/ 곧 얼음모양 꼿꼿이 얼어들어옴은/ 어쩐 까닭이뇨/ 보리밭엔 양귀비꽃이 으스러지게 고운데/ 이른 아침부터 밤이 이슥토록/ 이야기해 볼 사람은 없어/ 파라솔을 접듯이/ 마음을 접어가지고 안으로만 들다/ 장미가 말을 배우지 않은 이유를 알겠다// 사슴이 말을 하지 않는 연유도 알아듣겠다// 아카시아꽃 핀 유월의 언덕은/ 곱기만 한데."라고 노래했다.

송미순 시인은 시 「유월의 찬가」를 "하늘 아래에 신록이 가득하고/ 불볕더위에 지천이 뜨거울 때/ 순백의 꽃 피어난다// 유월의 힘찬 기운 받아/ 평화의 나팔 소리/ 세상을 향해 울려 퍼지는구나// 오천 년 이어온 우리 한민족/ 고통의 분단 수십 년이 웬말이냐/ 유월의 호국영령 앞에/ 보훈의 나팔 울리오니/ "평화의 향기야 퍼져라"/ "백의민족 하나로 피어나라"// 세상 사람들아/ 숨 가쁜 사연들을 가슴에 안고/ 아름다운 유월의 여신으로/ 변함없는 사랑 이어가게 하라// 온 세상 백합 향기로 가득하게 하라"라고 노래하였다.

영국 시인 브리지즈는 시 「유월이 오면」에서 "유월이 오면 나는/ 온종일 향긋한 건초더미 속에/ 내 사랑과 함께 앉아/ 산들바람 부는 하늘에/ 흰 구름 얹어놓은/ 눈부신 궁전을 바라보련다// 그녀는 노래를 부르고/ 나는 노래를 지어주고/ 아름다운 시를 온종일 부르리다/ 남몰래 내 사랑과 건초더미 속에 누워 있을 때/ 인생은 즐거우리라."라고 노래해 우리의 사랑과 꿈에 상상의 날개를 달아준다.

제 3 부

현대사의 기억 공간

고흐와 니체, 동주와 중섭

노인과 바다의 도시

너 자신을 알라

여생을 퇴고推敲하다

미완성으로 끝난 가족여행

손빛

뿌린 대로 거두리라

사랑의 서사序詞

손녀들이 보고 싶다

자서전을 쓰자

현대사의 기억 공간

현대를 고대, 중세, 근세, 근대, 현대의 다섯 가지로 나누고 우리가 사는 지금 시대가 현대다. '현대'는 현재 진행되고 있는 시대이며, 역사상 우리의 현대는 1945년 이후 대한민국의 출발과 함께한다. '현대'의 범위는 확실치는 않다. 전쟁과 혁명이나 쿠데타 등으로 인한 낡은 정치의 소멸과 새로운 시대에 의해 성립되는 정치체제에 의해 그 성격과 범위가 달라진다. 그런 의미에서 제22대 총선은 우리에게 또 다른 의미로 다가선다.

요즘 우리 사회는 대통령의 오기와 불통, 무능과 독재가 이어져 볼썽사나운 나날이다. 나는 여순민중항쟁과 4·3제주 제노사이드를 통한 집단학살사건을 읽고 배웠으며 3·15의거와 4·19혁명, 5·16과 유신 독재는 직접 겪었다. 그 시기는 해방 이후 우리가 겪은 현대사 중에서 가장 부끄럽고 어리석은 시기였으리라. 그때 봄날 한낮이면 책가방을 교실에 두고 거리로 뛰쳐나와 부정 선거를 외치며 뛰어다니기에 교복이 무겁고 부담스러웠다. 더구나 목을 세운 칼라가 땀에 맺히기 일쑤였다. 그 후로도 세월이 흐르는 동안 민족과 역사의 정체성을 유지하기는커녕 독재 권력의 추종자들에 의해 역사의 우상화가 진행되고 사대주의 정치권력의 역사 지우기와 더럽힘이 거리낌 없이 진행되었다.

우리는 일방적인 권력 유지에 눈이 어두웠던 위정자들이 국민과 헌법을 짓밟은 부정 선거로 '막걸리와 고무신'이 판을 치는 가운데 반대하고 저항하는 국민을 하나같이 '빨갱이'로 몰아 살해하고 탄압하는 정치적 혼란을 겪었다. 또한 위정자들은 여수 · 순천 지역과 제주 전역은 집을 불사르고 주민을 집단 살해하였다. 세상이 아무리 변했기로서니 부정 선거의 원흉이자 독재에 눈이 멀어 양민을 학살하였다가 해외로 도망한 대통령의 동상을 세우고 홍보용 기념관을 짓겠다는 세상이 연출되고 있다. 한때는 군인이, 지금은 법문만 달달 외워 사시를 통과한 검찰조직이 정치적 욕망에 눈이 어두워 정권 장악에 나섰다. 지금도 국민이 현실 정치를 비판하면 빨갱이 운운하며 압수수색과 구속의 칼을 휘두르고 있다.

우리 정치 현실이 어쩌다 원맨쇼를 위한 망나니의 푸닥거리 무대가 되었는가. 의회와 언론이 제 역할을 하지 못한 채 지식인들마저 입을 다물고 눈만 깜박인다. 권력의 앞잡이 정치인들은 헛공약을 남발하며 사회를 어지럽히기에 바쁘다. 제주 4 · 3사건 76주년을 맞아 재일동포 시인 김시종을 비롯한 제주 출신 작가들이 포문을 열었다. 당시 인구 10분의 1에 달하는 3만여 명이 희생됐음에도 말 못하고 냉가슴만 쓸어내렸던 제주는 이제야 비로소 입을 열었다. 아직도 그날의 진상이 묻힌 채 왜곡과 폄훼의 망언이 불쑥불쑥 되살아난다. 제주도 출신 소설가 현기영도 우리와 함께 이 봄을 맞고 있다. 중편「순이 삼촌」으로 4 · 3사건의 비극성을 처음으로 세상에 알렸을 때 그의 나이 37세. 현기영 작가는 지금 팔순을 넘긴 몸으로 장편소설『제주도우다』를 출간하였다.

1978년, 현기영 작가는 4 · 3사건을 다룬「순이 삼촌」을 출판하고 고초를 치렀다. 느닷없이 중앙정보부에 끌려가 고문을 당해야 했고 그의 소설은 판금되었다. 뭍의 사람들에게 4 · 3사건은 미지의 사건이었고 금기의 사건이었다. 그는 반세기에 이르는 긴 세월 동안 제주 4 · 3사건의 상처를 참고 살면서 이제야 "우리는 남도 아니고 북도 아니고 제주도우다."라고 말한다. 그 말은 그날의 슬픈 역사가 잊을 수 없는 우리의 기억을 대변한다.

그는 1975년 단편「아버지」로 동아일보 신춘문예에 등단한 이후 400여 명이 집단학살 당한 북촌리 학살사건을 배경으로, 학살 현장의 시체 더미에 깔려 있다가 기적적으로 살아나온 '순이 삼촌'이 한평생 피해의식과 신경쇠약에 시달리다가 결국 학살터였던 옴팡밭으로 들어가 스스로 목숨을 끊는다는 이야기다. 4 · 3사건은 제주만의 비극이 아니다. 제2차 세계대전 이후 미군 점령하에서 이승만 정권이 자행한 공공연한 제노사이드였다. 역사학자들은 "제주 비극 4 · 3사건은 미국의 대외정책과 이승만 정권이 독재 유지를 위해 미국의 이해에 결부한 결과"라고 말한다.

어리석은 역사의 흐름 속에 수단 방법을 가리지 않고 권력욕에 눈이 어두워 미래가 없는 윤석열 대통령과 한동훈 국민의힘 비상대책위원장은 2024년 제주 4 · 3사건 희생자 추념식마저 불참하였다. 추념식 전날부터 제주에는 원혼을 위로하는 봄비가 진종일 내렸다. 우리는 지금, 정책보다는 영혼 없는 궤변으로 정치혐오가 난무하는 악몽 속에서 제22대 총선을 치르고 있다. 총선을 앞두고 여야가 케케묵은 이념 논쟁과 전방위적인 고소 고발전, 나아가서 '칼틀막, 입틀막, 파틀막'의 정치 현상이 단말마적으로 나타나고 근거 없는 선관위의 부정을 여론화 하며 제주 4 · 3사건과 광주 5 · 18 항쟁에 대한 올바른 인식과 민족과 역사 진로마저 바로 잡지 못하고 있다. 우리 모두 과거를 성찰하고 회개하여 올바른 미래를 준비할 때다.

고흐와 니체, 동주와 중섭

나는 "Starry, Starry Night"으로 시작하는 「Vincent」를 처음 가진 핸드폰의 컬러링으로 쓰고 있다. 맥클린은 고흐의 작품 「별이 빛나는 밤(Starry Night)」로부터 영감을 받아 한 편의 시를 읊듯 노래하였다. 부드럽고 감미로운 목소리로 노래한 「Vincent」는 수많은 사람들의 감성을 자극하고 공감을 불러일으켰다. 고흐의 대표작 「별이 빛나는 밤」을 주제로 그의 고뇌와 고통스런 현실과 외로운 삶이 나의 영혼을 울린다. 한갓 술주정뱅이의 쇼가 아니라 한 예술가의 아픔을 보듬고 추모한 인생의 노래다. 나는 휴대폰을 가지면서 처음부터 「Vincent」를 컬러링으로 담았다.

니체의 어록은 「Vincent」만큼 강렬한 아포리즘으로 나에게 다가선다. 그의 사상은 실존주의와 포스트모더니즘에 영향을 미쳤고 마르크스, 프로이트, 비트겐슈타인과 더불어 현대 인문학 전반에 뚜렷한 족적을 남겼다. 막스 베버는 이 시대 지식인들이 얼마나 정직한지를 확인하려면 그들이 마르크스와 니체의 이론을 어떻게 받아들이고 평가하는지를 살펴보라고 했다. 그가 주장한 주요 철학적 사상은『신은 죽었다』,『힘에의 의지』,『위버멘쉬(Übermensch)』,『영원회귀』,『운명을 사랑하라』등의 저작과 일화를 남겼다.

『위버멘쉬』는 독일어 '위버'는 '넘어서다'이고 '멘쉬'는 '인간'이다. 즉 위버멘쉬는 자기 자신의 한계를 넘어서는 초인超人을 말한다. 특유의 공격적 비판으로 오인도 받고 난해하여 멀리하기도 하였지만, 어떤 철학자보다 넓은 사상의 스펙트럼을 가진 그의 저서는 시각에 따라 다양하게 읽힌다. 그런 까닭 중 하나는 니체 특유의 서술 방식에 있다. 그의 저작은 대부분 압축적이고 강렬한 아포리즘 형식을 이루는 어록으로 논리적이기보다 문학적이다. 하지만 실제 그의 성격은 온화하고 유머러스하며 사교적이라는 평가다.

1889년 1월 3일 아침. 니체는 보통 때처럼 카를로 알베르토 광장에 있는 하숙집을 나서는 길이었다. 그날도 카를로 알베르토 광장에는 승객들이 기다리는 가운데 몇몇 마차와 택시 사이에서 주인의 명령을 따르느라 속절없이 괴롭힘을 당하는 불쌍한 말들이 힘없이 축 늘어선 채로 서 있었다고 한다. 니체는 거기서 한 마부가 말에게 심한 채찍질을 하는 모습을 지켜보고 충격을 받는다. 그는 몸을 던져 마부의 채찍을 가로막는다. 그 뒤 말을 부둥켜안고 목놓아 울다 정신을 잃고 만다. 니체의 차라투스트라에서는 "연민憐憫은 주제넘은 것"이라고 말하고, '연민의 정'이 깊다고 말하는 무리로부터 과감히 벗어나라고 충고를 던진다.

네덜란드 출신 후기인상파 화가 빈센트 고흐(1853~1890)의 작품을 접하거나 독일 철학자 프리드리히 니체(1844~1900)의 저서를 읽을 때 나는 꼼짝없이 포위당하고 만다. 두 사람은 불후한 동시대인이다. 가난과 천재성, 그리고 정신병으로 생을 마감한 것까지 비슷하다. 고흐는 평생 그린 800점이 넘는 유화와 700점 이상의 데생 가운데, 그가 살아 있는 동안 팔린 작품은 단 한 작품이었다. 그만큼 고흐는 가난한 삶이었으나 가난 속에서도 그림을 통해 자신의 메시지를 전하려고 발버둥치다 스스로 목숨을 끊는다. 니체는 걸작 『차라투스트라는 이렇게 말했다』의 최종편 제4부를 출판사의 거절로 자비로 40부를 찍어 그중 7부를 지인들에게 보냈다.

두 사람은 자신의 그림과 책이 생전에 전혀 팔리지 않았고, 알려지지 않았으며, 인정과 보상받지 못한 채 고흐는 생레미의 정신병원에서 숨을 거둔다. 고흐는 1885년에 그린 「감자 먹는 사람들」과 「몽마르트 언덕의 채소밭」 1888년 아를에서 그린 「아를의 침실」과 1889년에 그렸다는 「별이 빛나는 밤」과 「해바라기」 1890년에는 생레미 드 프로방스와 정신병원에서 그린 「붓꽃이 있는 화병」과 「밤의 카페테라스」, 「밀밭과 까마귀」, 「나무뿌리」를 비롯해서 삶의 고통과 좌절을 집약한 「자화상」을 남겼다.

니체의 저서 중 우리나라에서 번역 출판된 책은 2002년 『도덕의 계보』가 김정현 역, 책세상에서 니체 전집 14권과 『차라투스트라는 이렇게 말했다』 등이 나왔다. 이어 책세상에서 『1885년 7월부터 1887년 가을에 쓴 유고』와 『1887년 가을부터 1888년 3월에 씌여진 유고』와 『1888년 초로부터 1889년 1월 초에 쓴 니체 전집 23권』 등이 2004년에 출판되고 2005년에는 『도덕의 계보』(해제)가 나왔다.

해마다 여름이면 고흐의 해바라기가 멋진 꽃을 피우는 자연 풍광보다 그 내면을 그리려고 인생 자체를 음미한다. 그 흔적이 그림에 담기면서 공감을 불러일으킨다. 나는 고흐와 니체를 생각할 때마다 해맑은 동주의 시정신과 중섭의 그림이 우리에게 전하는 삶과 죽음의 이야기에 귀 기울인다.

노인과 바다의 도시

소설 『노인과 바다(The Old Man and the Sea)』는 헤밍웨이 소설이다. 이 소설은 어부 생활을 하는 외로운 노인을 그린 처절한 삶의 이야기다. 노인은 매일 바다로 나가 낚싯대를 드리우지만 허탕 치기 일쑤였다. 마침내 85일 만에 자신의 배보다 큰 청새치를 낚는다. 그러나 사흘에 걸친 사투 끝에 겨우 배에 끌어 올린 청새치는 귀항 길에 상어 떼를 만나 모두 뜯기고 뼈만 앙상하게 남게 된다. 요즘 와서 '노인과 바다의 도시'라는 말은 부산을 두고 하는 말이다. 언제부턴가 부산을 두고 "부산은 노인과 바다의 도시"라는 말은 젊은이들과 큰 기업이 다 떠나고 노인과 바다만 남았다고 업신여기는 말이다.

'노인과 바다의 도시'는 불황 속에서 만성적인 인구 감소와 경제 위기가 겹친 암울한 부산의 현실을 그대로 말해준다. 부산 청년들이 마땅한 일자리와 새로운 일감이 없어 수도권 등 타지로 떠나는 현상이 지속되자 부산은 노쇠한 노인들과 조용하게 엎드린 바다만 남았다는 표현이다. 부산시는 민선 7기 2004년부터 현재에 이르도록 시정의 슬로건으로 '다이내믹 부산(Dynamic Busan)'을 내걸었지만 '슬리핑 부산(Sleeping Busan)'으로 깊은 잠에 빠져 버렸다. 지역 경제의 쇠퇴는 광복동과 남포동 서면에 공실空室 점포가 크게 늘어나고 그 파장은 동래와 대연동 대학가로 번졌다.

부산항은 1876년 개항 이후 일제의 수탈 창구로 8 · 15 귀환동포와 6 · 25 때 군수물자와 피난민과 임시수도를 받아들였을 뿐 주민에 의한 자발적 개발과 발전은 없었다. 돌이켜보면 부산은 한반도를 지배하려고 일제가 일으킨 청일전쟁과 러일전쟁을 부산 앞바다 가덕에서 지켜보아야 했고, 동학 혁명 이후 8 · 15와 6 · 25에서 대한민국을 지켜낸 보루이며, 피난민을 품었던 곳이자, 전쟁의 상흔을 딛고 성장할 수 있는 원동력을 제공한 어머니 같은 도시였다. 부산은 6 · 25로 임시수도와 피란민을 받아들여 국토 수복을 위한 마지막 반격의 발판이 되었고, 조국근대화와 수출입국의 창구 역할을 한 부산항은 세계 6위 항만으로 발돋움했으나 열악한 경제력과 수도권 중심 개발정책으로 쇠퇴의 길을 걸어야 했다. 결국 젊은층이 취업과 창업을 위해 부산을 떠나고 노인들과 바다만 남게 되었다.

2023년 3분기 부산 15~29세 인구 실업률은 10.6%로, 전년도 같은 기간에 비해 2.7%포인트 급등하면서 참담한 청년 실업률로 활력을 잃었다. 부산의 현실을 두고 소멸의 도시가 되었다.

이는 전국 17개 시 · 도 중 부산이 두 번째로 높은 실업률이다. 머지않아 한국 제2의 도시라는 위상마저 인천에 빼앗길 지경이다. 지난 9월 말 집계된 부산 인구는 339만 9749명. 1995년 388만 명으로 정점을 찍은 뒤 매년 인구 유출과 저출산 풍조 속에서 인구는 줄어들었다. 부산 인구가 내년 경남에, 2~3년 내 인천에 추월당하며 2036년에 부산 인구가 300만 명 이하로 떨어질 것이란 예측이다. 부산은 만 65세 이상 고령자 비율조차 8개 특별 · 광역시 가운데 가장 높은 18.7%로, 고령화 사회에 들어선 지 오래다. 전국 평균을 웃도는 급속한 고령 인구 증가세로 인해 2022년 고령자가 20% 이상인 초고령화 사회다.

고령자 비중이 2030년 29.3%, 2047년 41.0%에 달할 전망이다. 반면 0~29세 인구 비중은 전국 8대 도시 중 최하위권이다. 부산시를 비롯한 모든 기관단체와 전 시민이 산업생태계 개선과 좋은 일자리 창출, 정주 여건 확충, 출산율 제고, 노년층 사회 참여에 다 함께 노력하여야 할 상황이다. 소설 『노인과 바다』에서 주인공이 끝까지 포기하지 않았던 도전과 개척정신이 지금 우리에게 필요한 시대적 사명이다. 1981년 제정된 노인복지법이 올해로 43년이 되었다. 당시 노인 인구는 3.9%였고, 현재는 18.6%로 늘어났다.

2050년에는 60세 이상 인구가 세계 인구의 22%를 차지할 것으로 예측된다. 노인복지법이 제정된 1981년 노인으로 정의한 65세는 40여 년이 지난 지금 노인으로 보기에는 사회변화의 폭이 크다. 65세는 노인이라기에는 아직 젊고 패기 또한 넘치는 연령이다. 우리나라 합계출산율이 0.7명대로 추락하고, 생산연령인구도 5년째 감소하는 시점에서 65세 이상의 노인을 위한 국민복지연금법(1973), 경로우대제(1980), 노령수당(1991), 재가노인법(1993), 경로연금(1998), 고령자고용촉진법(1991), 저출산고령사회기본법(2006), 치매관리법(2007), 기초연금제도(2008), 장기요양보험제도(2008), 치매국가책임제(2017) 등을 마련했다.

우리나라의 실질 은퇴 연령은 72.1세로, 경제협력개발기구(OECD)와 비교할 때 7.8년 더 일한다. 노인 경제활동 참여율 역시 평균보다 배 이상 높다. 과거 인생 바닥을 치는 연령이 40대, 50대였다면 지금은 50대, 60대로 표현하고 있다. 인구 고령화가 미치는 파급 효과는 그 규모나 범위가 국가의 미래에 영향을 미친다. 노인을 위한 각종 연금제도는 사회적 합의를 통한 촘촘한 제도와 정책으로 만들어져야 한다. 부산의 지방 재정의 건전성을 나타내는 재정자립도는 올해 45.13%로 2015년 50.99% 이후 가장 낮다. 망망대해를 헤쳐 나가는 고독한 노인들의 사투를 떠올리며 '노인과 바다의 도시, 부산'은 이제 초고층 건물과 바다 절경이 어우러지는 해안 따라 바다 도시 부산의 콘텐츠는 이탈리아 나폴리, 호주 시드니보다 풍성한 도시로 가꾸려는 변화의 꿈을 기대해 본다.

너 자신을 알라

그리스인들은 삶의 방향을 잃고 삶이 여의치 않을 때 신탁을 청하였다. 신탁은 신이 자신의 의사를 나타내거나 사람의 물음에 답하는 것을 말한다. 신탁은 예언이다. "너 자신을 알라!"는 말은 곧 "너는 누구인가?"라고 되묻는 말이다. 이 말은 소크라테스가 남긴 경구가 아니라 고대 그리스 델포이(Delphoe)의 아폴론 신전神殿 현관 기둥에 새겨진 말이다. 고민거리를 안고 신전을 찾는 사람들에게 내려진 조언이다. 그러고 보니 스핑크스의 부모는 아폴론에게 죽임 당했다고 알려진 델포이의 왕뱀 피톤(Python)과 같은 종족이다. 피톤은 아폴론 신전이 세워진 곳인 델포이에 살고 있었고 아폴론이 신전을 세운 자리가 피톤의 동굴이었다.

우리는 때때로 삶의 중심을 잃고 방향한다. 지금까지 내내 믿고 의지하던 앎이나 신념의 삶이 갑자기 제자리를 잃고 흔들린다고 하자. 그때 우리는 어떻게 할까? 코린토스의 왕자로 행복하게 지내던 오이디푸스가 어느 날 갑자기 자기에게 닥친 무서운 저주를 알게 되었을 때처럼 말이다. 이때 우리는 무엇을 해야 할지, 어디로 가야 할지, 누구를 믿어야 할지 몰라 어리둥절해진다. 내가 가지고 있던 삶의 도구가 무용지물이 되어 어찌할 바를 모르듯이. 내면이 강건한 사람이라면 스스로 혼란을 해결하겠노라고 선언하거나 방랑의 길을 떠날 것이다. 아폴론이 우리에게 “너 자신을 알라.”고 말했다면 스핑크스는 우리에게 “너는 누구냐?”라고 묻는다.

‘너’는 “듣는 이가 손아랫사람이나 친한 사람일 때, 그 사람을 가리키는 말”이고, ‘자신’은 “대명사나 사람 명사의 뒤에서 ‘~자신’의 구성으로 쓰여, 바로 앞에 가리킨 그 사람임을 강조하여 이르는 말”이다. 세계의 환경과 제도는 거의 모두 우리가 만들어 놓은 질서 속에서 움직인다. 마치 인공적 질서의 범위를 넘어서는 것은 아무것도 없다. 과학과 기술 덕택에 우리는 세계를 움직이는 모든 원리를 알아 버린 듯도 하다. 그러나 이론은 일어날 법한 모든 것을 논리 정연하게 설명하고, 논리는 이론에 통달하기만 하면 우리는 장차 일어날 모든 위험을 예상하고 세계를 맘대로 다룰 수 있을 것 같은 착각에 빠진다. 하지만 우리의 구체적인 삶은 꼭 그렇지만은 않다.

세상은 생각만으로 통제가능한 방향으로 쏠리지 않는다. 이렇게 되리라고 예상한 순간, 세상은 예상을 뒤엎고 전혀 다른 방향으로 나아간다. 우리의 앎이 일면적인 까닭이다. 삶의 전체성은 늘 우리의 지식과 예상의 한계를 넘어서서 다른 모습으로 나타난다. 소포클레스 시대에 자연의 불가해함과 마주치는 일을 일종의 재난으로 여겼다. 스핑크스뿐만 아니라 그리스신화에 등장하는 많은 여성 괴물이 재난을 가져온다. 괴물은 모두 설명 불가능하고 이해할 수 없는 자연을 대변하는 존재로 여겨졌다. 노래로 뱃사람을 흘려 잡아먹는 인어 세이렌(Seiren)이나 두 팔과 허리띠에 뱀을 두른 메두사(Medusa)는 하나같이 남성 영웅을 유혹하였다. 그러나 세이렌과 메두사는 오아시스에 불과한지 모른다.

정체正體 또는 정체성(正體性, identity)은 존재의 본질 또는 이를 규명하고 규정한다. 정체성은 일정기간 일관되게 유지하는 고유한 실체로서 자기에 대한 주관적 경험을 함의할 수 있다. 정체성은 자기 내부에서 일관된 동일성을 유지하는 것과 다른 존재와의 관계에서 어떤 본질적인 특성을 지속적으로 공유하는 것을 의미한다. 인간은 성장하면서 자신이 세상 안에서 다른 사람들과 함께 '한 개인'으로서 존재로 자각한다. 정체감의 형성 과정에서 아동은 다른 사람들과는 다른 자신만의 소망, 사고, 기억, 외모 등을 가지고 있다는 자각을 한다.

에릭 에릭슨의 발달 이론에서 12세부터 18세까지 청소년기에는 정체성이 형성되거나 외부 집단과 접촉하면서 자기 개념을 만들어 나간다고 보았다. 자신의 존재를 규명하는 일은 누구에게나 중요하다. 신과의 관계 설정, 우주와의 관계 설정을 통해 자신의 존재를 설정하고 이를 통해 존재의 안정감을 유지하며 삶의 부조리나 희로애락을 처리해 나간다. 어리석음을 깨우쳐 괴로움을 벗어나야 하리라. 깨닫지 못한 사람은 누구에게나 번뇌, 망상, 습, 에고가 있고, 이를 통틀어 자아라고 여긴다. 불교에서 이를 '무명'이라고도 하며, 이를 밝히면 '참나' '불성'을 이룰 수 있다고 하였다.

여생을 퇴고推敲하다

젊은 날 나는 천년만년 살 것처럼 여겼다. 그러나 현실은 100년을 살기 힘들고 어렵다는 사실을 깨우쳤다. 성서에서는 강건하면 70이요, 80을 산다고 했다. 그러나 대부분 인생은 생로병사의 길을 따라 노년은 늙어서 병들고 시름시름 죽어간다. 우리가 인생을 70년 산다면 날짜로 약 2만 50날이요, 80년을 산다면 3만 날로 시간으로 약 60만 시간이다. 그중 3분의 1은 아무것도 하지 않고 잠을 잔다. 과연 잠이란 아무것도 하지 않는 쓸모없는 것일까? 현대의 뇌과학은 그렇지 않다고 일러준다. 뇌의 기능이 깨어 있는 상태, 렘수면 상태와 비렘수면 상태가 있고, 비렘수면 상태를 다시 네 가지 단계로 나누었다. 잠을 자는 동안에도 뇌는 많은 일을 한다. 우리는 잠자는 데 거의 20만 시간을 보낸다. 우리가 깨어 있는 시간은 겨우 40만 시간에 비하면 절반이다.

우리는 살아 있는 60만 시간 중 이 세상에서 일하는 시간은 약 20만 시간이다. 우리는 이 20만 시간을 어떻게 사느냐에 따라 미래를 결정하게 된다. 이 시간을 절약하여 활용하는 사람만이 인생을 가치 있게 살고 보람차게 살 것이다. 불가에서는 인생人生을 "사람이 태어나서 죽음에" 이르는 생로병사生老病死의 고통苦痛이라고 풀이하였다. 인생에서 가장 중요한 것은 '얼마나 오래 사느냐?'는 삶의 길이가 아니라 삶의 가치와 질에 있는 것이다. 인생이란 사람이 이 세상에 태어나서 살아가는 시간(세월)과 공간(장소)에서 일어나는 모든 일과 희로애락喜怒哀樂을 포함한다. 태어나서 먹고 사랑하고 놀고 배설하다 죽어 묻히는 삶과 죽음의 순환을 생각한다. 죽고 싶지 않다고 영원히 사는 것은 아니다.

항상 기쁘고 즐겁고 재미있으며 행복한 일들만 이어지면 무슨 문제가 있으랴마는 자신의 의지와 관계없이 지치고 슬프며 외로움을 겪는다. 나는 오늘도 묻는다. "현재의 삶에 만족하는가?" '영원'의 뜻을 가진 히브리 말 '울람'은 단순히 미래와 연결된 시간적 개념이 아니라 어떤 상황이나 공간에서 이루어지는 충만한 삶을 의미한다. 결국 영원한 생명을 얻는다는 것은 가식과 허영을 벗고 지금 여기에서 충만함을 누리는 것이리라. 만족은 모자람이 없이 마음에 흡족한 상태를 의미하고 우리는 생활을 통해 스스로 풍요롭고 충만함을 느끼고 만족할 수 있어야 한다. 그것이 자긍

자존의 출발이다. 나를 느끼고 깨닫는 시간에 집중하자. 그것이 곧 명상이다.

삶은 화딱지나고 분노가 치밀어 몹시 흥분할 때도 있고 또 조급하고 초조함에 괴롭고 피곤하며 힘든 일이 겹치기도 한다. 톨스토이는 "오늘, 지금, 여기, 이 순간 내 옆에 있는 사람에게 최선을 다해 사랑하라. 하늘 우러러 한 점 부끄럼 없게 하라."고 충고한 바 있다. 심연에 평정심을 잃지 말라. 인생은 기쁘고, 즐겁고 아름다운 것이니 기쁨이 있으면 마음껏 즐겨라. 마음이 맑고淸 밝고光 깨끗하니 생각思이 아름답다美. 아름답고 좋게 보인다心淸意自開는 불가佛家의 삶은 재미있고, 기쁘고, 즐겁고, 아름답고, 향기로우며 감사하며, 사랑하며, 보람 있게 사는 것이리라. 미국 시인 롱펠로우는 '인생예찬'을 "슬픈 사연으로 내게 말하지 말아라/ 인생은 한갓 헛된 꿈에 불과하다고/ 영혼의 침체는 죽음과 같은 것/ 보여지는 것들이 다는 아니다// 인생은 진실이다. 인생은 진지하다 무덤이 그 종말이 될 수는 없다.// 너는 흙이니 흙으로 돌아가라."고 노래하였다.

김진섭의 수필 「백설부白雪賦」와 「인생예찬」, 「청빈예찬」을 비롯하여 이양하의 수필 「신록예찬」의 내용을 기억한다. 나름의 수필론을 정립한 김진섭의 수필은 그 소재를 생활에서 근원적인 가치를 찾으려고 노력한 탐색의 산물이었다. 이를 통해 더 깊고 성숙한 성찰의 바탕이 된다. 김진섭의 글쓰기는 나에게 있어서 수필

문학의 길을 열어준 가르침이었다. 책을 읽을 때 집중하는 건 쪽수가 아니라 내용인 것처럼 삶도 마찬가지라는 걸 되뇌어 본다. 3만 번의 하루 중에 며칠을 사느냐는 그렇게 중요하지 않다. 중요한 것은 그 하루를 어떻게 살았는지, 어떤 목표를 두고 충실했는지 성찰하고 헤아리며 바로잡고 고치며 첨삭하는 퇴고推敲의 과정을 거치고서야 나의 미래를 훤히 내다볼 수 있는 것이 아닐까.

미완성으로 끝난 가족여행

2023년 5월 마지막 주, 제2호 태풍 마와르호가 덮쳤다. 부처님 오신 날, 우리 부부는 딸네 가족과 함께 서울 여행에 나섰다. 손녀가 태어난 지 5년 10개월 만의 일이다. 여행 목적은 평소 손녀가 "비행기가 하늘에서 떨어질 것 같아 무섭다."는 생각을 씻어줄 겸 서울 견학과 KTX를 함께 타보려는 생각이었다. 나는 열네 번째 작품집 『울말섬 찬가』의 교정을 마무리하고 1박 2일의 가족 여행에 함께 나섰다. 격일로 혈액투석 치료를 받는 나로서 1박 2일의 여행은 9년 만의 일이다. 때마침 빗속에 떠나려는 우리를 베드로 대자가 공항까지 차로 태워다 주었다.

나는 평소 EBS의 「세계테마기행」과 「한국기행」, KBS의 「걸어서 세계 속으로」와 JTBC의 「특파원 25시」, ENA의 「지구마을 세계여행』을 통해 젊은 날 해외취재로 경험한 세계여행을 되새김질 한다. 김포공항에 도착한 우리는 택시를 타고 영등포역 앞 타임스퀘어의 예약한 호텔까지 가는 데 두 시간 넘게 걸렸다. 공항을 빠져나와 시내로 들어서자 도로는 마치 대형주차장 같았다. 넓고 큰 몰 상가를 돌아보았다. 딸 가족이 이름난 '5월의 종' 빵집에 들른 사이 나는 교보문고에서 심채경 한국천문연구원의 에세이 『천문학자는 별을 보지 않는다』를 구입했다.

부산의 조선방직 터를 재개발하듯 영등포지구는 옛 경성방직 터에 신도시를 계획하여 호텔, 백화점 몰까지 들어서면서 유동인구가 구름 떼처럼 몰려들었다. 나는 2014년 5월, 신촌의 한대석 박사와 혜화동의 김성은 박사의 특진을 받기 위해 상경했던 이후 10년 만의 일이다. 젊은 날 스쿠버다이빙을 함께 즐겼던 멤버 부부와 만나 만찬과 환담을 끝낸 뒤 호텔로 돌아왔다. 바뀐 환경과 호텔의 침구와 베개가 낯설고 높이가 맞지 않아 불편해 깊은 잠에 들 수가 없었다. 젊은 날 해외 취재와 성지 순례 때에도 베개를 가지고 다닐 만큼 나의 잠자리는 까다로운 편이다. 아내는 동행하는 딸네 가족에게 폐가 되지 않으려고 세심하게 체크했다.

호텔로 돌아온 나는 쉬 잠들지 못한 채 속이 갑갑했다. 비상약을 먹어도 시원치 않아 옆방의 사위에게 소화제를 사다 달라고 해서 마셨지만 시원치 않았다. 마침내 한밤중에 투석 치료 이후

요독 증상으로 6개월 내지 1년에 한 번씩 찾아오는 중추신경질환의 떨림현상이 시작되었다. 입술이 다물어지지 않아 말을 제대로 할 수 없고 물을 마시기 어려웠다. 그때부터 빨리 부산으로 돌아가 신경과 주치의를 만나야 한다는 생각뿐이었다. 우리는 원래 계획했던 서울시립미술관의 〈에드워드 호퍼전〉과 손녀를 위한 서울 시내 투어를 포기하고 이튿날 KTX의 탑승 시간을 당기고 휠체어 도우미 서비스를 요청했다.

다섯 명의 가족이 새로 배정받은 좌석은 빈자리를 메우는 식으로 좌석을 배정하여 모두가 다른 객차의 좌석을 배정받았다. 아내는 다른 승객의 양해를 구해 내 옆자리에 앉아 간병을 맡았다. 빗속을 뚫고 가족석에 앉지 못한 가족들이 이산가족이 되어 부산에 도착했다. 부산에는 세찬 비가 내리고 있었다. 부산역에 휠체어 도우미가 나왔다. 그러나 내가 다니는 병원의 신경과 주치의는 연휴로 휴진이라 진료를 받을 수 없었다. 할 수 없이 이튿날 오전에 예약하여 투석 치료가 끝난 뒤 진료를 받기로 예약했다. 주치의로부터 중추신경질환 치료제 '클로나제팜'을 처방받아 복용한 뒤 곧 정상을 되찾았다.

그제서야 올여름 폭우를 동반하는 엘니뇨 발생 가능성이 높다는 장기 기상예보가 생각났다. 지구 온난화로 해수면의 온도가 예년 온도에 비해 0.5도 이상 웃도는 해설도 뒤따랐다. 틈을 봐서 동행했던 사위와 손녀에게 '미안하고 감사하다.'는 말을 되풀이

전했다. 그래도 투석 치료를 받는 장애인의 한계를 극복하고 여행을 시도한 것은 평소 여행의 꿈을 펼친 셈이다. 오래전부터 준비한 5월 가족 여행의 꿈은 이렇게 미완성으로 끝났다. 이번 가족 여행은 불쑥불쑥 솟구치는 여행의 욕망을 한번 풀어보려 한 꿈은 미완성으로 끝났다.

손빗

인간은 손手을 가진 유일한 동물이다. 손은 뇌와 눈, 귀와 입, 코와 더불어 하는 일이 차고 넘친다. 손의 작은 공간에 뼈와 근육, 신경이 빼곡하다. 손은 수어垂語로부터 손가락이 디지털혁명을 이룩해 놓았다. 누구나 손빗으로 머리카락을 빗는다. 빗의 가늘고 긴 살이 헝클어진 머리카락을 가지런히 고루거나 매만진다. 국어사전에서는 손빗을 "빗 대신 손으로 머리를 쓸어 올리는 손가락을 비유한다."라고 하였다.

손빗은 따뜻한 체온과 사랑을 간직한다. 빗은 선사시대부터 사용하였다. 철기시대 스코틀랜드 북쪽 오크니 제도 서머싯주에서 고래뼈로 만든 빗이 발굴되었고, 5,000년 전에는 페르시아에서 고대인들이 사용한 빗이 발굴되었다. 인간이 처음 사용한 머리빗은 말린 생선뼈로 아프리카에서는 아직껏 사용하고 있다. 기원전 이집트 무덤에서 발굴된 머리빗은 빗살이 한 줄로 가지런하거나 양쪽에 빗살을 갖추었다.

인간이 생선뼈를 빗으로 사용한 이후 나무와 플라스틱, 금속류에 전동빗과 열을 사용하는 머리빗까지 다양하게 이어졌다. 우리나라에서는 가야시대 나무빗이 출토되었고, 옛날에는 남자가 여자에게 청혼하거나 사랑의 의미로 빗을 선물하였다. 전통의 빗은 얼레빗, 참빗, 면빗, 상투빗 등이 있다. 예부터 손이 크면 대물이라는 속설과 함께 예쁜 손을 섬섬옥수纖纖玉手라 일컬었다.

손빗은 손맛과 함께 '손을 내밀다', '손을 맞잡다', '손이 닿다'는 표현으로 마음을 전한다. 어릴 때 먹은 향토 음식에는 할머니와 엄마의 손맛과 집안의 전통이 대를 잇는다. 이웃 어른들께서 손빗으로 머리를 쓰다듬어 주시던 자리에서 공동체의 따뜻한 정과 체온이 자랐다. 손빗은 일상의 도구로 결코 잃을 수 없고 잊어서는 안 될 생활의 이기다. 손빗은 우리 몸의 일부로 격려와 돌봄의 손길을 펼치며 스스로를 돕는다.

뿌린 대로 거두리라

성경에 "자녀들아, 우리가 말과 혀로만 사랑하지 말고 행함과 진실함으로 하자."는 말은 행동으로 살라는 뜻이리라. 그러나 말과 행동을 함부로 하는 사람을 두고 사오정沙悟淨이라 칭한다, 윤석열 대통령에 대한 나의 기억에 "저는 사람에게 충성하지 않는다."는 말과 유세 때 취객이 '어퍼컷'을 허공에 날리는 행동이 기억에 남았다. 사람 됨됨이와 인격은 마음의 양식에 달렸다. '안다'는 의미는 '앎'이다. 앎은 배우는 인지능력이 아니라 상대의 본질을 깨닫고 실천하는 것이다. 성서에서는 "착한 목자는 사랑하는 양들을 위하여 목숨을 내놓는다."고 했다. '목숨'은 그리스 말로 '프시케'다. '프시케'는 '숨' 또는 '호흡'을 뜻하며 나아가서 인간의 생명과 영혼을 뜻한다.

영혼 없는 말만 하는 사람으로 앎이 없는 겉도는 허풍, 영혼이 없는 망나니짓일 뿐이다. 정치는 말과 행동이 일치해야 한다. 정치인의 신념과 철학, 비전과 지향점은 그들의 말 속에 담긴 메시지에서 나온다. 세상에는 스스로 생각하고 익힌 것을 말하고 실천하려는 사람보다 남이 써주는 것을 대신 읽는 앵무새가 많다. 총선을 앞두고 전국에서 진행한 대통령의 시민토론회와 이를 뒷받침하려는 정부 여당의 발표가 "국민만 보고 가겠다."는 말은 새빨간 거짓말이었다. 나는 그런 사람들을 영혼 없는 허수아비로 본다.

기원전 고대 로마 키케로의 「웅변술」은 수사학과 설득술에 관한 중요한 논문으로 정치가의 논리적 사고와 합리적 기술, 수사학, 의사소통, 정치철학을 요구하였다. 그의 다른 저서 「노년에 관하여」에서는 "큰일은 육체의 힘이나 기민함으로 하는 것이 아니라 사려와 판단력"이라고 하였다.

공자는 『논어』에서 "군자는 말이 적고 일에는 부지런해야 한다."고 하였다. '말하기와 행하기'는 사람을 평가하는 하나의 잣대다. 말하기는 '자기의 느낌이나 생각을 상대에게 전하는 것'이고 행하기는 '자신의 말한 것을 실천'하는 것이다. 말과 행동이 일치하지 않으면 상대의 믿음을 잃는다. 이언주 당선인은 윤석열 대통령을 향해 "국민의 인기가 없는 것은, 그의 언행이 현저히 대통령으로서의 격과 책임에 미치지 못하기 때문"이라고 하였다.

조선 영조 때의 일이다. 김천택이 세상에 회자하던 작자 미상의 시조를 모아 『청구영언靑丘永言』을 엮었다.

『청구영언』의 「구설口舌」이란 시조에서 "말하기 좋다 하고 남의 말 하는 것이/ 남의 말 내가 하면 남도 내 말 하는 것이/ 말로써 말이 많으니 말 말을까 하노라."라는 말을 남겼다. 제22대 총선은 대통령이 민생에 대한 대통령의 중간 평가로 즉흥 · 무지 · 무시 · 무능 · 무책임에 갇힌 신임을 물었다. 그 결과 유권자와 보수 언론은 윤석열 대통령의 검찰 정권을 호되게 꾸짖었다. 조선일보는 "대통령은 절벽에서 뛰어내리며 자기를 바꿔야 한다."는 권유로부터 동아일보는 "김건희 여사 문제만 봐도 공정과 상식과는 거리가 멀다."고 힐난했으며 중앙일보는 "다음 대통령으로는 갑자기 튀어나온 인물, 검찰 출신 인물을 거르고 배우자 관리를 잘한 인물을 뽑자."고 윤 대통령을 저격하였다.

경실련은 중앙선거관리위원회에 윤 대통령이 구체적인 재원 마련과 추진 계획 없이 전국을 돌아다니며 민생토론회를 개최하였고, 홍준표 대구시장은 "천신만고 끝에 탄핵의 강을 건너 살아난 이 당을 깜도 안되는 황교안이 들어와 대표놀이 하다가 말아먹었고, 더 깜도 안 되는 한동훈이 들어와 대권놀이 하면서 정치 아이돌로 착각하고 셀카만 찍다가 말아 먹었다."고 혹평했다. 조국혁신당 조국 대표는 "총선 참패의 근원이 대통령 자신임을 인식하지 못하고 있다."고 지적하였고 국민의 힘 상임고문단 회장인 정의화 전 국회의장은 "이번 참패의 원인은 대통령의 일방통행식 불통, 우리 당의 무능"이라고 비난하고 원로 언론인 단체인 '언론비상시국회의'는 "윤 대통령의 막무가내식 언론탄압은 총선 민심을 정면으로 거부하는 반민주적 폭거"였다고 평했다.

국경없는기자회(RSF)가 매년 발표하는 세계 언론자유지수 순위에서 우리나라는 1년 만에 15계단, 윤석열 정부 2년간 19계단 낮아진 62위로 추락하였다. 윤석열 정부의 언론탄압이 총선 이후 그 이전보다 더 커진 '여소야대' 국회에서 조기 레임덕을 불러올지 모른다. 야당과의 협치를 거부한 채 여당인 국민의 힘마저 제대로 아우르지 못한 데 대한 민심의 반응이다. "뿌린 대로 거두리라."라는 말처럼 불교를 비롯한 인도 종교에서 업業의 관념과 관련이 있는 자업자득自業自得이라는 말이고 성경 갈라디아서에서 "스스로 속이지 말라. 하나님은 업신여김을 받지 아니 하시나니 사람은 무엇을 심든지 그대로 거두리라."라는 바울의 말이 있다. 총선 이후 대통령 지지율은 21%로 식물정권으로 가는 길목 10%대로 치닫고 있다.

사랑의 서사序詞

우리가 태어나 철이 들면서 자주 쓰는 말 중의 하나가 '사랑'이다. 국어사전에서 '사랑'을 세 가지 의미로 풀이하였다. 첫째, '어떤 사람이나 존재를 귀중히 여기는 마음이나 그런 일' 둘째, '어떤 사물이나 대상을 아끼고 소중히 여기거나 즐기는 마음이나 그런 일' 셋째, '남을 이해하고 돕는 마음이나 그런 일'이라고 풀이하였다. 고려대학교에서 발간한 한국어대사전에서는 "다른 사람을 애틋하게 그리워하고 열렬히 좋아하는 마음 또는 그런 관계나 사람"이라고 풀이하였다. 사랑의 서사는 곧 사랑의 이야기다. '사랑'을 나타내는 옛말은 '괴다', 'ᄃᆞᆺ다', '얼우다' 등이었다. 사랑의 서사는 사랑의 줄거리가 있는 이야기다.

'얼우다'는 '얼다'와 '어르다'의 어간 뒤에 사동접미사 '-우-'가

붙은 형태이다. 중세에는 '얼다'가 주로 혼인을 뜻하였다. 고려가요 「만전춘滿殿春」에서는 '얼다'를 중의적 표현으로 사용하였고, 조선 성종 때 간통 스캔들로 유명했던 박구마라는 여인에게는 얼우동於乙宇同이라는 별명이 붙었다. '어른'과 '어르신'도 이 단어에서 유래하였다. 「용비어천가」 78장에서 볼 수 있듯이 'ᄉᆞ랑'이 '思量'이 아닌 '思懷'에 대응하며 '그리다'라는 뜻이기 때문에 '사랑'과 연관이 있어 보인다. 그러나 懷(품을 회)는 회고懷古나 회모懷慕 등의 단어에서 쓰이듯 '생각하다'는 의미를 포함하고 있어서 이를 통해 思懷 또한 思量과 마찬가지로 '생각하다'라는 뜻을 지닌다.

1575년 발행된 「광주천자문」에서는 아예 思(생각할 사) 자를 'ᄉᆞ량ᄉᆞ'로 새겼다. 위의 「월인석보」 인용문에서 "思ᄂᆞᆫ ᄉᆞ랑ᄒᆞᆯ씨라"라고 한 것과 비교하면 'ᄉᆞ랑'과 'ᄉᆞ량'이 같은 의미로 통용되었음을 알 수 있다. 15세기 중세 우리나라에서는 'ᄉᆞ랑'의 형태로 글로 문증文證되며, 근대 이후 아래아의 음가가 소멸되면서 현재의 '사랑'으로 변하였다. 국내 최초 향가 해독자인 양주동 박사가 이 어원을 처음 주장하였다.

그리스 말에는 '사랑'을 뜻하는 낱말이 세 가지가 있다. 격정적이고 본능적인 의미의 육체적 사랑인 '에로스(Eros)'와 호의적 감정과 끌림을 뜻하는 '필로스(Pylos)', 자신을 희생하면서까지 상대를 배려하는 '아가페(agape)'가 그것이다. 플라톤이 정의한 사랑은 육체적 사랑(Eros), 도덕적 사랑(Philia), 정신적(신앙적) 사랑

(Stergethron), 그리고 마지막 단계로 무조건적인 사랑(Agape)이다. 플라톤의 주장을 따르자면 사랑은 육체적인 사랑에서 정신적인 사랑으로 발전한다고 보았다.

캐나다의 심리학자 J. A. Lee는 사랑의 유형을 6가지로 나누었다. 즉 열정적 사랑(eros, 에로스) – 육체적 자극을 필요로 하는 육체적 사랑 위의 에로스와 다양한 상대와의 만남을 즐기는 유희적 사랑(ludus, 루두스), 친구 같은 사랑(storge, 스토르게), 소유적인 사랑(mania, 마니아), 실용적 사랑(pragma, 프라그마), 무조건적이고 헌신적 사랑(agape, 아가페)로 나누었다. 미국 심리학자 스턴버그(Robert Sternberg)는 사랑의 삼각형(Triangular theory of love) 이론을 감정, 생각, 행동의 병렬식으로 펼친다. 예수는 베드로에게 첫 번째와 두 번째로 "너를 희생할 만큼 나를 사랑하는지를 묻는다. 베드로는 예수를 인간적으로 사랑할 뿐임을 고백하자, 세 번째로 당신을 인간적으로 사랑하는지 고쳐 물었다. 베드로의 사랑은 인간적인 사랑(필로스)에서 참된 사랑(아가페)으로 확대되어 죽음으로써 자신의 사랑을 증언하였다.

이은상 작시 홍난파 곡의 가곡 「사랑」을 "탈 대로 다 타시오 타다 남진 부디 마소/ 타고 다시 재될 법은 하거니와// 타다 남은 동강은 쓸 곳이 없소이다// 반 타고 꺼질진대 아예 타지 말으시오/ 차라리 아니 타고 생나무로 있으시오// 탈진대 재 그거조차 마저 탐이 옳소이다"라고 노래하였다.

황지우 시인은「너를 기다리는 동안」에서 “네가 오기로 한 그 자리/ 내가 미리 가 너를 기다리는 동안/ 다가오는 모든 발자국은/ 내 가슴에 쿵쿵거린다/ 바스락거리는 나뭇잎 하나도 다 내게 온다/ 기다려 본 적이 있는 사람은 안다/ 세상에서 기다리는 일처럼 가슴 애리는 일 있을까/ 네가 오기로 한 그 자리, 내가 미리 와 있는 이곳에서/ 문을 열고 들어오는 모든 사람이/ 너였다가/ 너였다가, 너일 것이었다가/ 다시 문이 닫힌다/ 사랑하는 이여/ 오지 않는 너를 기다리며/ 마침내 나는 너에게 간다/ 아주 먼 데서 나는 너에게 가고/ 아주 오랜 세월을 다하여 너는 지금 오고 있다/ 아주 먼 데서 지금도 천천히 오고 있는 너를/ 너를 기다리는 동안 나도 가고 있다/ 남들이 열고 들어오는 문을 통해/ 내 가슴에 쿵쿵거리는 모든 발자국 따라/ 너를 기다리는 동안 나는 너에게 가고 있다.”라고 노래하였다.

손녀들이 보고 싶다

손녀 리아와 유나가 보고 싶다. "부모 자식 1촌 사이에는 공부도 잘해야 하고 착하며 훌륭하게 자라서 성공해야 한다는 욕심으로 가득하다. 그러나 조손간 2촌만 되어도 공부를 잘하건 말건 잘 먹고 잘 싸며 잘 자라기만 하면 그만이다."라는 말을 한다. 친손녀 리아는 어느 것 하나 나무랄 데가 없는 범생이고 귀염둥이다. 외손녀 유나는 세 돌 지나 한글을 떼고 나를 만나면 끝말잇기를 하잔다. 일주일에 월화수목 나흘 저녁을 우리 집에서 지내고 나머지 금토일 사흘은 자기 집에서 지낸다. 유나는 엄마가 서울과 안동, 울산 등지의 중고등 학생들에게 영어를 가르칠 때 외갓집에 와서 논다.

나는 40여 년 전 남매를 낳아서 길러 출가시켰다. 딸과 아들은 외동딸을 낳아서 기른다. 손녀가 자라는 모습을 곁에서 지켜보면서 놀라워 한다. '이게 바로 일상의 기적이구나.' 하는 혼잣말을 되뇌인다. 윌리엄 워즈워드(William Wordsworth)의 시 「무지개(Rainbow)」에서 "아이는 어른의 아버지(The child is the father of the man)"라는 말을 이제야 깨닫을 것 같다. 유나가 오면 허그로 인사를 나누고, 통과의례처럼 아일랜드 식탁과 의자에 붙어서서 얼마나 컸는지 어깨와 턱을 고이며 "할머니 할아버지, 유나 좀 보세요." 하고 하이 소프라노로 외친다.

때로는 유나가 내무사열을 취하는 주번사관이 되어 현관과 거실, 자기 방부터 온 집안을 둘러보고는 가구와 화분이 옮겨진 것을 지적하고 나름의 평가를 한다. 어린 눈매가 예사롭지 않다. 그리고는 간밤에 있었던 일이며 외갓집에 오기 전, 엄마와 읽은 책의 스토리를 이야기한다. 할머니와 이중창으로 노래하며 발레로 몸을 충분히 푼다. 유나가 항상 발레리나가 되고 아빠와 할머니에게는 발레리노역을 맡긴다. 가위질을 잘하는 유나는 색종이를 오리고 할머니는 모자이크 컵을 만든다. 산책을 나가서 걷거나 뛰고 놀이터의 언덕 오르기와 별다리 건너기, 미끄럼과 그네, 그물망을 타잔처럼 탄다.

해질녘 집에 들어와서는 장난감과 책을 실은 카터를 끌고 다니며 할아버지가 바흐 곡을 흥얼거리듯 유나는 요즘 모차르트 세레나데 13번 「아이네 클라이네 나흐트무지크」를 곧잘 허밍한다. 조실부모로 사랑이 목마른 소년으로 산 어린 시절을 지켜준 선율과 시 「무지개」가 오늘도 위로가 된다. 나의 삶은 "아이는 어른의 아버지"라는 시구에 공감하며 예수께서 아이가 되지 못하면 하늘나라에 갈 수 없다는 말씀을 깨우칠 듯하다. 니체는 「짜라투스트라」에서 순진무구한 어린이 같은 상태를 인간 성장의 최고점이라고 하지 않았던가. 바람 불어 좋은 날 높푸른 하늘에 두둥실 떠가는 흰구름, 고향의 아름다운 자연과 생명들, 부모님과 살았던 추억이 지금도 기억속에 자리 잡고 있다. 어린 시절 우리가 동경했던 것들은 나이들어서도 한 구석에 늘 자리 잡으며 되새김질한다. 나는 삶이 다하는 날까지 유나의 맑은 동심童心과 함께 우아하고 경쾌하게 이어가고 싶다.

유나는 아빠가 와서 집으로 돌아가기 전에 샤워를 한다. 탕에 물을 받아놓고 소꿉과 함께 목욕을 한다. 사위는 퇴근길에 들러서 간식을 나누고 옷을 갈아입은 뒤 유나를 욕실로 데려가서 씻기는데 그때마다 유나는 특별히 물놀이 장난감을 가져오라고 요란을 피운다. 레고블럭, 공과 컵, 곰인형까지 소꿉들을 불러들여 욕조가 가득하다. 그렇게 욕조에서 물놀이와 목욕을 한 지 2년이 넘었다. 그러다가 가제 손수건으로 빨래놀이와 역할놀이를 하며 아빠와 많은 이야기를 나누다 잠이 오면 생트집을 잡기도 한다. 아빠와 목욕을 하는 동안 언제쯤 울음보를 터뜨릴는지 고비를 여러 번 넘기며 트집이 이어진다.

영국 센트럴 던던대학교 심리학 연구팀의 연구 결과 아빠와 함께 목욕한 경험이 없는 아이들의 경우 30% 정도가 대인관계에 문제가 있는 반면 일주일에 두세 번 아빠와 목욕한 아이들은 문제를 일으킬 확률이 3% 이내로 낮았다. 스킨십을 통해 옥시토신 호르몬의 분비가 촉진되기 때문이란다.

진종일 직장에서 시달린 아빠들이 집에 와서 편안히 쉬며 재충전해야 할 시간에 육아는 힘든 일이다. 사위는 유나를 데려가기 전 피로한 몸으로 유나를 목욕시키고 어리광을 다 받아준다. 돌아가는 차 안에서 잠들면 그대로 재우려고 미리 씻기는 것이다. 유나는 낮에 받은 스트레스를 목욕하는 동안 아빠에게 다 풀어보려는 듯 떼를 쓰며 괜한 트집과 억지를 부린다. 그럴 때면 나는 목욕탕 쪽으로 귀를 기울인다. 목욕이 끝나면 상냥한 목소리와 표정으로 달려나와 안길 손녀를 가다린다. 손녀 유나의 하루는 그렇게 끝나고 돌아갈 때는 이별의 포옹과 뽀뽀를 나눈다, 방학이면 귀국하는 리아와 유나가 떠난 집안에는 손녀들의 잔영이 어른거리고 어디선가 귀여운 목소리가 들리는 듯하다.

자서전을 쓰자

자서전은 자기가 쓴 자신의 이야기다. 나는 글쓰기를 통해 사적인 기억과 나의 근원을 더듬는 인생사를 정리하곤 한다. 국어사전에서는 글쓰기를 “생각이나 사실 따위를 글로 써서 표현하는 일”이라고 풀이한다. 이 나이에 어느 때보다 시간을 아끼고 스스로에 솔직해서 자신의 이야기를 남기고 싶다. 그것이 자서전이다. 올해 들어 매주 한 편씩 쓰는 글은 「나의 수필론」으로 현실의 생각을 반영한 긴 에세이다. 글의 길이는 200자 원고지 9장에서 12장 정도로 특별한 경우가 아니면 10장 안으로 쓰려고 한다. 그만큼 함축된 표현으로 시적 함축성을 가진 아포리즘형의 글을 쓰려고 한다.

문학 이론가들은 자아 글쓰기를 ‘자서전自敍傳’, ‘자전적 이야기’,

'자아 중심적 이야기' 등으로 나누고 다양한 문학적 변주를 꾀한다. 그러나 '자아 글쓰기'에 대한 나의 생각은 먼저 솔직한 자신의 삶과 감정을 그대로 표현할 수 있어야 하고, 글의 소재는 오늘을 살아가는 나의 생각과 철학을 그대로 담아내야 한다고 여긴다. 이동민이 추천한 글 「수필은 자아를 드러내는 통로이다」에서 "수필은 자기(자아라고 하면 진짜배기 자기라는 뜻이 강하다)를 드러내는 글이다. 자기를 드러낼 때 자기중심으로 이야기하는 것은 어쩔 수 없다. 필립 르죈은 「자서전의 규약」에서 자서전을 "한 실제 인물이 자신의 존재를 소재로 하여 개인적인 삶 특히 개성의 이야기를 중점적으로 쓴 산문으로 된 과거 회상형의 이야기"라고 말하고 자서전이란 실제 인물이 자신을 소재로 하여 개인적인 삶, 특히 개성의 이야기를 중점적으로 직접 쓴 과거 회상형 이야기"라고 정의하였다.

우리나라에서는 예부터 고인을 기리는 글을 많이 지었는데 그 장르를 '행장行狀'이라 하였다. 자서전은 자기 스스로 쓴 자신의 전기문傳記文이다. 그만큼 냉정한 눈으로 자신을 바라보아야 한다. 자서전이 어느 쪽을 강조하느냐에 따라 수필, 수기, 회고록, 전기물, 위인전, 평전, 자서전의 장르로 나누어진다. 자아 글쓰기는 지나친 꾸밈과 '자기도취(나르시시즘)'에 빠지지 않아야 한다. 공직에 나서는 사람들이나 기업인과 공직자가 자신을 미화시켜 소개하려는 욕심에 쓴 자서전은 오히려 자신을 더럽히고 욕되게 하는 타서전他書傳으로 읽히게 마련이다. 자서전 쓰기는 "자신을 돌아보게 하고 스스로를 찾아가는 길이고, 좁은 문"이다. 자서전 쓰기는 자신의 생애와 활동의 서사를 직접 밝히는 고백이어야 한다.

자서전은 평범한 우리 자신의 사소한 이야기로 살아 있는 동안 겪었던 일을 성찰하고 인생을 마무리하는 작업이다. 무엇보다 자신의 솔직한 고백, 사진과 기고문을 자료로 활용한다. 자서전을 통해 자신을 사회에 알리려는 욕망이 대필을 해서라도 화려한 자서전을 남기겠다는 착각을 벗어나야 한다. 기업인과 정치인, 나아가서 선거를 앞둔 입후보자들의 자서전은 자신을 알리는 홍보자료로 쓰인다. 그러니 자서전은 자신의 생애마저 미화시키기에 혈안이다. 전기를 쓰는 작가들은 많은 자료의 발굴에 의존하지만, 자서전은 지은이 스스로의 기억과 객관적인 판단에 따른 자료에 의존한다.

사건에 따라, 자료화되지 않은 사실보다 사건의 중심에 있었던 당사자인 자신의 기억이 중요하다. 비슷한 장르로 회고록이 있으며 우리 주위에는 자서전적 성격을 가진 홍보용 책자들이 흔하다. 자서전을 제대로 쓰기 위해서 거쳐야 할 과정이 과거의 기억, 지나온 인생을 돌이켜보는 방법, 그 안에서 독자에게 공감을 주며 좋은 가르침을 줄 만한 이야기를 끄집어내 재구성하는 일이다. 자서전 쓰기는 나에게는 물론 내 주변 사람들에게 "살아 있는 인생 교과서"를 선물하는 것과 같다. 자아 글쓰기의 시작에서 자서전 쓰기가 왜 중요한 것인가? 자서전이란 글의 특징을 다른 종류의 글과 비교해 보자. 자서전을 쓰기 위해 자신의 과거를 돌아보는 비판적인 시각과 자신을 보다 깊이 성찰하고 스스로의 정체성을 확립하는 일이기 때문이다. 자신에 대한 글을 쓰기에 앞서 우리는 '나'라는 우주를 탐험하는 자세로 스스로의 삶과 맞닥뜨려야 한다. 그런 자서전이나 평전을 남에게 맡겨 쓰게 하는 세상이다.

제 4 부

홍시紅柹

담 밑의 독이 얼어 터진다는 동지섣달의 강추위가 기승이다. 해는 짧고 날이 차다. 막내 대자代子 요셉의 고향 하동산 대봉감을 두 손으로 움켜쥐면 두 손 가득하고 흡족하다. 탐스런 홍시는 꿀이 흐르듯 찰지고 감미롭다. 대림초가 어둠을 밝힌 세밑에 슈톨렌(Stollen) 향기가 코끝에 맴돈다. 삭풍朔風 추위 속에서도 허공에 매달린 까치밥은 온몸으로 겨울새를 유혹한다. "생각난다. 홍시가 열리면 울엄마가 생각난다."는 노랫말이 문득 엄마에 대한 그리움으로 일깨운다.

감나무는 쌍떡잎식물로 그 열매를 한자로 '柹(시)'라 일컫고 홍시는 '붉을 홍紅 자에 감 시柹'로 쓴다. 신생대 제3기 지층에서 감나무 화석이 발견된 것으로 보아 한반도에서는 인류 등장에 앞선 것으로 보인다. 옛 시골집에 걸린 무명화가의 낡은 풍경화에는 초가집 마당에 까치밥을 단 잎 진 나무를 그렸다. 그 감나무는 김해 진영과 지리산 기슭의 하동에서 대봉감이 유명하고 그 감에 하얀 분을 뒤집어쓴 상주, 영동의 곶감과 청도 반시를 만들어 놓았다.

감은 숙성과 건조 상태에 따라 홍시紅柹, 연시軟柹, 건시乾柹와 반건시로 나눈다. 세밑 거리에 영롱한 성탄 트리 불빛이 눈길을 끈다. 겨울밤 가족이 둘러앉아 슈톨렌을 썰고 홍시에 동치미를 나누던 정겨운 때를 잊지 못한다. 우리가 어렸을 때 동지섣달에 맛보았던 홍시의 그 맛을 기억한다. 아파트의 에어컨 실외기를 두는 발코니 한구석에는 홍시가 몇 개 남지 않았다. 대자 요셉의 고향 하동 대봉감이 오늘을 살아가는 우리에게 서사敍事와 사변思辨을 빚는다.

대자의 선조들께서는 하동 금남면 대송리에 자리 잡았을 때 자식들에게 배곯지 않게 하려고 감나무를 심었더란다. 세월은 흘러 자식들이 도회로 떠나고 고향의 감나무는 노인들의 몫이 되었다. 어느 날 고향을 찾은 자식들이 노쇠한 어른들의 건강과 안녕을 위해 감나무를 베어버렸더란다. 그 뒤 감나무 그루터기에서 더 튼실한 햇순이 돋고 새 가지가 뻗어 더 많은 감이 열리기 시작했다고 한다. 정겨운 대자네 고향에서 전해지는 이야기와 까치밥의 전설이 겨울바람을 탄다. 찬바람 몰아치는 길섶에 움츠린 낙엽들 바다 마녀 세이렌(Seiren)의 유혹을 거부할까?

외신에 비친 우리 언론

윤석열 대통령이 부인 김건희 여사의 주가조작 의혹을 보도한 언론에 중징계를 내렸다. 이를 계기로 항간에 새로운 금칙어禁飭語가 떠돌기 시작하였다. 금칙어는 "불건전성 따위의 이유로 사용하지 못하게 하는 말"이다. 같은 의미를 가진 금지어禁止語는 "어떤 목적을 위해 규칙이나 기준을 정하여 사용하지 못한 것"이고, 금칙어는 권력에 의한 일종의 입틀막으로 사용하는 강력한 언론자유 규제의 한 방법이다. 방심위 · 선거방심위, 의혹보도 언론에 반복적 중징계를 이어가면서 윤석열 정권의 김건희 여사 주가조작 의혹 보도는 언론규제와 발맞추었다. 더불어민주당의 검찰독재정치탄압대책위원회는 "검찰, 더불어민주당, '김건희 · 도이치모터스'가 금칙어냐?"라고 물었다.

선거방송심의위원회가 김건희 여사의 도이치모터스 주가조작 의혹사건을 다룬 방송사에 대해 일제히 중징계를 내렸다. 방송통신심의위원회와 선거방심의위는 '김건희 여사 모녀 23억 원 수익' 내용을 다룬 방송 6건에 대해 모두 법정 제재 의견을 냈다. 1월 16일자 CBS '박재홍의 한판승부(관계자 징계)', 2월 25일자 MBC '스트레이트(제작진 의견 진술)', 1월 12일자 YTN '이브닝뉴스', '뉴스나이트(경고)', 1월 16일자 MBC '신장식의 뉴스하이킥(경고)', 1월 16일자 MBC '김종배의 시선집중(주의)', 2월 20일자 CBS '김현정의 뉴스쇼(경고)' 등이 그 예다. 동아일보는 이에 대해 지난 4월 27일 「'김 여사 23억' 방송 줄줄이 중징계… 이게 온당한가」라는 제목의 사설로 비판하고 나섰다.

문제가 된 방송 내용은 김 여사의 모친이자 윤석열 대통령의 장모인 최은순 씨가 도이치모터스 주식 거래로 22억 9,000만 원의 차익을 얻었다는 주장으로 지난해 유죄 판결이 난 전 도이치모터스 회장의 주가조작 사건 1심에서 검찰이 제출한 의견서에서 나온 내용이다. "선방심의위는 법원이 이 자료를 증거로 채택하지 않은 점을 중징계의 주요 근거로 삼았으나 이 판결은 김 여사에 관한 것이 아니어서 문제의 자료에 대해 법원의 판단이 없었다고 볼 여지가 있고 김 여사 주가조작 의혹은 수사 중"이라고 지적하였다. 이 신문은 "이런 경우 근거 있는 의혹 제기는 허용하거나 수사와 재판 결과가 나올 때까지 의결을 보류하는 것이 관례"라며 선방심의위의 중징계를 비판하고 나섰다.

동아일보는 선거방심위의 제재가 김건희 여사 '심기경호'로 이어지는 흐름이라고 비판했다. 이 신문은 선거방심위가 "29일 MBC 시사프로의 김 여사 명품백 스캔들 방송에 대해 관계자의 의견진술을 들을 예정"이라고 밝혔다. 이 신문은 선거방심위가 "29일 MBC 시사프로의 김 여사 명품백 스캔들 방송에 대해 관계자 의견 진술을 들을 예정이다. 3월에는 '김건희 특검법'에 대해 논평하면서 '여사'를 붙이지 않았다는 이유로 SBS에 행정지도인 '권고'를 의결하여 김 여사에 대한 일부 보도가 선정적이거나 균형감을 잃었다고 지적했다. 그렇다고 심의의 상식과 관례의 범위를 벗어나 과도한 불이익을 주는 것은 언론의 권력 감시 기능을 약화시킬 수 있다."고 우려했다.

"법원이 방심위 폭주에 제동을 걸고 있는데도 방심위가 아랑곳하지 않는 것이 안타깝다."며 "방심위와 산하 선거방송심위가 MBC에 내린 징계 7건이 모두 법원에서 집행정지 결정이 났다. MBC뿐만 아니라 '김만배-신학림 녹취록' 인용 보도로 과징금을 부과받은 KBS, YTN, JTBC도 가처분 소송에서 모두 승소하였다."고 전한다. 프랑스 르몽드지와 미국 뉴욕타임스 등의 외국 언론 보도가 4 · 10 총선 소식을 전하며 한국의 민주주의 기반이 약화되었다고 전했다. 스웨덴 예테보리대학의 민주주의 다양성 연구소는 연례보고서 '민주주의 리포트 2024'에서 한국의 '민주주의

지수'를 179개 국가에서 47위로 평가했다.

우리 사회는 "헌법 제21조 1항 모든 국민은 언론 · 출판의 자유와 집회 · 결사의 자유를 가진다."고 규정하고도 '금칙어禁飭語와 금기어禁忌語'가 헌법의 기본 자유를 제한하는 금지어로 국민의 입틀막의 수단이 되었다. 입만 열면 자유와 공정를 외쳐온 윤석열 정부의 언론탄압이 지금 외국 언론 보도의 평가대상이 되었다. '영수회담에서의 김건희 여사 특검 언급은 선을 넘는 것'이라는 주장에 대해 조국 대표는 "선을 넘는다고 하는데 정치 · 사법 영역에서 진실을 밝히려는데 선이 어디 있냐."고 되묻고 있다. 집밖에서 들리는 행인의 목소리로 회절回折하고 말 문제가 아니다.

그리움에 대하여

그리움의 사전적 의미는 "어떤 대상을 좋아하거나 곁에 두고 싶어 하지만 그럴 수 없어 애타는 마음"이다. 또 『푸른배달말집』에서는 "보고 싶어 하는 마을, 그리움도 사무치면 앓이가 된다." 라고 풀이하였고 시어詩語사전에서는 "보고 싶어 그리워하는 마음"이라고 풀이하였다. 그리움은 비움과 부재의 마음, 자기애自己愛의 원죄에서 출발한다. 그리움은 '잊다'와 '잃다'의 의미가 겹친다. '잊다'는 헤어져 기억에서 지워지는 것이고, '잃다'는 죽어서 내 주위에서 사라지는 것을 뜻한다. 소월은 시 「가는 길」에서 "그립다/ 말을 할까/ 하니 그리워// 그냥 갈까/ 그래도/ 다시 더 한 번// 저 산에도 까마귀/ 들에 까마귀/ 서산에도 해진다고/ 지저귑니다// 앞 강물 뒷 강물/ 흐르는 물은/ 어서 따라오라고 따라가

자고/ 흘러도 연달아 흐른다."는 시구가 '오늘 같은 밤이면'의 감흥을 진하게 불러일으킨다.

'연민의 정'이라는 말의 연민은 한자어 '憐憫'에서 유래하였다. '憐'은 불쌍히 여긴다는 뜻이고, '憫'은 슬퍼하고 아파하는 감정이다. 이 두 글자가 결합하여 다른 사람의 고통이나 불행을 보고 동정을 불러일으키는 의미다. '연민의 정靈敏之情'은 공감과 그 뉘앙스가 다르다. 동정은 타인의 고통을 이해하고 그들을 돕고자 하는 평등한 마음이고 연민은 타인의 고통을 느끼고 그들과 함께 아파하는 동격의 마음이다. 누군가의 부재에 대한 깨달음과 그리움이 역설적으로 현존에 대한 갈망으로 나타난 것이다. 우리가 쓰는 '연민의 정'은 일본말의 찌꺼기다. 그 뜻은 '불쌍하고 딱하게 여기는 연민과 동정'에는 일정한 거리감과 인식의 거리를 두어야 하리라.

소월 시 「가는 길」을 읊으면 마음속에 숨은 그리움이 되살아난다. 그리우니까, 사랑하는 마음이 생기고 멀리 떨어져서도 그리움이 솟나 보다. 나는 어려서 어머니를 잃은 탓에 평생 밑도 끝도 없는 외로움과 고적감孤寂感을 느끼며 살아왔다. '글'과 '그림'의 어원에 대한 궁금함을 풀기 위해 여기저기를 뒤지며 찾아보았다. 어느 시인은 "외로우니까 사람이다"라고 했고, 어느 칼럼니스트는 "그리우니까 사랑"이라고도 하였다. '그림'은 어떤 대상의 부재가 일으키는 아쉬움과 슬픔에서 비롯된 마음에서 벗어날 수 있을까? 바람이 불고 비가 내리는 것은 자연현상이고 우리가 군중 속에서 느끼는 고독은 원초적 감정의 탓이리라.

'그리움', '그림', '글' 등은 하나같이 동사 '긁다'에서 유래된 말이다. 그리움은 "그리워하는 마음, 사모하는 정, 보고 싶어 애타는 마음"으로 이해되며 2020년 시집『내 그리움의 시는 너다』를 펴낸 시인 채진오는 "그리움에 지친 당신의 마음을 조금이나마 위로하고 싶은 따스함을 담았다."고 밝혔다. 건방진 주장이다. 감히 남의 그리움을 어떻게 위로하겠다는 것일까? 그리움은 정신활동이요 마음속에 자리 잡은 나만의 기억이다. 그리움의 어원인 '긁다'의 뜻은 "날카롭거나 얇고 뾰족한 물체의 끝으로 문지르는 행위"를 의미하고 '그리다'는 "사랑하는 마음으로 간절히 생각하다."라는 뜻을 가진다.

사람은 누구나 마음속에 그리움 하나쯤 간직하고 산다. 그 그리움이 모두를 아우르는 사랑일 수 있는가 하면 한 사람의 이성을 대상으로 하는 상사의 개념이다. 우리가 살아가면서 긁고 싶고 그리워할 대상이 있다는 것은 축복이다. 어떤 사람이나 시간 혹은 사물을 보고 싶거나 만나고 싶어 하는 마음 간절하다. 예를 들어 먼저 돌아가신 부모 형제와 먼저 간 연인, 어린 시절, 추억의 물건 등등 대체로 그 대상이 예전의 상태로 돌아가기 쉽지 않거나 불가능한 특징을 가지고 있다. 그리움은 주로 오랫동안 접해보지 못하였고 과거에 좋아했던 느낌의 찌꺼기다. 당시에는 소중함을 몰랐다가 뒤늦게야 깨닫는 경우가 있고, 이제 다시는 접할 수 없거나 그러기 힘든 경우다.

그리움이 심하면 우울증으로 발전할 수도 있다. 정희성 시인은 「그리운 나무」에서 “나무는 그리워하는 나무에게로 갈 수 없어/ 애틋한 그 마음 가지로 벋어/ 멀리서 사모하는 나무를 가리키는 기라/ 사랑하는 나무에게로 갈 수 없어/ 나무는 저리도 속절없이 꽃이 피고/ 벌 나비 불러 그 맘 대신 전하는 기라/ 아아, 나무는 그리운 나무가 있어 바람이 불고/ 바람 불어 그 향기 실어 날려 보내는기라.”라고 노래하였다.

윤동주 시인은 「별 헤는 밤」에서 “별 하나에 추억과/ 별 하나에 사랑과/ 별 하나에 쓸쓸함과/ 별 하나에 동경과/ 별 하나에 시와/ 별 하나에 어머니, 어머니”라고 노래한 맑고 투명한 이미지가 ‘사랑, 그리움’과 어울려 더더욱 그리움에 대한 서정을 확인하고 각인시킨다. 스코틀랜드 태생의 불교철학자 스티븐 배철러는 그의 저서 『고독한 나에게』를 통해서 “고독孤獨은 의로움의 깊은 곳에서 성자의 신비로운 황홀감까지 아우른다.”고 하였다. 고귀한 그리움은 오늘도 우리를 더 높은 사랑으로 승화시킬 것이 분명하다.

우주의 빛과 울림

우주는 '만물을 포함한 시공간의 총체'다. 나는 아침과 저녁에 번지는 붉살을 즐긴다. 아침에 일어나 창문을 열면 여명에 이어 수평선을 물고 밝아오는 해돋이(日出, sunrise), 조양朝陽이 우주의 빛으로 세상을 밝힌다. 앞으로 내다보이는 먼바다 수평선이나 산 위로 솟아오르는 해오름이 그리는 아침놀이 눈부셔 그 빛과 울림으로 벅차다. 하루를 여는 삶이 붉게 타오르고 하늘과 바다에 번진 윤슬이 붉새가 된다. 포르투갈 시인 페르난두 페소아(Fernando Pessoa)는 「기차에서 내리며」의 마지막 문장에서 "내 마음 온 우주보다 조금 더 크다."라고 노래하였다. 하루를 여는 자연의 붉은 빛과 멀리서 들려오는 우주의 소리가 부엌에서 아침을 준비하는 아내가 내는 생명의 소리를 잇는다.

나는 먼동 트는 해돋이와 해넘이(日沒, sunset) 의 빛과 소리를 소중히 여긴다. 그것은 나에게 전하는 우주의 은총이자 축복이다. 이른 아침 해가 수평선을 물고 떠오르고 저녁 해가 지평선 너머 저무는 순간 채색하는 그 특유의 붉살과 울림, 그리고 향기 속에 머물고자 한다. 자연이 오감을 통해 전하는 빛과 소리를 놓치지 않고 즐기는 것이 내 삶의 미학이다. 노을은 비표준어이고 준말인 '놀'이 표준어로 여길 때가 있다. 그러나 저녁노을을 저녁놀로 쓴 예가 많고 지금도 노을을 '놀'로 줄여서 아침놀 저녁놀로 쓴다. 정겨운 표현이다. '놀'은 해가 뜨거나 질 때 하늘에 번지는 빛의 현상이다. 아침저녁 놀이 질 때 '우~ 웅'하며 영혼을 울리는 자연의 소리를 놓치지 않고 함께 들어야 한다.

바다 위로 떠오르는 태양은 트임과 막힘의 과정과 산란(散亂, scattering)을 통한 강렬한 태양 빛이 구름과 대기에 부딪혀 사방으로 흩어진다. 새벽하늘이 붉살로 번지고 높이 흐르는 구름이 하얗게 보이는 것이 모두 산란 현상 때문이다. 그것도 모두 빛의 파동이나 입자선이 다른 물체와 충돌했을 때 사방으로 흩어지는 빛이 연출한 자연의 모습이 스펙트럼으로 번진다. 자연의 소리는 때에 따라 다르다. 이동진은 「노을」에서 "바람이 머물다 간 들판에/ 모락모락 피어나는 저녁연기/ 색동옷 갈아입은 가을 언덕에/ 빨갛게 노을이 타고 있어요// 허수아비 팔 벌려 웃음짓고/ 초가지붕 둥근 박 꿈꿀 때/ 고개 숙인 논밭의 열매/ 노랗게 익어만 가는/ 가을바람 머물다 간 들판에/ 모락모락 피어나는 저녁연기/ 색동옷 갈아입은 가을 언덕에/ 붉게 물들어 타는 저녁놀"이라고 우리의 정서를 곱게 그렸다.

그는 "우리 모두는 마음속에 하나씩 자기의 고향을 가지고 있다."고 말할 만큼 '놀'은 우리 마음에 자리한 향수의 정서를 일깨운다. 옛 어른들께서는 "쌀 한 톨에도 우주가 있다."고 말하였다. 그렇게 시작한 하루를 마감하는 삶이 나의 존재를 더욱 풍성하게 만들어 우주에 이끌리게 한다. 나는 매체를 통해 접하는 것보다 자연의 원시적 감각을 직접 보고 들으며 느끼기를 좋아한다. 눈으로 보는 광경과 귀로 듣는 소리, 그밖의 후각과 느낌이 뇌로 전달된다. 우리 속담에 "아침놀은 비의 징조, 저녁놀은 가뭄의 징조"라고 하였고, '아침노을은 비, 저녁노을은 갬'이라는 삶의 경험을 전한다. 이는 곧 고기압과 저기압의 이동과 접근에 의한 날씨의 변화를 경험한 관천망기觀天望氣이리라.

한반도에서는 기압이 주로 서쪽에서 동쪽으로 이동하기 때문에 근거가 있는 말이다. 실제로 밤하늘의 달무리나 아침에 유난히 노을이 뚜렷한 다음 날은 비가 내리거나 곧 장마가 들고 눈이 내렸다. 생텍쥐페리는 '어린 왕자'가 좋아하는 노을을 즐겨 표현하였다. 최창렬의 어원 연구에 따르면 "낮이 밤으로 바뀌면서 어두워지는 시간을 저녁"이라 하는데 저녁은 방위를 나타내는 공간개념의 어휘로 황혼 시간을 가리키는 시간개념을 형성하는 예로 여기는 저녁은 해저녁의 준말이고 이는 다시 해질녘으로 풀이하였다. 저녁의 저는 해가 진다는 뜻의 져落 또는 저물 녘暮이 줄어든 꼴의 말이다. '녁'이라는 말은 해가 동녘에서 떠서 서녘으로 진다는 말에 나오는 동녘東便이나 서녘西便의 방위를 지칭하는 옛 표기가 그대로 남았다.

방위를 나타내는 녘이 때를 나타내는 말로 바뀌어 해뜰녘의 조양과 해질녘의 석양으로 쓰이는 감성어다. 해질녘/ (해)저녘에서 질녘>지녘/저녘>지녁/저녁으로 변해왔다. '녘'은 관형사형 어미 '-을'이나 일부 명사 뒤에 쓰여, 어떤 때의 무렵을 나타내는 말이다. 애저녁은 애+저녁/ 날이 어둑해지기 시작하는 이른 저녁으로 지금도 일부 지방에서 '애저녁'으로 불리는 데서 볼 수 있듯이 '저녁' 역시 살아있는 표현이다. 동틀녘 같은 표현도 처음에는 동트는 시간개념이 녹아든 뒤 주로 시간 개념어로 사용하였다. 물론 동녘(서녘 남녘 북녘)이나 들녘(산녘 강녘)처럼 '녘'이 방위 개념으로만 쓰이기도 한다. 우리말의 뜻과 느낌이 다양하다.

해가 뜨거나 지기 시작할 때 나타나는 노을은 하늘이 주황색으로 물드는 낭만적인 모습 덕분에 많은 이야기의 주요 장면에서 시간적 배경이 된다. 금련산 기슭 아래 분도 수도원에서는 하루 세 차례 새벽 6시와 정오, 그리고 저녁 6시에 시끄러운 세상을 향해 조심스럽게 종을 친다. 만종의 맥놀이 따라 나도 삼종三鐘 기도를 바친다.

새봄을 기다리며

추위가 기승을 부리는 대림 시기다. 대림 시기는 예수 그리스도께서 이 세상에 다시 오실 것을 깨어서 회개와 속죄로 준비하며 기다리는 때다. 대림 시기에는 성당 제대에 놓인 대림초와 대림환이 대림시기 분위기를 한껏 드높인다. 그만큼 네개의 대림절 초는 바로 그 기다림을 앞서 밝히는 불빛이다. 성탄을 기다리는 4주 동안 주일마다 초의 색깔이 1주에는 보라색, 2주에 연보라색, 3주에 분홍색, 마지막 4주에는 흰색 초를 밝혀 빛이 우리 곁에 다가오고 있음을 알린다. 대림 시기는 "주님 성탄 대축일" 전의 4주간이다.

예수 그리스도의 탄생을 기리는 주님 성탄 대축일을 준비하는 시기는 곧 다시 오실 구세주, 메시아(Messiah)를 기다리는 시기다.

"대림待臨"이라는 말의 어원은 "도착"을 뜻하는 라틴말 "어드벤투스(Adventus)"에서 나왔다. 이 대림 시기의 첫 주일부터 한 해의 거룩한 전례주간아 시작된다. 곧 교회 달력(전레력)으로 대림 제1주는 새해의 첫날이다. 대림待臨은 '기다릴 대待, 임할 임臨'. 대림이라는 말은 "임하시기를 기다린다."는 뜻이다. 우리의 모든 생활에서 일체의 소음을 차단한 나만의 조용한 시간 속에 맞는 기다림이다.

기다림은 인내심으로 참고 기다린다. 굳은 믿음으로 기다릴 때, 반드시 이루어진다는 믿음이 우리에게 희망과 용기를 약속한다. 기다림의 미학은 발효와 숙성을 의미한다. 〈기다림〉은 상대방을 향한 〈사랑〉에서 출발하는 스스로의 마음이다. 황지우 시인의 〈너를 기다리는 동안〉를 한번 읊어 보라. 현실적인 기다림의 설렘이 가슴에 고동칠 것이다. "문을 열고 들어오는 모든 사람이/ 너였다가 너였다가, 너일 것이었다가/ 다시 문이 닫힌다"라고 노래하였다. 상대방의 시간과 마음이 기준이 되어 거기에 나를 맞출 때 '기다림'은 비로소 기쁜 만남이 된다.

누군가를 기다리는 동안은 내가 아닌 상대방이 중심이다. 혼자 견디는 시간이 고독할수록 만나는 시간의 절실함은 더욱 간절하다. 대림시기를 시작하며 처음 먹었던 마음을 상기하고 합당하게 만남을 준비하는 때다. 기다림이란 외롭고 힘겹다. 그러나 실낱같은 설렘과 희망을 품는다. 기다림은 그지없이 순수하고 아름답다. 사랑하는 사람을 만나지 못해서 마음 속에 칠흑같은 절망이 덮치고 깊은 고뇌 속에서 우리는 그리움과 기다림 속에서 인생을 배운다. 그 많은 기다림 중에서도 사람에 대한 기다림은 한동안 설렘으로 물결치게 한다.

신앙인들은 성찰과 회개의 삶을 통해 스스로의 삶을 돌아보며 화해와 용서의 마음을 기도한다. 이어지는 성탄이 더욱 눈부시고 새로워지리라. 천주교에서는 대림시기 먼동이 트기 전에 봉헌하는 '로라떼 미사'에서 "로라떼 첼리 데수 뻬르(Rorate Coeli de super)! 즉 '하늘은 이슬비처럼 의인을 내리소서'"라고 찬송한다. 까마득히 먼 우주에서 전하는 사랑의 기쁜 소식이 실낱같은 별빛 따라 우리 곁에 다가선다. 우리가 온갖 이익과 욕망으로 빚은 불의와 폭력이 아무리 어둠의 장막으로 둘러쳐도 정의와 진리와 사랑의 불빛을 전하리라.

우리가 진정 바라는 새날은 '어둠 속에서 먼동 트듯 추위 속에 따뜻함을 품고 몰래 찾아오리라.' 벌써 우리 마음에는 봄이 서둘러 다가서고 있다. 나목의 나뭇가지와 언 땅에도 생명의 물은 올라 새싹과 꽃망울을 키운다. 머지않아 산과 들에는 노란 나팔을 입에 문 수선화와 민들레, 유채꽃과 제비꽃이 봄기운을 퍼뜨리고 추위를 이겨낸 매화와 산수유, 목련과 벚꽃이 차례로 꽃망울을 터뜨리며 새봄을 노래하리라. 나도 젊은 날 즐겨 불렀던 박목월 시 김동진 곡 '봄이 오면'을 부르며 봄기운에 취하고 싶다.

여행을 떠나고 싶다

여행은 자기가 사는 곳을 떠나 유람을 목적으로 각지를 두루 돌아다니는 것이다. 나는 여행을 다니지 못한 지 12년이 되었다. 그 이유는 만성신부전증으로 인한 투석치료 때문이다. 나의 투석치료는 일주일에 세 번, 화목토 사흘 동안 투석실 침대에 아침 8시부터 정오까지 꼼짝없이 누워 있어야 한다. 일단 투석치료를 시작하면 죽을 때까지 멈출 수 없이 계속해야 하는 연명延命치료다. 신장의 기능을 잃은 환자들이 몸속에 쌓이는 노폐물과 수분을 투석기로 뽑아내는 치료다. 억지로 여행을 가려면 1박 2일의 일정으로 혈액투석실을 갖춘 병원을 찾아 예약하면 가능하다. 그러나 나는 2014년 6월 이후 모든 여행을 포기하고 서울을 오가는 항공편을 한두 번 이용했을 뿐이다.

처음에는 공항에 나가 이착륙하는 여객기 모습을 창 너머 바라보곤 했었다. 그것도 그만둔 지 오래다. 치료를 받기 전에는 장기간 해외 취재와 성지순례, 여행 등으로 해마다 한두 번은 비행기를 타고 하늘 높이 날아 올랐다. 오대양 육대주의 하늘을 마음대로 날아다니던 때가 얼마나 자유로웠던가. 그러나 언제부턴가 다양한 TV의 세계여행 프로그램으로 대신하게 되었다. 해외여행 프로그램은 EBS의 「세계테마기행」과 KBS의 「걸어서 세계 속으로」와 「동물의 왕국」, JTBC 「특파원 25시」 등 다양하다. 그중에서도 「세계테마기행」을 즐긴다. 특히 이탈리아 국가 공인 가이드 임성일 씨가 안내하는 감칠맛 나는 「완전 정복! 이탈리아」는 보고 또 보아도 새롭고 유익했다. 1부 모든 길은 로마로 통한다, 2부 낭만은 운하를 타고 베네치아, 3부 돌로미타에 빠지다, 4부 영화 같은 풍경 토스카나로 이어졌다.

TV의 세계여행 프로그램의 내용이 젊은 날 다녀온 곳이면 학습효과가 더해져 알찬 공부가 되고 해외정보 또한 풍부해진다. 그것도 투병의 덕으로 얻어지는 일이었다. 일찍이 성 아우구스티누스는 "세계는 한 권의 책이다. 여행하지 않은 사람에겐 이 세상은 그 책의 한 페이지만 읽은 것과 같다."는 말을 남겼고 헤르만 헤세는 「생의 계단」에서 "여행을 떠날 각오가 되어 있는 사람만이 자기를 묶고 있는 속박에서 벗어날 수 있다."고 하였다. 진정 자유로워지려면 훌훌 털고 여행을 떠나리라.

유나가 이사 오는 날

2022년 3월 15일 화요일. 오늘은 길 건너에 살던 외손녀 유나가 같은 아파트 단지로 이사오는 날이다. 지난 주말부터는 오랜 가뭄 끝에 단비가 내렸다. 비가 멈춘 틈에 아파트 둘레길에 산책을 나갔다가 언덕바지 풀 속에서 수선화가 무더기로 새싹을 올리는 모습을 보았다. 셰익스피어의 「겨울 이야기」에서 수선화를 "제비가 돌아오기도 전에 피어나 3월의 바람을 아름답게 사로 잡는다"라는 찬사의 글귀가 떠올랐다. 수선화는 이른봄이면 한해살이 꽃처럼 매년 대규모로 한번 심은 자리에서 해마다 얼굴을 내민다. 수선화는 우리가 꽃잎이라고 부르는 꽃덮이 가운데 나팔 모양을 한 부화관을 올린다. 나는 수선화의 부화관을 볼 때마다 무슨 기쁜 소식이 오려는지 가슴 설렌다.

수선화는 언 땅을 뚫고 솟아난 새싹과 꽃대가 화사한 얼굴을 내민다. 수선화는 세상에 이제 따뜻한 봄이 다가왔음을 알린다. 꽃 이름이 수선水仙이라는 말 그대로 물가에 노는 신선이라는 뜻이다. 수선화에게 신선이라고 부를 만큼 동양 문화권에서는 선비들에 의해 칭송을 받은 꽃이다. 중국 북송 시대에는 황정견黃庭堅 등 걸출한 시인들이 수선화를 예찬하는 시를 썼고, 우리나라에서도 조선 후기에 들어서면서 김흥국金興國, 김창업金昌業 등 문인들이 수선화에 관한 시를 읊은 기록이 전한다. 추사 김정희의 수선화 사랑이 유명한데 그는 수선화를 매화와 견주어 수선화를 "물가에 핀 해탈한 신선淸水眞看解脫仙"이라고 극찬한 바 있다.

아파트 둘레길 언덕바지에 무리 지어 핀 수선화는 유나의 이사를 반기는 내 마음 같다. 아마도 윌리엄 워즈워드의 시 「수선화」, 영화 「닥터 지바고」, 양희은의 번안곡 「일곱 송이 수선화」에 나오는 황금빛 수선화의 이미지가 강렬하게 우리 기억에 남아설까? 수선화라고 하면 노란 수선화를 떠올린다. 포에티쿠스수선화(Narcissus poeticus)는 '시인의 수선화'라는 애칭에 걸맞게 많은 시인들로부터 사랑을 받았다. 술의 시인, 아부 누와스(Abū Nuās, 756~814)는 수선화를 "금을 녹인 눈동자를 가진 은빛 눈이 에메랄드빛 줄기와 결합돼 있다."고 묘사하였다. 포에티쿠스수선화의 첫 번째 매력은 마치 시인과 같은 눈을 상징하며 사랑을 알아보는 존재로 여겼다.

두 번째 매력은 히아신스와 재스민이 뒤섞인 듯한 향기다. 이슬람 정원에서 향기는 꽃의 색깔만큼이나 진한 기쁨을 준다. 계절별로 이슬람 정원의 향기를 담당한 꽃은 수선화 같고도 장미와 재스민, 라벤더가 있었다. 포에티쿠스수선화가 만발한 정원에 산들바람이 불면 그 향기가 이루 말할 수 없다. 이 꽃에서 향수 원료로 가장 인기 있는 수선화 오일을 추출한다. 수선화는 자아도취 · 허영심 · 죽음이라는 부정적 의미도 가졌지만 탄생 · 갱생 · 봄 · 고결함 · 추모 · 새로운 시작 · 힘과 용기 등 좋은 상징으로 더 널리 회자했다. 해마다 3월이면 추사 김정희 선생이 자신의 옛집 담벼락에 가득 피어난 수선화와 예당호 출렁다리를 그린 호숫길에서 수선화 한 송이 한 송이에 담긴 수많은 이야기를 떠올려 봄 직하다.

우크라이나에서 전쟁이 끝나고 그 넓은 수선화 계곡에 순백색의 포에티쿠스수선화가 필 날을 기다려본다. 지구 곳곳의 땅속에 아주 오래전부터 자리 잡은 수선화 알뿌리들이 파헤쳐지지 않는 한, 알뿌리 하나는 4~5년 동안 생존하지만 해마다 새롭게 생겨나는 새끼 알뿌리들이 계속해서 뒤를 이어 새봄을 환하게 밝혀주리라. 수선화를 자세히 들여다보면 손녀 유나의 표정을 마주하는 것 같다. 마치 새봄에 피어난 해맑은 수선화가 손녀 같다. 이사한 유나의 집 정리가 끝나면 나는 유나의 손을 잡고 수선화 활짝 핀 둘레길을 손잡고 걸으리라.

우리 집 보석과 보배

나는 사위와 며느리를 보배와 보석이라고 부른다. 예부터 사위와 며느리에 관한 이야기는 다양하다. 오래전부터 사위를 백년지객百年之客이라 하였고 며느리는 '백년종'으로 여겨왔다. 그런 가부장제의 의식과 전통 아래서 며느리는 시아버지의 사랑, 사위는 장모의 사랑을 차지하는 자리매김에서도 엿볼 수 있다. 흔한 말로 사위의 순위가 아들, 딸, 며느리, 그 다음이고 며느리를 종신식구로 사위는 평생 손님으로 생각했다. 사위는 처가에서 며느리는 시집에서 보는 의미와 시각의 차이가 있다. 그 말속에는 사위를 한평생 어려운 손님으로 맞는 데 비해 며느리는 죽어도 내 집 식구라는 의식이다. 나는 사위도 두고 며느리도 들였다.

사위는 같은 아파트 단지 옆 동에서 살다 손녀의 초등학교 입학을 위해 동래로 이사했고, 며느리는 멀리 호주 퍼스에서 살고 있다. 며느리와 딸은 각각 외동딸을 두었다. 쉽게 말해서 아들 같은 사위와 해외동포 같은 며느리를 둔 셈이다. 옛말에 "사위가 무던하면 구유를 씻는다."고 했다. 사위가 처갓집에 와서 가만히 앉아 있어도 좋을 처지에 집에만 오면 스스럼없이 싱크대에 서려고 한다. 나는 딸이 정한 사위, 사비노를 보석으로, 아들이 데려온 며느리 루멘을 보배처럼 여긴다. 딸아이는 2008년 11월 22일 남천성당에서, 아들은 2010년 3월 7일 해운대성당에서 혼배미사를 올렸다.

굳이 차이가 있다면 딸이 결혼할 때는 아버지가 한없이 울었고, 아들이 결혼할 때는 누나가 울었다. 결혼을 앞둔 아들은 2009년 1월 17일 토요일 이른 저녁 처가가 있는 아름다운 낙동강 하구 강마을 매리에서 약혼식을 올렸다. 그때 썼던 글 「매리에서 있었던 일」의 한 부분을 옮겨 본다.

"그레고리오 군과 루멘 양이 집안 어른들 앞에서 결혼을 약속했다. 루멘 양의 어머니께서는 아뜨리에 창을 닦는 것을 시작으로 담장을 손질하고 페인팅을 하였다. 흰색 페인팅을 한 벽에 사랑을 담을 수 있는 포토월을 만들고 무려 아흔아홉 가지에 이르는 점검표를 일일이 체크해 가며 작업을 진행해 나갈 때 이웃사촌 스테파노 이장님 부부와 마을 사람들까지 힘을 보탰다고 한다.

날이 어두워지자 약혼식장에서 새어 나온 불빛이 루멘 양의 어머니께서 마당에 세운 성모 마리아상과 요셉 성인상을 훤히 비추고 강마을 매리를 훤히 밝혔다. 이른 저녁부터 시작된 약혼식은 정성으로 마련한 맛깔스런 음식과 대형 케이크를 나누며 첫눈에 반해 약혼이 이르기까지 4년 동안의 러브스토리를 주제로 슬라이드쇼와 참석자들의 축가로 이어졌다. 참석자들의 덕담과 축하 속에 캔버스 방명록에는 축하 사연이 차곡차곡 쌓였다. 나는 "Success must be success at love."라는 메시지를 남겼고 팔순을 넘기신 루멘 양의 할머니께서는 모두의 가슴에 구약성경 신명기 복음을 봉독하셨다. 그날 밤 저에게 마이크가 돌아왔을 때 가족을 소개하기에 앞서 먼저 사위를 제 옆으로 불러내 "여러분! 보십시오. 저희 집, 보석입니다."라고 소개하였다."

그 뒤 사돈 집안에서도 사위를 보석으로 칭하는 말이 마음에 들었던지 우리 사위를 '조 보석'이라는 애칭으로 불렀다. 그날의 즉흥 애드립에 이어 공항 출국장에서 출국하는 루멘 양을 가리켜 루멘 양을 "우리 집 보배"라고 불렀다. 그 뒤 '보석과 보배'에 대한 궁금증을 풀어보려고 사전과 자료를 찾아보았다. 보석은 빛깔, 광택이 아름답고 굴절률이 크며 단단하고 산출량이 적은 귀금속이고 보배는 썩 드물고 귀한 보물, 즉 금은과 주옥같은 귀중품을 이르는 말이라고 풀이하였다. 중국 송나라 때의 사자성어 '자한사보子罕辭寶'의 교훈이 마음을 흡족하게 했다.

내용인즉 어떤 사람이 지니고 있던 보석을 당시 높은 자리의 자한子罕에게 바치려고 감정인에게 보였더니 “세상에서 구하기 힘든 진귀한 보석”이라고 하더란다. ‘됐다 싶어’ 그 보석을 자한에게 귀한 보석이라는 말과 함께 전하려고 내밀자 자한이 “나는 보석을 사양하는 것을 보배로 여기고, 당신은 보석을 보배로 여기니 각자 보배를 갖자.”며 굳이 사양했다는 말이 전해진다.

의義로움을 외치다

4월 들어 나목의 가지가 푸른 옷으로 갈아입었다. 창밖으로 난 둘레길 따라 한 줄로 늘어선 느티나무와 대추나무, 팽나무 배롱나무 아래 라일락꽃이 봄기운에 취하였다. 몇 차례 내린 단비로 배롱나무와 대추나무 가지 끝에도 새잎이 피어나고 이팝나무가 꽃을 피웠다. 신록의 숲에 이름 모를 새들이 찾아든다. 바람 자듯 조용한 날 잎사귀들은 낮은 목소리로 사랑을 속삭이고 바람이 세차면 아우성치듯 온몸으로 버티고 저항한다. 신록을 스치는 바람이 향기로운 생명을 일깨워 마음도 밝고 맑아진다. 신록은 봄을 딛고 여름으로 줄달음치며 초록빛을 마음껏 붓칠한다. 여린 초록빛으로 채색한 숲에 깃든 이름 모를 새와 벌레들이 생명을 노래한다.

책을 읽다 허리를 펴고 창가에 다가선다. 책에 갇혔던 눈길이 초록빛으로 물든 싱그러운 뒷산 능선을 따라 아까시 나무가 흰옷으로 갈아입었다. 계절은 어느새 '봄꽃보다 녹음이 한 수 위'인 녹음방초승화시綠陰芳草勝花時에 들었나 보다. 아파트단지 둘레길 따라 벚꽃이 지고 새잎으로 갈아입은 느티나무와 팽나무가 탐스러운 새잎으로 초여름 신록을 이끈다. 창밖에 유모차를 탄 아가들이 엄마와 함께 나들이를 나오고 휠체어를 탄 노인들이 얼굴을 들고 바람을 쐬며 숨을 돌린다. 눈부신 햇살과 상쾌한 바람에 신록은 더욱 짙어진다. 몸속 어디선가 "인생을 신록처럼 경이롭고 찬란한 기쁨으로 살아보라."는 소리가 들린다.

새싹이 꽃처럼 피어나는 봄의 정신을 이어받은 자연은 생명 그 자체다. 봄은 혹독했던 겨울 추위에도 향기를 잃지 않고 버틴 끝에 가지마다 꽃을 피우고 새잎이 속속 움튼다. 나는 투병 중에도 틈이 나면 아내와 함께 둘레길을 걷는다. 계속 걷기가 힘들면 길가 어디라도 편히 앉아 쉰다. 심호흡을 하며 향긋한 신록이 구름처럼 피어나는 정경 위로 하늘을 우르러 본다. 어린이의 웃음같이 해맑고 환한 5월의 하늘이다. 나날이 푸르름이 더해 가는 이 산 저 산이 경이警異롭다. 이 산, 저 계곡과 능선, 그리고 하늘을 달리다 쉬어가는 바람이 우리를 흔든다.

수필가는 글의 주제와 관련된 마음에 드는 제재의 발견을 통해 우주와 삶이 새롭다. 수필가는 진리의 발견을 위한 통섭과 지적 세계와 소통을 꾀한다. 수필을 쓴다는 것은 이야기의 서사 못지않게 심오한 철학이 요구되는 이유가 바로 여기 있다. 내가 생각하는 수필은 등단의 수단이고 한갓 자부심이기보다 할말을 해야 하는 책임이 있다. 그것이 문학의 길이고 삶의 가치다. 예술적 차원으로 승화된 표현으로 대중적 이해와 시각을 넘어서는 예술과 우주의 차원으로 스스로를 끌어올려야 하지 않을까? 그러기 위해서 수필의 세계는 자기 속에만 가두어 두려는 경향을 부단히 극복하고 세상을 향해 의로움을 외쳐야 한다. 한 편의 수필은 눈부신 신록의 계절과 맞선 성찰의 계기가 된다.

잘라라, 기도하는 그 손을

일본의 니체 사사키 아타루는 『잘라라, 기도하는 그 손을』이라는 책에서 "세상은 기도로 바뀌지 않는다. 옳고 그름은 스스로의 판단"이라고 말했다. 옛 설화 '임금님 귀는 당나귀 귀'는 신라 48대 경문왕에 얽힌 이야기다. 임금 자리에 오른 뒤에 귀가 나귀처럼 큰 경문왕의 귀를 본 복두쟁이는 이 사실을 끝내 참지 못하고 바람 세차게 부는 날, 대밭에 들어가 '임금님 귀는 당나귀 귀'라고 외쳤다고 한다. 그 뒤로 바람만 불면 대밭에서 '임금님 귀는 당나귀 귀'라는 외침이 메아리로 되살아났다고 한다.

오징어의 눈은 어두운 곳에서는 거의 동그란 모양이지만, 비교적 밝은 곳에서는 'W'자 모양으로 변한다고 한다. 'W'자 모양의 눈은 눈부심을 유발하는 위쪽의 빛은 막고 아래쪽 방향의 대상을 제대로 본다. 시각視覺은 눈이 감지한 정보를 뇌로 전달한다. 우리는 다섯 가지 감각, 즉 눈의 시각視覺 · 귀에 의한 청각聽覺 · 입의 미각味覺 · 코의 후각嗅覺 · 피부의 촉각觸覺을 통해 외부의 정보를 수집하여 모두 뇌로 전달한다. 눈은 사람이 받아들이는 정보의 70%를 차지한다. 공감각(共感覺, synesthesia, synæsthesia)은 '소리가 보인다.'라고 할 만큼 인간의 오감에 자극이 주어질 때 그 자극이 다른 영역으로 번진다.

눈에 들어온 정보는 각막, 수정체, 유리체, 망막의 시각세포, 시각신경을 통해 전기신호로 변환하여 시신경을 거쳐 대뇌의 시각피질로 전송하는 과정을 거쳐 이미지를 형성한다. 망막에 맺힌 이미지는 곧 시신경에 의해 정보로 바뀌어 후두엽으로 향한다. 시각을 담당하는 눈으로 물체의 빛이 각막으로 들어와 수정체와 유리체를 지나서 물체의 모양이 망막에 비친다. 그때 첫 상像은 거꾸로 선 도립상倒立像이다. 그 뒤 간상세포를 통해 망막의 시각세포와 시각신경을 거쳐 뇌로 전달되어 물체의 모습이 나타난다. 멀쩡한 사람도 위정자가 되면 왜 현실이 거꾸로 보일까? 시각세포가 감지한 정보가 시각신경을 통해 뇌로 전해질 때 대뇌의 아래쪽 소뇌와 연수로 연결된 후뇌의 시중추가 거꾸로 선 도립상倒立像을 바로 세운다.

눈을 마음의 거울이라고 한다. 이 말은 눈만 보아도 그 사람의 마음 상태와 생각을 짐작할 수 있다는 말이다. 눈은 우리의 감정,

성향, 심리 상태를 반영하고 때로는 눈동자의 표정이 마음을 드러낸다. 이 말은 눈의 특징을 통해 사람들이 지닌 감정을 느끼게 된다. 물론, 모든 경우에 이 말이 정확하게 맞는 것은 아니지만, 눈이 우리의 내면을 반영한다는 관점에서 흥미로운 말이다. 눈은 심리 상태를 가장 잘 드러내는 것으로 고대부터 '마음의 창'이라는 표현으로 심상에 대한 시적 비유가 나돌았다. 로마 정치가 키케로는 "얼굴은 마음의 그림이며 눈은 그 그림의 해설자"라고 말했다. 눈은 외모에서 차지하는 비중이 크다. 눈매에 따라 인상이 갈릴 수 있고 외관상 개개인을 구별할 수 있는 역할 중 큰 비중을 가진다.

사람의 얼굴에서 눈만 가려도 누구인지 쉽게 구별하기 어렵다. 갓난아기의 눈동자는 티 없이 맑고 초롱초롱하며 깜박거리지 않는다. 그 뒤 세월이 흘러 사람들은 눈을 '마음의 창'을 뜯어고치려고 유명 성형외과에 줄을 섰다. 지금 이 시대는 시각의 후각화와 청각화가 이루어지는 삶의 낌새와 세상의 변동을 알아차릴 수 있다. 지금 우리는 눈과 두뇌로 이 순간의 세상을 듣고 보며 느낀다. 인간은 서로 눈을 맞추며 공감한다. 눈빛은 동서양을 막론하고 인간의 심리를 파악하는 하나의 지표가 되었다. 영혼이 없는 말만 내뱉는 정치인들의 망막에 비친 거꾸로 선 현실 실상부터 바로 잡아야 하지 않을까?

정연국 시인은 「귀로 보고 눈으로 듣다」라는 시를 이렇게 썼다.

“꽃은 꽃인데 꽃이 아니고/ 나빈 나빈데 나비가 아니네/ 보인다고 있는 게 아니고/ 안 보인다 없는 게 아니네/ 있고 없음은 마음먹기라/ 생각 끊으니 다 적요한데// 물은 산허리 품어 내리고/ 뫼는 물에 기대 드러눕네/ 난 널 넌 날 서로 보듬고/ 물로 살다 혼불로 사르리.” 여기서도 공감각共感覺으로 ‘소리가 보인다.’고 말한다. 공감각은 인간의 오감 중 한 영역의 감관에 자극이 주어졌을 때 그 자극이 다른 영역의 자극을 불러일으킨다. 선출직 위정자와 공직자가 임기 중 내뱉는 말 한마디 한마디를 국민은 그 말의 옳고 그름, 나아가서 미래 비전을 분석하고 평가한다. 마르코복음에서 “네 눈이 너를 죄짓게 하거든 눈을 빼버려라.”라고 하지 않았던가.

듦과 낢

인간은 생각하는 동물이다. 사람은 나름의 말귀를 가졌다. 옛말에 "든 자리는 느끼지 못해도 난 자리는 보인다."고 했던가. '차면 기울고 만나면 헤어지기' 마련이다. 시작이 있으면 끝이 있는 법. 사필시종事必始終과 유시유종有始有終이라는 사자성어가 새롭다. 물극필반物極必反은 사물의 전개가 극에 달하면 반드시 반전한다는 뜻이다. 자연의 섭리를 통해 인생무상과 변화의 필연성을 일러준다. 곁에 있을 때는 으레 그러려니 하고 무심코 지내다 자리를 비워고 떠야 비로소 소중함을 깨닫는다.

듦과 낢이 없어 불법佛法 안에서는 위대하고 외도의 법안에서도 위대하나, 부루나富樓那 · 가치나迦絺那 · 아나율阿那律 존자 등은 비록 불법 안에서는 위대하다 할지라도 외도의 법 가운데에서는 그렇지 못하다는 무유차별無有差別의 의미가 다가선다. 모든 사물과 현상이 공空이므로 우리는 생기고 사라짐의 변화란 있을 수 없다는 무생無生, 모든 사물의 본성은 실재하지 않고 공허하다는 성공性空과 더불어 산다. 부재의 현실이 닥쳐야 상실에 대한 부재와 빔을 뼈저리게 느낀다. 하나를 얻으면, 하나를 잃게 마련이다.

'들다'와 '나다', '있다'와 '없다', 썰물과 밀물처럼 들이닥쳤다 멀리 물러나는 삶. 있음과 없음, 듦과 낢, 날숨과 들숨, 얻음과 잃음, 순천자順天者와 역천자逆天者, 빛과 어둠, 안과 밖, 문득 나타났다 사라지는 감정, 유와 무의 존재 의미, 그 듦과 낢의 반복된 삶, 든 자리가 난 자리가 되고 쓴맛과 단맛이 끝없이 이어진다. 사라지는 상실과 부재의 순환은 '나와 너, 공空과 무상無想, 무작無作의 공空함을 관조하여 해탈에 이르는 불가의 수행법, 삼해탈문三解脫門에 들게 한다.

듦이 있으면 낢이 있고 조금만 들어와도 터질 듯하고 낢의 물결은 싸늘한 비움을 안기며 곳곳에 쓸쓸한 흔적으로 남는다. 우리 인생도 그러하지 않을까? 처마끝에서 떨어지는 낙숫물이 축담 아래 섬돌을 파고 든다. 그곳에 고인 물이 명경明鏡을 이루어 나의 얼굴과 하늘을 훤히 비출 때도 있다. 인간 여든은 나이듦의 의미를 성찰하며 스스로를 퇴고하듯 듦과 낢의 움직임에 귀 기울여 우주 속의 진정한 '자아'를 발견하는 길을 찾는다. 마르틴 부버는 인간의 상호관계를 '나와 너', '나와 그것'으로 보았다.

'나와 너'는 인간화된 관계이며 대화가 가능한 쌍방향 관계다. 그러나 '나와 그것'은 비인간화된 관계이고 대화가 단절된 관계로 독백만이 가능하다. 인간과 인간 사이의 관계가 깨진 데서 오는 위기를 극복할 수 있어야 힌다. 대화(dialogue)는 '상대와의 소통으로 서로 마주보고 이야기를 주고받을 때 쌍방향이라 말하고, 독백은 일방적이고 명령조로 내뱉는 혼잣말(monolog)이다. 우리는 남이 하는 말의 뜻을 알아듣는 말귀를 열어야 한다. 말귀라는 우리말은 남이 하는 말의 뜻을 알아듣는 총기를 말한다. 신라가 페르시아와 교류하면서 전해진 이야기 '당나귀 귀'라는 신라의 우화가 덮친다.

제 5 부

우주를 향하다

이른 아침 지인으로부터 "우리의 삶은 우주적"이라는 카톡을 받았다. 그 카톡으로 진종일 나는 우주적인 물음이 머리에 맴돌았다. 우주宇宙란 무엇인가? 나는 창공을 내다보며 한동안 나와 지구, 그리고 우주 만물의 영원성에 진종일 생각이 맴돌았다. 우주는 모든 시공간의 총체를 뜻하며, 여기서 시공간은 우주의 모든 역사를 포함한다. 우주는 모든 존재와 물질의 집합으로, 우리가 아는 시공간의 전체를 포괄하는 총체적 개념이다. 우주는 한자로 집 우宇, 집 주宙로 쓰며 자신을 가리킨다.

우주를 설명한 옛 문헌은 춘추전국시대 진秦나라의 재상인 시교(尸佼, B.C. 390~B.C. 330)의 스승 시자尸子가 쓴 책에서 다음과 같이 소개하였다. 즉 우주를 '上下四方曰宇、往古來今曰宙'(위아래와 사방을 우(宇)라고 일컫고, 예로부터 지금까지를 주(宙)라고 일컫는다.)고 했다. 이를 현대적으로 해석하면 우宇는 공간이고, 주宙는 시간을 의미하며 종합하면 우주는 시공간을 의미한다. 우주는 빅뱅 이후 존재했던 모든 것을 뜻한다. 다른 의미로, 신을 뜻하기도 하는데, 그것은 신이 우주를 만들었다는 종교의 교리와 믿음에서 비롯된 마음이리라. 우주는 나 자신이다. 수천 년의 단일우주론 역사에 맞서 이론물리학자 머시니 호턴은 저서 『무한한 가능성의 우주』를 통해 "우리 우주는 거대한 다중우주의 극히 작은 일부분"이라고 주장하였다. 우주는 서로 다른 세계가 만나 둘만의 생명체를 탄생시키는 세상이라고 역설한 것이다.

'우주로부터 태어난 나의 존재를 깨우치다.'라는 말에서 우주는 천체뿐 아니라 생물과 같은 세세한 요소의 근원을 포함하는 말이다. 지구를 포함한 우주는 천문학자뿐만 아니라 많은 물리학자들의 주된 관심사였다. 일반인들이 상상하는 우주는 좁은 의미의 우주이며, 대체로 대기권 밖의 검은 공간만을 뜻하였다. 그러나 넓은 의미의 우주는 전문가들에게도 어려운 문제였다. 좁은 의미의 우주는 주로 지구를 포함하지 않으며 많은 사람들은 우주는 하나의 틀, 우주가 존재하는 '비계(scaffolding)'다. 우주의 기원은 약 100억~200억 년 전 빅뱅으로 시작된 때로부터라고 생각한다. 고대인은 일상의 사소한 일조차 하늘과 연관지으려 했다.

우주는 행성들, 별들, 은하들 및 기타 모든 형태의 물질과 에너지를 포함하여 모든 공간과 시간의 내용물이다.

우주를 뜻하는 단어는 비슷하면서도 차이가 있다. 'universe로서의 우주'와 'space로서의 우주'가 혼재한다. 가령 '우주의 역사'의 우주는 universe, '우주 탐사'에서 우주를 space라고 칭한다. 우리 선조들은 고인돌에 별자리를 새기고 첨성대를 세워 별자리의 이동에 따라 자기네들이 살고 있는 세상을 이해하려고 했다. 기원전 4세기경 중국 초나라 시인 굴원(屈原, B.C. 343~ 277)은 「천문(天問, 하늘에 묻다)」이라는 시를 통해 모두 172가지에 이르는 우주의 형성, 천지의 개벽, 일월의 운행, 신화 전설, 역사의 흥망을 묻는 노래로 370여구 1,500여 자에 이르는 긴 장시를 썼다. 물리학자 김상욱 박사는 신간 『하늘과 바람과 별과 인간』에서 "존재하는 것을 물物이라 하고 존재하는 이유가 사물의 이치이며 이것을 물리物理라고 부른다."고 하였다.

우주宇宙를 코스모스라고 처음 부른 사람은 기원전 6세기 그리스의 철학자이자 수학자인 피타고라스였다. 그는 우주는 악기들이 내는 선율의 하모니와 그 조화로 보았다. 그래서 '조화로운 질서'라는 뜻을 가진 단어 코스모스(cosmos)를 우주로 썼다. 신화에 따르면 이 세상을 아름답게 만들기 위해 제일 처음 만든 꽃이 코스모스라고 한다. 코스모스는 국화과에 속하는 한해살이풀이다. 그리스인이 생각한 질서가 코스모스였다. 우주란 시공간의 총체, 즉 무한한 시간과 만물, 사물을 포함하고 포괄하는 끝없는 공간의 총체를 뜻한다. 우주의 정의는 크게 두 가지로 나눈다. 좁은 의미의 우주(The Space)는 일반적으로 '우주' 하면 떠오르는 지구 대기권 바깥의 어두운 공간을 가리킨다.

그 경계 지점은 고도 118km로 인공위성이 공전할 수 있는 한계 고도인 150km 밖을 우주로 보았다. 우주 경계선을 발견한 뒤로는 우주 관련 기록이 모두 수정되었다. 넓은 의미의 우주를 지칭할 때는 보통 "우주에도 생물이 존재하는가?"라고 묻고 "우주에 나가면 어떻게 될까?"와 같이 인간이 살아가는 지구를 포함시키지 않은 채 구별하였다. 넓은 의미의 우주(The Universe)는 '세상', '모든 사물이 존재하는 공간', '세상에 존재하는 모든 것', '존재하는 모든 것들의 총체', '전부'을 말한다.

철학자 윤구병은 우주에 대한 이해를 대표하는 것으로 '가득 참'과 '텅 빔'의 관점을 제시했다. '가득 참'이란 우주가 '있는 것'으로 꽉 차 있음을 뜻하며, 그렇게 꽉 차 있음을 부르는 다른 말이 '텅 빔'이라는 '아무것도 없음'을 뜻하며, 불가에서 말하는 '빌 공空'이다. 형이상학에서 다루는 우주는 광의의 우주다. 인간 또한 우주에 존재하는 물질과 에너지가 특정한 형태로 뭉쳐진 존재이므로 곧 우주의 일부라고 생각한 것이다.

우주론은 전체 우주가 어떻게 탄생하였고, 현재 어떻게 변화와 진화를 거듭하였으며, 우주의 미래가 어떻게 진행될 것인지를 연구하였다. 이를 위해 천문학자뿐만 아니라 이론물리학자들까지 우주론에 드나들었다. 우주론은 우주에 대한 과학이다. 처음에는 과학이 아니라 철학이었다. 철학이 정의한 우주는 모든 것을 포용하는 공간이며 일반적으로 규칙을 가진 질서정연한 상태를 뜻한다. 아리스토텔레스는 종교와 잘못된 철학에 의해 우주론의 형태를 제대로 갖추지 못하였다고 보았다. 우주론은 천동설에 기반한 고대 우주론으로부터 우리의 우주가 하나의 블랙홀이 내부에 있다는 빅뱅우주론에 이르는 동안 다양한 우주과학의 견해가 쏟아졌다.

순환하는 계절

선율은 한곳에 머무르지 않는다. 사계四季의 표제는 일 년을 계절에 따라 봄 여름 가을 겨울로 나눈다. 비발디의 바이올린 협주곡 「사계」는 이탈리아의 작곡가 비발디가 1723년에 작곡한 바이올린 협주곡 모음집 '화성과 창의에의 시도' 중 앞의 네 작품을 가리키고 하이든의 「사계」는 1801년 영국의 시인 J.톰슨의 시를 판슈비텐 남작이 독일어로 옮긴 것을 대본으로 하여 농민의 눈을 통해 바라본 봄 · 여름 · 가을 · 겨울을 4부 39곡 오타토리오로 노래했다. 오라토리오란 종교음악의 일종으로 교회의 부속 예배당이나 기도실을 서정적으로 말한 것인데 오페라는 무대 연출과 연기를 중심으로 한 음악극이고, 오라토리오는 성가대와 오케스트라에 의해 연주되는 종교음악을 이른다.

차이콥스키가 1876년 상트페테르부르크에서 발행되는 음악잡지 『누벨리스트』의 편집장 니콜라이 베르나르드의 의뢰로 '12개의 성격적 소품'이라는 표제가 붙은 피아노곡집으로 1월 '난롯가에서'로부터 12월 '크리스마스'까지 12곡을 작곡하였다. '사계'라고 하지만 봄 여름 가을 겨울로 나뉜 게 아니라 부제에서 보듯 일년 열두 달을 나누어 작곡한 것으로 사계가 아닌 '계절'이라는 부제가 붙었다. 차이콥스키의 「사계」는 표제음악이라기보다 순수음악에 가까운 시적 표현이다. 이 곡의 악보는 1876년에 매달 한 곡씩 수록될 예정으로 시작하여 5월 말에 전곡을 완성하였다.

차이콥스키의 피아노 모음곡 「사계」는 매달 어울리는 시를 선정하여 작곡한 만큼 달마다 독특한 분위기와 러시아 자연환경, 시베리아의 서정성과 문화, 감정이 섬세하게 담겨 있다.

1월 난롯가에서(푸시킨 시), 2월 사육제(비야젬스키 공작의 시), 3월 종달새의 노래(마이코프의 시), 4월 스노드롭(snowdrop, 마이코프의 시), 5월 백야(A. 페이트의 시), 6월 뱃노래(프레시체에프의 시), 7월 풀 깎는 사람의 노래(A. 코리체프의 시), 8월 수확(A. 코리체프의 시), 9월 사냥(푸시킨의 시), 10월 가을의 노래(톨스토이의 시), 11월 트로이카(네크라소프의 시), 12월 크리스마스(주코프스키의 시)를 표제로 첫 번째 곡은 1875년 12월 작곡되었고 1876년 11월에 마지막 곡을 마무리했다. 「사계」에 사용된 시는 음악잡지 『누벨리스트』의 편집장 베르나르드가 선택하였다.

차이콥스키의 「사계」는 관현악으로 북반구의 1년 열두 달의 성격을 표현한 러시아 시적 감정을 담았다. 이들 관현악은 많은 작곡가들에 의해 편곡되었다. 관현악 편곡으로 대표적인 작곡가는 알렉산더 가욱(Aleksandr Gauk)이다. 그는 1942년 관현악을 위한 「사계」를 편곡하였고 최근 작품으로는 데이비드 매튜(David Matthews)가 프로듀스한 관현악 버전 피터 프라이너(Peter Breiner)가 편곡한 솔로 바이올린과 관현악을 위한 작품 등 많은 작곡가들이 차이콥스키의 「사계」에 새로운 색채를 입혀 재탄생시켰다. 그 밖에도 러시아 후기 낭만주의, 국민악파 거장인 글라주노프의 「사계」 또한 유명하다. 글라주노프의 「사계」는 러시아 황실 발레단을 위해 작곡된 발레곡으로 다른 사계들과 달리 봄이 아닌 겨울부터 시작한다.

지난 1980년대말 해외 취재차 남미 대륙을 취재할 때도 부에노스 아이레스 시내의 남쪽, 마탄자강 본류가 흘러 거대한 라플라타 강과 합류하여 바다로 흐르는 길목에서 출발하였다. 그곳 보카항은 아르헨티나에서 가장 큰 항구로 탱고의 발상지이다. 이곳은 20세기 초 아르헨티나가 오랜 내전 끝에 비옥한 국토를 기반으로 밀농사와 소를 방목하는 목축업이 발달하면서 유럽 자본이 유입되어 공업이 발전해 세계 10위권의 경제 대국으로 도약하고 아르헨티나 수출품 밀과 육류가 1차 세계대전이 치열했던 유럽으로 실려나간 창구였다. 피아졸라의 탱고곡은 자신이 이끌던 5중

주단의 악기 구성인 바이올린, 피아노, 일렉기타, 더블베이스, 그리고 피아졸라를 대표하는 악기로 아코디언의 일종인 반도네온으로 이루어진 5중주곡이다.

세계 대공황과 미국 경제의 그늘에 가린 아르헨티나는 극심한 인플레와 경제적 타격을 겪었다. 지주와 노동 계층으로 나뉘어 대립하는 정세에 잦은 쿠데타로 사회불안이 높아졌다. 경제 황금기 때 해외 노동자와 이민을 받아들이던 보카항이 어느새 일자리를 구하지 못한 이민자와 실업자들로 붐비던 분위기가 빈민촌으로 전락하고 슬럼화되었다. 아르헨티나 탱고의 발상지 보카항에서 피아졸라는 부에노스아이레스 보카항의 사계절 풍경을 그린 탱고 선율과 리듬에 재즈와 클래식을 절묘하게 결합시켜 낭만적이고 향수 짙은 분위기를 표현하였다. 1965년 「부에노스아이레스의 여름」을 작곡한 뒤 1969년에 나머지 세 곡을 작곡하여 최초의 공연에서 가을→겨울→봄→여름 순으로 연주하였다. '부에노스아이레스의 사계'는 열정적인 항구의 이민들이 만든 분위기, 다채롭게 변하는 계절 등 남미의 파리 부에노스아이레스를 표현한 대표곡이다.

농부의 발걸음

봄은 입춘立春으로부터 곡우穀雨 절기에 이르는 80여 일이다. 농부에게는 눈코 뜰새 없이 바쁜 시기로 죽은 시체도 일어난다는 농번기로 봄은 짧고 빠르게 지나간다. 내 나이 여든을 넘기고도 계절이 바뀔 때면 학창 시절에 배우고 익혔던 「농가월령가農家月令歌」가 되살아난다. 「농가월령가」는 조선 헌종 때 정약용의 아들 정학유丁學游가 지은 전통 가사다. 내용은 농가의 행사와 세시풍속, 당시 미덕의 세목을 나열하였다. '월령月令'이란 '달거리'라고도 하였다. 「농가월령가」는 한 해의 농경을 그려보고 절기에 따라 서경적敍景的 삶을 펼쳐 보인다. 그러나 마음 한구석에는 머슴을 부리는 독려의 목소리가 깔리고 지방 관리들의 서슬 퍼런 지도 감독의 목소리가 들리는 듯하다.

귀양살이 중 정약용은 옛적 신혼 때의 고왔던 아내를 떠올리며 그 치마폭에 두 아들 학연(1789~1859)과 학유(1786~1855)에게 보내는 편지를 썼다고 전한다. 노을 하霞, 치마 피帔, 문서文書 첩帖이라 전해지는 다산茶山의 『하피첩霞帔帖』은 노을빛 치마로 만든 소책자라는 의미다. 그 『하피첩』에 두 아들에게 편지를 보낸 지 3년 후인 1813년 다시 이 치마폭에 아들에게 보내는 편지와 함께 시집가는 외동딸을 위해 매화나무에 멧새 두 마리를 그려 넣은 시 한 수를 지었다. 그 「매조도梅鳥圖」에는 "사뿐사뿐 새가 날아와/ 우리 뜨락 매화나무 가지에 앉아 쉬네/ … 꽃도 이제 활짝 피었으니/ 열매도 주렁주렁 맺으리"라는 아버지의 사랑과 정이 넘치는 시를 남겼다.

한반도에서 벼농사를 시작한 것은 신석기 가야시대다. 농민農民은 농사를 생업으로 하는 사람들로 우리나라에서 벼농사가 시작된 것은 서기 1세기경 가야가 건국한 당시 낙동강 하구 김해 들녘이었다. 당시 취락은 물을 가두어 수도작 농법으로 힘을 모으고 서로 도와서 관개용수灌漑用水의 수로를 만들어 관리하였다. 조선시대에 접어들면서 사회 신분은 양반 · 중인 · 양인 · 천인으로 나누어졌다. 농민은 양인과 천인층으로 구성되었는데 농민 중의 4분의 3 이상이 양인층이었다. 조선시대의 농민은 고려시대에 비해 토지의 소유에 따라 자작농과 소작농으로 나뉘었다.

껍데기를 가려내는 과정에서 볍씨를 담근 물에 솔가지를 띄웠다. 그것은 밖에서 부정한 일을 당했거나 부정한 것을 본 사람이 집 안에 그 부정을 들이지 않으려고 집 앞에 불을 놓고 악귀를 몰아낸 일은 농가에 널리 퍼진 샤마니즘의 한 풍속이었다. 만일, 부정한 사람이 볍씨를 보게 되면 부정을 타 싹이 잘 트지 않고 싹이 트더라도 싸가지가 잘 자라지 않아 농사를 망친다고 믿었다. 일 년 농사의 시작인 모판 만들기에 앞서 볍씨 소독과 싹틔우기에 이어 모판 작업으로 씨 뿌리는 준비를 끝내는 한편 모내기할 무논에 거름을 넣고 송아지가 딸린 암소들이 써레질을 하였다. 나의 어린 날 명지鳴旨 들녘에는 논과 밭이 펼쳐지고 염전 굴뚝에서는 한가로이 연기가 피어올랐을 것이다.

모내기 현장에서 못줄 잡는 힘찬 목소리와 파밭에서 파 붙이는 날 새참이 꿀맛이었고 양지바른 담벼락에 김 말리는 모습 또한 정겨웠다. 명지에서는 벼를 사투리로 나락이라 불렀다. 어릴 때 우리는 보리타작과 모내기가 한창인 농번기에 들면 "무덤 속 송장도 일어난다."거나 "부지깽이도 못줄을 잡는다."고 했다. 직파법은 논에 볍씨를 뿌려 벼를 기르는 것에 비해, 이앙법은 모판에서 볍씨의 싹을 틔워 어느 정도 자란 다음에 무논에 옮겨 심어 길렀다. 모를 논으로 옮겨 심는 모내기를 이앙移秧이라 하였다. 쌀은 한자로 '米'라고 쓴다. 열 십十자를 가운데 두고 여덟 팔八자가 위아래로 서로 맞물려 있는 모양이다. 한 톨의 쌀을 얻기 위해 여름을 보내면서 참고 기다린 농부는 88번 논을 오간다 했다. "벼는 농부의 발걸음 소리를 듣고 자란다."는 말이 바로 그 말이다.

벼를 심은 뒤 추수로 거둬들일 때까지 농부는 물대기와 피뽑기, 물대고 둑 살피기, 농약 살포와 풀 뽑고 태풍에 쓰러진 벼를 일으켜 세우는 일까지 많기도 하다. 농부는 이른 새벽에 논밭에 나가면 허리 한번 제대로 펴보지 못한 채 쉼 없이 일을 해야 했다. 벼를 거둬들인 텅 빈 논에서는 아이들의 이삭줍기와 메뚜기 잡기가 뒷설거지로 이어졌다. 에펠탑이 세워진 1867년 파리만국박람회에 출품한 밀레의 「만종晩鐘」을 연상시키는 명지의 전원이 내 어릴 적 기억으로 진하게 남아있다. 어둠살 깃들 때쯤 잠자리를 털고 일어난 농부는 저녁놀 먼산을 쳐다보며 허리를 펴고 긴 숨을 내쉬며 하루 일을 끝냈다.

두룡포頭龍浦로 돌아간 형과 아우

두룡포頭龍浦는 용머리처럼 생긴 통영統營 땅의 옛 이름이다. 박경리가 1962년 발표한 장편 『김약국의 딸들』에서 통영을 "부산과 여수 사이를 내왕하는 항로의 중간지점으로 그 고장의 젊은이들은 '조선의 나폴리'라 할 만큼 바닷빛이 맑고 푸르다."고 표현한 바 있다. 나의 통영 첫발은 부산중학 3학년 때 통영 친구 형호와 함께였다. 당시 여객선 뱃머리가 있던 강구안의 선창에서 만난 통영의 첫 인상을 되살리면 지금도 감회가 벅차다. 물빛은 맑고 그 위로 펼쳐진 윤슬이 눈부셨다. 나이 들어 그리움과 애정이 차고 넘치는 한려수도閑麗水道의 물길이 흐르는 두룡포로 돌아간 창효 형과 치효 아우의 마음을 헤아릴 수 있을 만큼 나이가 들었다. 통영은 수정처럼 맑고 앞바다로부터 수평선 너머 멀찍이 흩어져

가물거리는 크고 작은 섬들의 선과 색, 모양과 어울림이 다가와 향기롭고 한때는 부산과 더불어 밀수의 창구로 악명이 높았다.

통영은 미항이고 예향의 멋과 맛을 지녔다. 통영은 어떠한 모략과 수작이 없는 곳일 것 같은 순수함을 지녔다. 평생 부산에서 살던 의사 창효 형과 기자 출신 치효 아우는 무든히 그곳으로 돌아가 갯마을 정취와 함께 노후를 보내고 있다. 통영의 풍경은 채도와 원근에 따라 다양한 삶의 이야기를 속삭인다. 풍요로워야 맛도 나고 마침내 음식에 멋과 맛을 가진다. 갯마을은 투박한 사람들의 삶 속에 여유와 정이 차고 넘친다. 맛이란 물산이 풍부한 곳에서 나올 수 있는 말이다. 내가 느낀 통영의 맛은 멀미 날 듯 깊고 델리케이트하다. 통영의 바다는 사철 푸르다. 한려수도를 내다보면 눈앞의 섬과 그 뒤에 섬, 수평선 너머 섬들이 펼쳐진 다도해多島海가 한 폭의 그림이다. 통영의 새벽 서호시장은 언제 가도 갓 잡아 올린 생선처럼 빛나고 싱그럽다. 빼어난 해안 풍경과 풍부한 문화 그리고 창의력이 빼어난 사람들이 향토성 넘친다.

통영사람들은 뜻이 통하면 쉽게 가슴을 열어젖히고 속살을 훤히 보여주며 덮치는 곳이다. 통영의 시장은 어디를 가나 도다리, 바다메기, 생멸치, 바닷장어, 복어, 뽈락, 털게, 갑오징어, 굴, 멍게, 해삼 등 갯내음 풍기는 해산물이 천지다. 시락국과 졸복국을 끓인 주모가 선창의 새벽을 연다. 새벽 3시면 머리에 수건을 두른 주모들이 서둘러 식당 문을 열고 종종걸음을 친다. 통영시장의 전통시

락국은 바닷장어 머리를 갈아 넣고 밤새 끓인 시래기된장국이다. 졸복국 또한 통영의 특산물이다. 근처 바다에서 갓 건져 올린 졸복으로 끓인 복국에 콩나물을 넣으면 그 맛이 한결 시원하다. 통영에는 아직 정겨운 토박이 말이 남아있는 사투리의 보고다. 말 한마디로 어떤 사람이 이곳 출신인지를 단번에 가려낼 수 있다. 통영을 '통영'이라 발음하면 그 사람은 통영 토박이가 아니다.

통영을 '토영' 이라 발음해야 진짜 통영 토박이다. 또한 '이야'는 지역 방언으로 언니, 누나를 허물없이 부르는 말이고 스스로 자신을 가리킬 때 '내가'라고 말하지 않고 '나가'라고 말이 불쑥 나온다. 통영에 가면 한 번 귀 기울여 보라. 화자의 마음이 그대로 들릴 것이다. "사랑하는 것은 사랑을 받느니보다 행복하나니라"로 시작하는 청마의 시 「행복」이 얼마나 감미로운가. "오늘도 나는 에메랄드빛 하늘이 환히 내다뵈는/ 우체국 창문 앞에 와서/ 너에게 편지를 쓴다."라는 시를 연인 정운 이영도 시인에게 썼다. 통영 사투리를 들으면 감칠맛이 난다. 서호시장 뒤편 동피랑으로 오르는 좁은 길목에 통영말과 서울말을 비교한 안내판이 서 있다. 그 중 하나를 옮겨 본다.

"쌔키 오이소! 동피랑 몬당까지 온다꼬 욕봤지예! 짜다리 벨 볼끼 엄서도 모실 댕기드끼 어정거리다 가이소." 무슨 말인고 하니 "어서 오세요. 동피랑 언덕까지 오신다고 수고하셨습니다. 별 볼거리는 없어도 마실 나오듯 천천히 둘러보고 가세요."라는 말이다. "우와, 몬당서 채리보이 토영항 갱치가 쥑이네."라는 말도 흔히 들을 수 있다. "와, 꼭대기에서 내려다보니 통영항 경치가 죽여주네."라는 말이다. 통영말은 서사적이고 한없이 정겹다. 통영에는 570개의 크고 작은 섬들이 물길 따라 사랑과 그리움, 애정을 속삭인다. 강물이 바다로 흘러가는 어귀나 배가 드나드는 길목을 '강구江口'라 일컫는다. 강구는 강 같은 바다라는 뜻이다. 항아리 목같이 바닷물이 파고든 해안을 통영 사람들은 예부터 강구안이라 불렀다.

통영에서는 육지와 섬 사이를 물이 화살처럼 흐른다. 그 물목에 갯마을과 어항이 자리 잡아 성하다. 다산이 강진 보은산에서 흑산도에 귀양 중인 중형 정약전을 그리며 내려다본 바다정경을 "섬들이 바닷속에 엎혀 있다."고 표현하였다. 시인 백석은 통영을 "자다가도 일어나 바다로 가고 싶은 곳"이라 노래하였다. 박경리는 소설『토지』에서 통영항을 '항구 가득 정박한 작은 배들과 휘황찬란한 불빛이 경이로운 신천지'라고 묘사하였다. 강구안 전체가 하나의 '한산대첩공원'을 같다. 크고 작은 어선들이 몸을 맞대고 부비는 포구에는 복원된 판옥선과 거북선이 함께 했고 항아리 목처럼 좁고 길다란 물목 위에 바다를 건너는 보행교가 세워져 오른편으로 남망산 통영시민문화회관과 마주 한다. 남망산조각공원의 정의비 또한 우리를 반긴다. 남망산조각공원에는 국내외 작가 15명의 작품이 설치되어 강구안 풍경과 푸른 바다를 배경으로 삼는다.

지그재그 덱의 산책로를 따라 문화회관에 다다르면 초입에 나뭇가지처럼 자유롭게 두 팔을 벌린 소녀상이 방문객을 맞는다. 이곳에 일제강점기 때 위안부로 끌려갔던 위안부의 고통을 기억하는 '정의비'가 세워졌다. 석상 주변에는 김복득, 김기아 등 이 지역 출신 12명의 위안부 할머니들이 차례로 소개된다. 해발 70m 남망산 낮은 봉우리가 조각공원이다. 탐방로를 걷다 보면 국내외 열다섯 작가의 작품들이 숲속에서 손짓한다. 시인 유치환과 김상옥, 서양화가 김용주를 기리는 시비와 조각도 만날 수 있다. 소설가 박경리, 화가 전혁림, 시인 김춘수, 음악가 윤이상 등 통영의 걸출한 문화예술인들이 차례로 떠오른다.

힘들이지 않고 숲과 바다를 거닐고, 통영의 예술혼까지 만날 수 있는 소박한 공원이다. 남망산조각공원에서 한산도를 비롯한 인근 섬으로 이어지는 항로가 한 줄기 강처럼 잔잔하다. 밤이면 남망산조각공원은 빛과 소리, 스토리텔링으로 어우러진 빛의 벼랑이 변신한다. 통영의 벅수, 통영항이 이 지역의 고유한 정체성을 디지털 기술로 담아냈다. 그곳을 디피랑이라 이름 지었다. 디피랑은 1.3km 숲길에 설치된 디지털 미디어아트로 밤이면 어둠을 밝힌다. 통영이 품은 섬 중 섬을 꼽으라면 단연 미륵도(彌勒島 · 458.4m)와 구국의 역사를 품은 한산도(閑山島 · 256m), 통영에서 가장 높은 벽방산(碧芳山 · 650.5m)이다. 쪽빛 바다 한려수도를 잇는 맑고 푸른 바다가 세상의 시비를 비켜 흐른다. 한산도까지는 통영항여객터미널에서 배편으로 20여 분 걸린다.

제승당까지는 관암항을 거쳐 30분이 더 걸린다. 제승당은 최초의 삼도수군통제영이다. 조선 조정이 1592년 임진왜란 발발 이후 여수에 전라좌수영 임시 행영을 설치하고 이듬해 본영을 한산도로 옮겼다. 전라좌수사 이순신 장군은 초대 삼도수군통제사로 임명되었다. 이순신은 임진왜란이 발발한 이후 옥포, 노량, 당항포 등 남해 곳곳에서 왜적을 무찔렀는데 한산대첩은 가장 빛나는 승리였다. 한산도 문어포마을 뒷산에 한산대첩기념비가 세워져 있다. 문어포마을의 한산대첩기념비 왼편 바다 건너편에 최초의 삼도수군통제영인 제승당이 자리 잡았다. 제승당 옆 바닷가 언덕에 그 유명한 수루戍樓가 눈길을 끈다. "한산섬 달 밝은 밤에 수루에 혼자 앉아, 큰 칼 옆에 차고 깊은 시름 하던 차에, 어디서 일성호가는 남의 애를 끊나니" 전투를 앞둔 장군의 인간적 고뇌를 읊은 한산도의 노래다.

밤낮없이 왜군의 동태를 살폈을 근심 어린 바다에 이제는 관광객을 태운 유람선과 어선은 무심하게 물살을 가른다. 한산도와 다리로 연결된 추봉도 봉암해변에는 낙조가 불타면 몽돌의 속삭임이 바다의 자장가가 되어 정겹다. 제승당뿐만 아니라 한산도는 섬 전체가 이순신과 임진왜란 때 한산대첩 유적지다. 한산면 진두마을에 진을 치고, 고포마을은 군수용 소금을 구운 염포鹽浦를 뜻하는 고포羔浦가 변한 지명이다. 장곡마을은 군영에 필요한 숯을 공급하고 창동마을에는 군량미를 쌓아둔 창고를 세웠다. 병기를 생산하는 대장간이 있었던 야소마을, 군복을 짓는 피복창이 있었던 의암마을이 주위에 자리한다. 통제영 보급창이 있던 하포마을, 수군의 해상 훈련장 장작지마을이 자리 잡았다.

개미허리 같은 지형의 수로에 왜군 잔당을 가두었다는 의항마을도 유명하다. 1597년 거제 칠천량해전의 패배 이후 중심 건물인 운주당을 비롯한 모든 건물이 소실되고 한산 진영이 폐지되었다. 영조 15년에 이르러서야 충무공의 활약상을 기려 운주당을 복원하여 제승당이라 명명하였다. 제승당은 충무공이 부하 장수들과 작전 계획을 세우던 건물이었다. 운주당運籌堂은 지혜로운 계획을 세우는 집이고 제승制勝은 제압하여 승리를 이끌었다는 의미다. 지금은 도선과 어선들이 고요가 깃든 제승당 앞바다를 지나며 역사를 되새김질 할 뿐이다. 제승당 건물 내부는 밖에서만 볼 수 있다. 정면에 한산대첩도, 애국충정도, 사천해전도가 걸리고, 바닥에는 임진왜란 때 사용한 지자총통이 전시되어 있다. 중앙 두 개의 기둥에 '맹산서해盟山誓海 욕일보천浴日補天'이라는 글귀가 쓰여 있다.

'산에 맹세하고 바다에 서약해, 해를 목욕시키고 뚫린 하늘을 메운다.'는 뜻으로 전쟁 없이 평화가 지속되기를 바라는 염원의 뜻을 담았다. 격전을 앞둔 최고 지휘관의 결의와 국난을 극복하는 이순신의 위대함을 칭송하는 표현이다. 제137대 통제사 서유대가 썼다. 은하수를 끌어와 병기를 씻는다는 의미의 만하세병挽河洗兵에서 따왔다. 계단을 올라 중문을 지나면 널찍한 마당에 웅장한 건물이 위용을 자랑한다. '세병관洗兵館'의 현판은 어른 키를 훌쩍 넘는다. 넓은 마루에 열을 지어 세운 아름드리 기둥들은 마치 궁궐의 회랑 같다. 강구안에서 시장 골목을 지나 약 400m를 걸어가면 '삼도수군통제영'이다. 조선시대 충청 · 전라 · 경상도의 삼도 수군을 통할하는 본진으로, 줄여서 통제영이고 더 줄여서 통영이다. 최초의 통제영은 선조 26년(1593) 임진왜란 당시 한산에 설치된 진영이었다.

그 뒤 통제영을 새로 지은 것은 선조 36년(1603)이었다. 제6대 이경준 통제사가 터를 닦고 2년 뒤 세병관, 백화당, 정해정을 차례로 세웠다. 고종 32년(1895)까지 292년간 유지되다가 일제강점기 때 민족정기 말살 정책으로 세병관을 제외한 건물은 모두 헐렸다. 근래에는 관공서와 주택이 있던 통제영 터 일부가 정비 복원되었다. 에메랄드빛 바다에 떠 있는 한산도와 비진도, 14km 앞에 사량도, 더 멀리 소매물도와 욕지도가 희미하게 들어온다. 한려수도의 끝자락에 별처럼 흩어진 39개의 섬을 아우르는 욕지면의 본섬은 해안선의 길이가 31km, 최고봉은 천왕봉(392m)이며 1,260세대, 2,080명이 거주한다. 통영을 한국의 나폴리라고 부르는 이유는 천혜의 항구이자 다도해의 많은 섬으로 가는 출발점이기 때문이리라. 통영을 대표하는 섬 욕지도는 통영 삼덕항에서 32km, 뱃길로 1시간쯤 걸린다.

통영에서 남쪽으로 달리면 크고 작은 섬들이 즐비하여 국도, 연화도, 노대도, 두미도 등과 함께 매물도와 연화열도의 욕지면을 만난다. 연화열도의 맏형격인 욕지도는 남쪽 끝 먼바다에서 거친 풍랑을 온몸으로 막아내고 선 고마운 섬이다. 욕지도 동항은 연화도, 우도, 노대도, 내초도 등 크고 작은 섬들이 울타리처럼 에워싸고 있어 호수처럼 잔잔하다. 주위에는 상노대도 · 하노대도 · 안거칠리도 · 밖거칠리도 · 초도 · 소초도 · 연화도 · 우도 · 두미도 · 갈도 등 크고 작은 섬들이 늘어섰다. 최고봉은 천황산(392m)으로 섬의 남동쪽에 솟아 있으며 주위에는 약과봉 등 급경사를 이루는 200m 내외의 산들이 둘러싸고 있다. 사량도는 윗섬과 아랫섬 등 모두 9개의 섬으로 이루어졌다.

한려수도의 끝자락에 별처럼 흩어진 39개의 섬을 아우르는 욕지도가 통영에서 가장 큰 섬이다. 가까이 통영 맞은 편에 자리 잡은 사량도 웃섬에서 맑은 날이면 지리산 천왕봉을 바라볼 수 있다. 사량도는 지리망산(399.3m)과 불모산(399m)이 솟아 있다. 어느 해 소형발전기로 불을 밝힌 반도잠수회 가족들이 여름 야영을 즐겼다. 아이들은 사량도 현지 생태탐방에 나서 개구리와 뱀을 잡고 정명섭 회원과 나는 윈드서핑을 타고 물살 빠른 사량해협을 횡단하였다. 밤이면 30여 개가 넘는 텐트가 불을 밝힌 불그림자가 장관이었다. 해협은 바다가 좁은 수역으로 육지와 섬, 섬과 섬 사이의 최단 거리다. 또한 두 바다를 연결하는 통로를 이르는 말이다.

일반적으로 해협 부근에는 조류潮流가 빠르게 흘러 해저에는 해부海釜와 모래 퇴적물 사퇴砂堆로 이루어져 있다. 통영이나 삼천포 고성에서 내다보면 사량도의 모습은 마치 물뱀이 길게 드러누운 자연 방파제다. 어느 해 사량도 아랫섬 잠수 때 물속 어두운 암벽에서 자연산 전복을 따고 뿔락굴을 발견하여 성찬을 마련하는 동안 꿈같은 4박 5일의 연례행사 여름 가족캠핑은 끝이 났다. 그때마다 창효 형의 관심은 날씨와 안전에 있었다. 2014년 미륵도에 개관한 통영국제음악당이 주변 경관과 어울린 공연장으로 문을 열었다. 계단을 오르면 탁 트인 푸른 하늘 아래 쪽빛 바다가 윤슬을 피우며 펼쳐지고 오가는 배들은 물꼬리를 물고 오선지에 음표을 그린다.

시인 정지용(鄭芝溶, 1902~1950)은 「통영 5」에서 "통영과 한산도 일대 풍경의 자연미를 나는 문필로 묘사할 능력이 없다, -중략- 우리가 미륵산 상봉에서 한려수도 일대를 부감할 때 특별히 통영 포구와 한산도의 아름다움은 잊을 수 없을 것"이라 하였다. 지난 1974년 올챙이 기자 때 미륵산 등반에서 암살 미수사건으로 총상을 입은 뒤 휴양 중이던 이후락 씨 일행과 마주쳐 스냅을 찍으며 짧은 대화를 나눈 첫 특종을 통영 미륵산에서 겪었다. 통영에는 세계적 작곡가 윤이상을 비롯한 소설가 박경리, 사랑의 시인 유치환과 김춘수, 한국의 피카소로 불리는 전혁림, 극작가 유치진 등 수많은 예술가들의 혼이 깃든 예술의 고향이다. 만조 때 두룡포 서쪽의 미륵도가 섬으로 떨어졌다 간조 때 육지로 이어지기를 거듭한다. 옛날에는 이곳을 착량窄梁, 굴량堀梁, 판데 혹은 폰데라고 불렀다. 통영의 옛 이름은 삼한三韓시대 변진의 고자미동국, 가야 때는 소가야, 신라 때에는 고저국, 고려시대는 고주자사로 불렀다.

통영統營이라는 지명은 조선시대 삼도수군통제영三道水軍統制營을 줄인말로 1604년 선조 37년 통제사 이경준이 통제영을 두룡포로 옮기면서 붙여진 이름이다. 1955년 통영읍이 시로 승격할 때 충무공忠武公의 시호를 딴 충무시가 되었으나 40년 뒤 김영삼 대통령 당선으로 1995년 지방자치제가 부활하면서 충무시와 통영군을 통합 통영시가 되었다. 강구안 선창에 즐비한 김밥집은 충무김밥으로 불러야 맛스럽고 통영에서 나는 생굴은 '통영굴'이라 해야 한결 싱그럽고 혀를 감친다. 창효 형은 해마다 새봄의 절기 입춘을 앞두고 바다에서 갓 건져올린 향기로운 생굴을 택배로 보내신다. 나는 문학기행이나 행사로 통영에 갈 때면 어울려 강구안 갯마을이 품은 '이중섭 식당'을 찾아 통영의 해산물을 맛본다. 통영에는 크고 작은 섬 유인도 43개, 무인도 527개가 에메랄드빛 바다에 꽃처럼 핀다.

젊은 날 여름이면 가족 단위 캠핑을 즐기며 스쿠버다이빙과 윈드서핑을 타고 섬을 누볐다. 그럴 때면 창효 형과 치효 아우가 길라잡이가 되었다. 치효 아우는 서울신문 사진기자로 입사한 초년병 때 남해안 봄소식 스케치를 위해 통영에 특파되었다. 통영으로 들어서는 1974년 2월 22일 금요일 오전 11시 경상남도 통영 앞바다에서 충렬사 예방을 마치고 진해항으로 돌아가던 해군 YTL정이 침몰하여 해군과 해양경찰 전경 훈련병 159명이 숨지는 대참사 현장을 쾌속선에서 맞닥뜨렸다.바닷물이 선창을 가린 쾌속여객선에서도 기자 촉각이 카메라의 셔터에 손이 갔고 사고 현장을 촬영하여 특종의 기회를 잡았다. 우리나라 해군 역사상 최악의 수치로, 이 사건은 현재까지도 세계 해군 사상 전시가 아닌 평시 해난사고 중 가장 큰 사건으로 기록되었다.

'머리 頭'와 '꼬리 尾'가 가오리를 닮았다고 이름 지어진 섬 두미도는 얼핏 보면 꼭 '쉼표' 같다. 생긴 모양대로 쉼을 찾는 곳이 두미도만 한 곳이 없고 초겨울부터 제철인 물메기 산지로 코끝이 발간 술꾼들을 줄줄이 유혹한다. 통영 앞바다의 굴양식장 부기浮氣는 마치 몽드리앙의 추상화를 연상시키고 점으로 이루어진 고故 김환기 화백의 작품 '우주'를 떠올리게 한다. 통영에서 가볼 만한 곳은 삼도수군통제영의 동서쪽 감시 초소가 있던 동피랑과 서피랑이다. 최근에는 미륵산 정상을 오르내리는 케이블카, 한산도 이충무공 유적지, 남망산 조각공원, 한산도 제승당, 박경리기념관, 청마문학관, 소매물도, 전혁림미술관, 연화도, 욕지도, 비진도, 윤이상기념공원과 국제음악당, 세병관과 충렬사가 눈에 차고 넘친다.

충무 운하는 통영반도와 미륵도를 잇는 좁은 수로로 길이 1,420m, 너비 55m, 수심 3m의 해저터널이다. 임진왜란 때 한산해전에서 패한 왜병들이 퇴로가 막히자 이곳을 파고 뚫어 도주로로 삼았다는 이야기가 전설처럼 전해진다. 이때 쫓기던 왜병들이 상당수 죽었다 하여 이곳을 '판데목' 또는 '송장 나루'라고 불렀더란다. 운하 위로 무지개 모양의 착량교가 있었으나 일제강점기 때 큰 배의 왕래를 위해 다리를 없애고 해협을 넓히는 운하 공사가 이루어졌다. 운하 이름은 처음 일제강점기 때 도요토미 히데요시(豊臣秀吉)의 이름을 따서 지었으나 운하 위로 다리를 놓아 그 땅을 밟지 못하게 하였다. 임진왜란 때 죽은 자기네 조상의 머리 위로 조선인들이 밟고 건너다니는 격이라 하여 다리 대신 해저터널을 파게 되었다. 통영 바다는 하늘이 내려앉은 에메랄드 물빛이 마음에 사랑의 감흥을 불러 일으킨다.

바다를 끼고 깎아지른 듯한 해안 절경이 눈길 가는 곳마다 주상절리柱狀節理로 펼쳐진다. 주상절리는 '기둥 모양의 절리'가 화산의 용암이 급격히 식으면서 생긴 다각형 기둥 모양의 암석 구조다. '절리'는 암석이 갈라진 틈을 의미하며, 주상절리는 이러한 틈이 기둥 형태로 나타난 것이다. 남쪽은 큰 바다로 통하고 북쪽은 한반도를 관통하는 길이 이어지며 사리 전후에는 앞바다의 물살이 빠르기가 마치 시천矢川 같다. 지리산 영산봉에서 김해 분성산에 이르는 낙남정맥의 갈래인 통영지맥이 벽방산을 거쳐 흘러가는 산줄기의 나지막한 산봉우리가 참았던 그리움처럼 군데군데 섬꽃으로 피어났다. 고성에서 남쪽으로 뻗어 내려 통영을 둘러싸고 남해를 조망할 수 있는 명당이 벽방산(碧芳山 · 650m)이다.

창효 형이 태어난 벽방산 아래 도산면 앞바다의 크고 작은 섬들이 봄이면 꽃처럼 피어나 물 맑기로 빼어난 한려수도에 생명의 빛으로 사무친다. 통영을 두고 예향禮鄕이라 했던가? 통영에는 예부터 재주꾼들이 많고 눈길 가는 곳마다 정감이 흐른다. 시인 백석과 유치환 그리고 김춘수, 소설가 박경리와 김용익, 작곡가 윤이상과 정윤주, 화가 전혁림과 이중섭, 연극인 유치진, 시조시인 김상옥과 시인 화가로 통영시장을 지낸 호사가 진의장은 술자리에서 취기가 오르면 아내를 딸 같은 배필로 업고 산다는 자랑을 늘어놓았다. 조선 후기 경상우도수사, 경상도통제사, 지중추부사 등을 역임한 제6대 통영통제사 이경준李慶濬은 1604년 선조 37년 통영에 삼도수군통제영을 옮겨옴으로써 통영이 전략적 요충지가 되었다. '頭龍'은 '용의 머리'라는 뜻하는 말이다.

1625년에 세워진 두룡포기사비頭龍浦記事碑가 경상남도 통영시 문화동, 세병관 뒤편 팔작지붕 비각 안에 있는 조선시대의 비석으로 당시의 역사를 전한다. 강구안을 거닐다 보면 슬프고 외로운 신화가 된 화가 이중섭과 마주친다. 이중섭은 1·4후퇴 때 원산에서 거제, 부산과 제주 서귀포를 거쳐 1952년 늦봄부터 2년 동안 통영에서 살았다. 대향大鄕 이중섭은 1916년 9월 16일 평안남도에서 태어나 1956년 9월 6일 서울적십자병원에서 영면하였다. 그는 일제강점기 암흑기를 거쳐 8·15와 6·25 격동기를 산 역사의 증인이요, 순교자가 되어 역사의 현실을 겪었다. 천재 화가로 6·25 피란시절을 보낸 고독한 예술가, 이중섭은 애절한 러브스토리가 남은 곳이다. 1·4후퇴 때 부산으로 피란한 화가 중섭은 부산 우암동 피란민 수용소를 거쳐 범일동 귀환 동포들이 모여 살았다.

범천동 변전소 삐알에 중섭도 판잣집을 지었다. 비가 새는 허름한 판잣집에서 극심한 생활고에 시달리던 시기에 중섭은 1952년 아내 마사코와 두 아들과 생이별했다. 그는 1956년 9월 6일 서울 적십자병원에서 마흔 번째 생일을 며칠 앞두고 쇠약한 몸에 간장염을 앓다 영면했다. 중섭은 통영 공예가 유강렬의 권유로 1952년 늦봄부터 1954년까지 2년 동안 문화동 통영나전칠기 기술양성소에서 데생을 가르치며 더부살이를 하였다. 그때 「황소」, 「달과 까마귀」, 「세병관 풍경」, 「남망산 오르는 길이 보이는 풍경」, 「부부」, 「가족」, 「도원」 등 40여 점을 그렸다. 그가 통영에 머물던 1952년 이른 봄부터 1954년 봄까지 2년 동안은 화가 중섭의 르네상스기를 이루었다. 그는 통영 항남동 여객선 부두 도깨비 골목의 '복자네 선술집'에서 전혁림을 비롯한 통영 최초의 서양화가 김용주와 어울렸다.

밤새 인생의 비애를 토로하며 시인 김춘수와 유치환 등과 예술적 감성을 나누며 윤이상, 박경리, 김춘수 등과 어울렸다. 청마가 중섭 작품전에 들렀다가 「달과 까마귀」라는 시를 남겼다. 그 뒤 월간 『현대문학』(1967년 2월호)에 「괴변-이중섭 화畵 '달과 까마귀'」라는 시가 실려 널리 읽혔다. 해방 이후 통영 기행에 나섰던 정지용 시인은 기행문 「남해오월점철」에서 "통영과 한산도 일대의 풍광 자연미를 나는 문필로 묘사할 능력이 없다."고 썼다. 청마가 정지용을 만나 길을 안내하며 통영항을 내려다본 곳도 남망산 기슭이었다. 문화마당에 이중섭의 그림비가 세워지고 통영을 배경으로 그린 작품 「남망산 오르는 길이 보이는 풍경」을 남겼다.

어느 해 가을 방송다큐멘터리 「두 개의 조국과 하나의 사랑, 이중섭의 아내」를 통해 한국의 고흐, 이중섭의 통영시대를 조명하였다. 통영에서 이중섭이 현실적인 외로움 속에서 순교자의 정신으로 예술혼을 불태웠다. 미술평론가 김윤수는 『한국현대회화사』에서 그의 삶을 회고하며 새삼 그가 가톨릭 신자였음을 소개한다. '기러기 아빠'로 지내던 1954년 12월 중섭은 아내에게 한 장의 엽서를 썼다. "그대를 보고 싶소. 그대의 멋진 몸을 꼭꼭 끌어안고 싶소. 길게 길게 입맞춤하고 싶소. 나만의 소중한 천사여, 이 세상 어디에서도 찾아볼 수 없는 나만의 상냥한 아내여! 건강하게 힘을 내세요. 길고 긴 키스를 보내오. 따사하고 부드럽게 받아 주세오."라고 애달픈 엽서를 썼다. 그는 가족의 그리움이 떠오를 때마다 가족과 물고기, 게 등을 담뱃갑 은박지에 그렸다.

은지화와 엽서화에 외롭고 힘겨운 삶을 빼곡이 풀어놓았다. "그는 나에게로 와서 꽃이 되었다"고 노래한 시인 김춘수는 시 「내가 만난 이중섭」을 통해 어느 날 하늘의 별이 된 아버님의 조문을 위해 일본으로 떠나보낸 아내 마사코와 두 아들을 사무치게 그리워하였다.

광복동에서 만난 이중섭은
머리에 바다를 이고 있었다.
동경에서 아내가 온다고
바다보다도 진한 빛깔 속으로
사라지고 있었다.
눈을 씻고 보아도
길 위에
발자욱이 보이지 않았다.
한참 뒤에 나는 또
남포동 어느 찻집에서
이중섭을 보았다.
바다가 잘 보이는 창가에 앉아

진한 어둠이 깔린 바다를

그는 한 뼘 한 뼘 지우고 있었다

동경에서 아내는 오지 않는다고…

그는 가족과의 재회를 손꼽아 염원하던 1953년, 밀항으로 가족과의 재회를 이룬 뒤 1956년에 영양실조와 정신이상으로 서울 적십자병원에 입원 중 하늘의 외로운 별이 되었다. 시인 안도현의 『백석평전白石評傳』에 따르면 백석은 1935년 12월 『조광』에 이어 두 달 만인 1936년 1월 23일자 『조선일보』에 「통영」이라는 제목의 시를 발표하였다. 당시 백석은 애타게 그리던 박경란을 만나기 위해 두세 차례 통영을 찾았다. 경성에서 통영으로 가는 길은 경성역에서 경부선 열차를 타고 밀양 삼랑진역에서 내려 기차를 갈아타야 한다. 여기서 마산선을 타면 낙동강–유림정–진영–덕산–창원–구창원을 거쳐 마산역으로 내려왔다. 노비산 기슭 오동동 객주에서 하룻밤을 묵은 뒤 이튿날 구마산에서 통영을 하루에 한 번 오가는 배편을 이용하였다.

그 길은 백석이 친구 결혼식에서 만난 18세의 통영아가씨, 란(박경란)을 보고 첫눈에 반한 뒤 몇 번이고 통영을 찾았더란다. 그날도 사랑하는 통영의 연인 박경란을 만나러 가는 길이었다. 그러나 경란은 이미 통영을 떠나고 없었다. 개학을 앞두고 설을 쇠자마자 서둘러 경성으로 올라간 것이다. 백석은 박경란을 왜 '난'이라고 불렀을까? 백석은 어느 날 친구에게 말하기를 "이 세상에서 예쁘고 아름다운 것을 나는 다 난으로 부른다."고 한 말에서 비롯된 이름이다. 그 길로 충렬사를 오르는 길은 난을 그리워하던 백석의 마음이 깃든 곳이고 평생 원폭 피해자와 구속자 가족을 돌보는 등 사회활동을 해온 제4대 윤보선 대통령의 영부인 공덕귀 여사의 생가가 다소곳이 자리 잡고 있다. 해질녘 산양일주도로를 따라 드라이브를 하는 맛이 가히 환상적이다.

산양관광일주도로는 통영시 산양읍의 가장 큰 섬인 미륵도를 한 바퀴 휘감고 도는 총 연장 23.9km의 해안도로다. 일명 '동백로'로 불리며 다도해의 절경을 즐기는 드라이브 코스로 그 경관은 국내의 아름다운 길로 알려져 있다. 수륙해수욕장 차박-평안일주로-도산일주로는 애초 해안 침식을 막기 위해 바다 쪽에 놓은 길이다. 복바위를 비롯해 기암괴석을 끼고 도는 이 길은 불과 2㎞가 채 못되는데다, 길이 다 만들어지지 않아 되돌아 나와야 하는 불편함이 뒤따르지만 그 운치는 빼어나다. 달아공원과 영운초등학교를 한참 지나서 수륙쪽에서 오른쪽 길로 꺾어지면 만나는 길. '삼칭이 해안도로'다. 통영을 '남자들의 여행지'로 꼽는 이유는 사랑의 기억 다음으로 '다찌집'의 향수를 또 하나의 이유로 든다. 다찌집이야말로 통영의 독특한 술문화를 말해준다.

플라스틱 통이 '다찌집'의 상징으로 여겨진다. 한때 "플라스틱 통이 없으면 그곳은 다찌집이 아니다."라고 했다. '다찌집'은 자리를 잡고 앉으면 인원수에 따라 재빠르게 안주부터 나온다. 안줏값은 이미 술값에 포함되어 있다. 무슨 안주가 나올지는 순전히 주인 마음에 달렸다. 조개, 돌미역, 새우, 가재, 멍게, 생선미역국, 꽁치구이, 생선회 등이 하나 둘씩 상 위로 깔린다. 술이 한 병씩 추가될 때마다 성게알, 해삼창자, 관자 등이 더해진다. 얼큰한 매운탕이며 바삭한 튀김까지, 죽 늘어놓은 안주가 기분을 풍성하게 만든다. 다찌집은 본래 4인 기준 한 상에 소주 10병쯤 들어가야 그날 준비된 안주의 90%쯤 맛볼 수 있다. 한 사람에 소주 두 병 반인 셈이니 만만찮은 양이다.

객지 사람들은 기껏 소주 네댓 병 시켜놓고 대취해버리거나, 술은 더 주문하지 않고, 안주 욕심만 내는 손님을 반가울 리가 없다. '통영사랑 다찌집'을 한 번 가볼 만하다. 그곳은 고급 일식집을 연상케 할 정도로 깔끔하다. 눈치를 보며 술을 더 주문하지 않아도 1인당 가격에 맞춰 주문한 만큼 안주를 맛볼 수 있다. 통영에 다찌집이 등장한 것은 아마도 바닷가 통영 사람들의 엄청난 주량 때문인 듯싶다. 그러니 통영 다찌에서는 술이 주인공이고 푸짐한 갖가지 해산물은 조연일 뿐이다. 통영은 뱃사람과 주당이 많은 만큼 해장국의 맛 또한 특출하다.

좀 과장해서 말하자면 술 좋아하는 통영 뱃사람들의 입맛에 드는 음식에 대한 평가다. 하나는 '술안주로 좋은 것'과 다른 하나는 '해장에 좋은 것'이다. 술안주로 좋은 음식이 나오는 곳이 다찌집이라면, 해장 음식으로 첫손 꼽히는 게 서호시장의 '원조시락국집'과 '만성복집'이다. 이밖에도 통영에서만 볼 수 있는 음식 '우짜'를 들 수 있다. 우짜는 '우동'과 '짜장'의 첫글자를 딴 이름이다. 통영의 우짜는 분식집 '향남우짜'가 원조격이다. 통영 출신이면 적십자병원 뒤편 '오미사'의 꿀빵을 잊지 못할 것이다. 오전 10시쯤 문을 여는데 그날 팔 분량만을 만들어 오후 서너 시면 다 팔고 기게문을 닫는다. 평소 계획적인 생활을 중시하여 얻은 호칭 플랜맨은 창효 형의 애칭이다.

그는 평소에 예순다섯에 스스로 정년을 하여 부산의 병원을 접고 고향 통영 벽방산 기슭으로 돌아가겠다고 했다. 그는 "예순다섯이 되면 후배들의 자리를 위해 병원을 접고 고향으로 돌아가 고향에서 민선 이장이 되어 주민을 위해 봉사하며 살고 싶다."며 부산 서면로타리의 '박창효 피부과 의원'을 접은 뒤 귀향하여 벽방산 기슭에 아담한 안식처를 마련하였다. 그리고는 부인의 이름을 딴 소형 요트 해린海麟호를 마련하여 틈나면 가족들과 그리운 고향 바다를 누빈다. 또한 고향 사랑이 짙은 치효 아우는 고향 통영시 산양읍 풍화리의 너른 들에서 갖가지 화초를 기르며 여행자를 위한 안식처 '까사마레'를 운영하며 나이듦에도 선택의 삶을 살아 주위의 부러움을 산다.

스스로 결정할 삶과 죽음

나는 스스로 "왜 사느냐, 무엇을 위해 사느냐?"라고 묻는다. 삶과 죽음은 하나의 선상線上에 있다. 국어사전에서 '죽음'을 "생물의 목숨이 끊어지는 일"이라 정리하고 그 반의어로 '삶'에 대해서는 "태어나서 죽음에 이르기까지 사는 일"이라 하였다. 유의어로 사死, 사거死去, 사몰死沒, 운명殞命, 입몰入沒 등으로 쓰고, 점잖은 표현으로 작고作故라 쓴다. 삶은 죽음으로 가는 길에 깨우침을 동반한다. 건강수명과 기대수명의 차이를 '유병기간'이라 이르는데 여자 19.4년, 남자 15.0년으로 추정한다. 100세 시대를 맞이해 기대수명이 증가하는 만큼 유병기간도 함께 비례해 길어졌다.

5 · 16 군사쿠데타로 모두가 입을 다물고 눈알만 굴리며 눈치를 살피던 암흑시대에 시인 천상병은 시적 감흥을 노래하다 실종된

1971년, 그는 몹쓸 고문으로 정신을 잃고 아내 문순옥과 친구들의 품으로 돌아와『귀천(歸天, Back to Heaven)』을 상재하였다. '나의 죽을 권리'와 '스스로 죽음을 택하는 일'은 다르다. 죽음은 낮은 출생률과 함께 우리나라 인구감소 현상을 인구소멸로 이끈다. 통계에 따르면 "1960년 6.0명이던 합계출산율이 60여 년 만에 0.6명 대로 추락하였다. 나라가 없어지는데 경제와 국방, 수출과 과학, 이념과 정치가 뭐 그리 중요한 일일까."라는 반응이다.

꿈같은 신혼여행과 나날이 꿀이 흐르듯 달콤한 여행은 언제나 집으로 돌아가는 원점 회귀의 길이다. 그러나 한번 떠난 뒤 영원히 돌아올 수 없는 여행이 있다. 그것이 바로 죽음이다. 누구나 마지막 여행, 죽음을 거부하거나 피할 수 없다. 삶은 태어나서 죽음에 이르는 동안 계속되는 생존이고, 죽음은 목숨이 끊어져 영면에 드는 것이다. 죽음은 삶의 단절, 생의 부재다. 죽지 않으면 태어남도 없고 태어남이 없으면 새로운 생명을 기대할 수 없다. 땅속 깊은 어둠, 그 숨막히는 공간에서 산산이 부서지고 썩었을 때 새로운 꽃과 향기, 열매로 새로운 모습으로 태어날 수 있을 것이다.

그 순환의 의미를 받아들일 때 내가 겪고 있는 지금의 삶이 소중한 것이다. 그래서 사람들은 잘 사는 만큼 잘 죽으려고 발버둥치는지 모른다. 냉정하게 돌아보면 삶은 나의 몫이고 죽음은 남은 자들의 몫이다. 결국 죽은 뒤의 일은 남은 자들의 몫이고「죽음이란 무엇인가」라는 명강의를 한 예일대 셸리 케이건 교수는 "인간에게 죽음은 필연적이다."라고 말했다. 누구나 산 사람은 죽음을 피할 수 없다. 나의 형제들 중에 누나와 형님 세 분은 모두 돌아가셨고 어린 날 고향의 첫사랑과 형제같이 지내던 사돈과 친구들마저 하나둘 차례로 떠나고 있다.

남의 장기를 받아 연명하려는 대기자들의 3분의 1이 이식을 기다리다 사망한다. 서울대병원 혈액종양내과 임상교수로 근무하고 있는 김범석 선생은 『에세이문학』을 통해 수필가로 등단하면서 제3회 보령 의사 수필문학상을 받았다. 그는 『암, 나는 나 너는 너』와 『암 환자의 슬기로운 병원생활』을 단행본으로 남겼다. 나는 2021년 1월 18일 흐름출판에서 초판으로 펴낸 『어떤 죽음이 삶에게 말했다』를 읽으며 생의 남은 시간이 우리에게 들려주는 이야기를 들었다. 그 또한 신앙을 옹호하되 교회를 비판하는 방향으로 자신의 사상을 발전시켰다.

"기독교는 개인이고, 여기에 있는 단독자다."라고 설파한 키르케고르는 『이것이냐 저것이냐(1843)』, 『두려움과 떨림(1843)』, 『철학 단편들(1844)』, 『불안의 개념(1844)』, 『죽음에 이르는 병(1849)』 등의 저서를 남겼다. 알베르 카뮈는 "자살은 위대한 작품과 마찬가지로 마음의 침묵 속에서 준비된다."고 말한 바 있다. 키르케고르는 『죽음에 이르는 병』에서 '죽음에 이르는 병이란 절망'을 의미한고 했다. 호주의 생태학자 데이비드 구달 박사는 104세에 안락사했다. 호주 빅토리아주는 2017년 안락사를 합법화했다. 삶도 죽음도 정처 없이 떠돈다.

데이비드 구달은 스위스로 가서 2018년 5월 10일 그가 평소 즐겨 듣던 베토벤의 교향곡 9번 「합창」을 들으면서 생을 마감했다. 치유할 수 없는 불치병을 겪는 고통 속에서 의사의 도움을 받아 삶을 마감할 수 있게 해달라는 호소가 여기저기서 늘어나고 있다. 최근 지구촌 뉴스에서는 잊을 만하면 '존엄하게 죽을 권리'를 보도한다. 안락사安樂死로 흔히 번역되는 영단어 "euthanasia"는 그리스어를 직역하면 "아름다운 죽음"이다. 현대의 "유타나시아"는 원어의 의미에서 크게 벗어나, 불치의 중병에 걸려 치료와 생명 유지가 무의미하다고 판단되는 생물에 대하여 직 · 간접적 방법으로 고통 없이 죽음에 이르는 길을 택했다.

바람아 불어라

바람은 "기압의 변화로 일어나는 대기의 흐름"이다. 바람은 '두 장소 사이에 존재하는 기압과 온도의 차이에 따라 일어나는 공기의 움직임'이다. 바람은 계절마다 그 이름을 달리한다. 봄에 부는 새바람을 '샛바람'이라 부르는데 이 바람은 태백산맥에 가로막혀 푄현상을 일으키는 '높새바람'을 일컫는 바람이다. 여름에는 남태평양 고기압의 영향으로 남해로부터 바람이 불어오는데 이를 '맞바람〉마파람'이라 불렀다. 가을에는 서풍으로 바뀌는데 이를 '하늬바람'이라고 하였다. 하늬는 뱃사람들의 말로 서쪽이라는 뜻이다. 겨울에는 북쪽에서 '뒤바람'이 불기 시작한다.

마파람과 같은 의미의 한자어로 겨울 삭풍朔風이 있다. 삭朔은 '깎을 삭'이 아니라 '북쪽 삭'이다. 봄바람이 꽃망울을 터뜨리고 떨군다. 성경에서는 “바람은 언제든 불고 싶은 대로 분다. 그러나 어디서 와 어디로 가는지 모른다.”고 일러주었다. 비를 머금은 봄바람이 메마른 대지를 적시며 아직 겨울잠에 든 나목裸木을 흔들어 깨운다. 하늘에서 내려온 영등靈登 할멈은 겨우내 가지 끝에 대롱대롱 매달린 마지막 잎새마저 떨군다. 영등바람이 자연의 삶과 죽음을 관장하려나 보다. ‘바람’은 순우리말이다. ‘바람’은 ‘불’의 변형이며 ‘불’은 ‘물’과 통한다.

‘물’은 ‘불’로 변형되어 ‘바람’으로 되었다고 한다. ‘물’은 ‘불’의 변형이며 ‘보다’는 말로 볼 수 있다. 해마다 이맘때면 남서쪽에서 불어오는 4월의 부드러운 봄바람이 때로는 거칠고 사납기도 하다. 어느새 계곡 시냇가에는 수선화가 피고 봄꽃이 진 자리에 노란 죽단화가 피더니 아까시나무와 이팝나무의 꽃향기가 바람결에 능선을 탄다. 바람결에 흩날리는 꽃향기는 잠자던 그리움을 흔들어 깨운다. 바람결에 다가서는 봄꽃의 내음이 향수보다 진하고 향기롭다. 이맘때면 “자세히 보아야/ 예쁘다// 오래 보아야/ 사랑스럽다// 너도 그렇다.”는 나태주 시인의 「풀꽃」을 되뇌어 본다.

한차례 봄비가 스치고 지나간 뒤 길섶과 빈 터에는 풀속에서 무리를 이룬 클로버가 꽃을 피운다. 봄꽃들은 죽어서도 다시 핀다. 땅 위에 떨어진 겹꽃이 다시 피는 모습은 기적과도 같다. 동백꽃이 봄을 재촉하듯 겹벚꽃이 땅 위에 떨어져 못다 피운 생명과 사랑을 고운 목소리로 속삭인다. 어느새 ‘당신을 따르겠습니다.’라는 꽃말을 가진 금낭화가 서둘러 피었다. 금낭화가 황금빛이어서 금주머니 꽃이라는 이름을 가졌다. 금낭화는 아치형의 활대처럼 휘어져 뻗은 꽃대에 아이들 복주머니 모양의 진분홍색 꽃들이 주렁주렁 달렸다. 얼른 보아 모란처럼 꽃이 아름다워서 등모란이나 덩굴 모란이라 부르기도 하고 옛 여인들이 치마 속에 넣고 다니던 주머니와 모양이 비슷하여 며느리주머니, 며늘치라고 부르기도 한다.

거리에서 만나는 사람들과 만날 때면 "건강은 괜찮느냐?"라고 거듭 묻는다. 그렇게 세월은 잔바람을 일으킨다. 바람은 공기의 움직임이다. 바람은 공기가 기압이 높은 곳에서 낮은 곳으로 이동하기 때문에 발생한다. 다시 말해 고기압 지역은 보다 높은 밀도로 꽉 찬 기체 분자들을 함유하고 있기 때문에 공기의 밀도가 낮은 곳으로 이동하려는 경향이 있다. 이러한 원리는 기원전 그리스 철학자 아낙시만드로스(Anaximandros, B.C. 610~546)가 "바람은 자연적 현상이며 일부 사람들이 생각하듯 신이나 나뭇잎의 흔들림으로 발생하는 것이 아니다."라는 사실을 처음 밝혔다.

바람은 기후와 날씨를 결정하고 조정한다. 지표 부근에서 바람은 보통 저기압과 고기압의 주변부에서 분다. 정윤호의 시 「바람에 부치는 편지」를 다시 외워 보자. "고인 것 찾아/ 마음판의 씨줄 날줄을 다잡아도/ 늘 속이 쓰리다/ 시를 쓴다는 것은/ 가야 할 길// 눈을 들면 한 걸음 앞/ 닿지 않는 허공에 사유만 나부끼고/

가늠하지 못한 간격과/ 간격 사이를 부딪쳐 오는/ 순간의 부러진 아픔들이 이정표로 섰다// 산다는 것은,/ 되짚어 가지 않을 길을 찾아가는 것/ 기울기를 가진 어깨들이/ 눈빛 맑은 거리에서 서로를 다독이고 섰다// 아름다워요! 고마워요!/ 어떠신가요?// 한나절 지고 가는 목젖에 걸린 그대 안부// 바람 가파른 모퉁이에서/ 잠시 걸음을 멈추었어요// 그대, 평안하신가요?"

안도현 시인은 "네가 보고 싶어서 바람이 분다."고 했다. 삶이 갑갑하고 답답하게 느끼는 것이 나만의 삶일까? 창문을 열고 우주를 향해 외쳐 본다. "바람아 불어라"라는 외침은 틀에 박힌 삶과 현실을 벗어나기 위한 새로운 변화를 꿈꾸는 나의 마음이 하늘 끝까지 메아리치기를 바라는 것이리라. 지금 나의 주변과 우리 사회에 새로운 바람이 불어야 한다. 나이듦에 따라 더 맑고 밝은 새바람이 불어와 남은 삶을 바르고 더 넓게 숨쉬며 살아가고 싶다.

활동사진의 추억

우리가 어릴 때에는 영화를 활동사진活動寫眞이라 하였다. 어린 날 서울에 살던 때 충무로 옛 수도극장에서 가족들과 함께 악극樂劇을 감상하였다. 그때는 무대에서 연기하기 어려운 부분을 영상으로 찍어 대신하고 신파조 변사辯士가 무성 흑백영화 시대를 이끌었다. 그 뒤 피난지 명지에서는 장터나 넓직한 마을 앞 텃밭에 휘장을 둘러 가설극장을 설치한 뒤 시끄러운 발전기 소음에 손수건으로 싸맨 마이크를 든 변사辯士가 열변을 토하였다. 당시 동네 개구쟁이들은 저녁을 먹은 뒤 가설극장 주위에 모여들어 휘장의 개구멍으로 드나들던 기억이 아련하다.

우리나라 초창기 영화는 나의 생과 그 궤를 같이한다. 중학생이 되고서는 방학을 앞두고 학기말 시험이 끝나면 시청각교육이라는 명목으로 단축 수업을 한 뒤 전교생이 단체 관람을 위해 극장 주변에서 긴 줄을 서서 입장을 기다렸다. 그때가 동시녹음과 시네마스코프의 대형 스크린이 막 등장하던 때였다. 중학교 진학을 계기로 부산으로 나온 뒤 반세기를 살아온 광안리 수영강변에서 2011년 '영화의 전당'이 문을 열었다. 집을 나서 지하철을 타면 세 정거장 떨어진 곳이다. 그곳에서 「퐁네프의 연인들」과 「서울의 봄」을 볼 수 있었다.

그중에서도 나에게 강렬한 인상을 남긴 영화는 시드니 폴락이 감독한 「아웃 오프 아프리카(Out of Africa)」와 피터 위어로빈 윌리엄스가 주연한 「죽은 시인의 사회(Dead Poets Society)」였다. 특히 영화 「죽은 시인의 사회」는 명대사로 나를 크나큰 감동에 젖게 했다. 키팅 선생님은 "법조문을 달달 외워 사법시험을 통과한 판검사가 우리 사회에 필요한 만큼 법꾸라지의 역기능도 크다고 외쳤다. 시와 소설, 예술과 같은 창의력, 아름다움과 낭만, 그리고 순수한 사랑이야말로 우리가 살아가는 삶의 목적"이라고 역설하였다. 그가 남긴 명대사는 내가 동명대학교 신방과 겸임교수로 출강할 때 아파트 단지 주민을 위한 인문학 강좌를 열었을 때 즐겨 소개하였다.

성적이 뛰어난 모범생들이 입학할 수 있던 사립고등학교에서 마침내 새로운 변화의 바람이 일기 시작하였다. 그 중심에 새로 부임한 국어과 존 키팅 선생님이 시와 문학을 가르치면서 학생들의 가슴 속에 잠자던 자유 정신을 일깨웠다. 이를 위해 학생들에게 이제와는 다른 시각으로 세상을 봐야 한다고 촉구하면서 수업 중에 학생들의 책상 위에 올라가 시詩에 대한 고리타분한 해석을 소개한 교과서를 찢어버린다. 명연기를 통해 학생들의 가슴에 새로운 꿈과 자유에 대한 열망, 틀에 박힌 기존의 인식에 저항의 싹을 틔웠다. 그것은 새로운 변화를 위한 새로운 길이었다. 영화 「죽은 시인의 사회」에서는 존 키팅 국어 선생님의 명대사가 학생들에게 많은 교훈을 남겼다. 키팅 선생님은 "카르페 디엠(carpe diem)! "이라고 외쳤다. 영화는 삶의 교과서였다.

「아웃 오프 아프리카」의 명장면은 아프리카 케냐의 전원에 옮겨놓은 축음기로 감미로운 모차르트 클라리넷 협주곡 2악장의 선율에 심취했던 아프리카 전원이며, 로버트 레드포드와 메릴 스트립이 열연으로 풍기는 사랑의 감정에 매료되었고, 레드포드가 스트립의 머리를 감겨주는 장면이 사랑의 공감을 일으켰다.

경주 우범又凡한식

부산에서 출발한 자동차는 경주 IC로 빠져나가 곧은 길 따라 남산 서록을 향해 줄창 달린다. 첫째 번 사거리와 오릉초등학교를 지나 왕손짜장 간판을 끼고 오른쪽으로 꺾어들면 탑동 식혜골이다. 좁은 길 따라 들어서면 절터 끄트머리쯤에서 토담으로 둘러친 '경주 김호 장군의 고택'을 만날 수 있다. 임진왜란 때 왜적을 맞아 싸우다 순국한 부산 첨사 김호 장군의 생가로 알려진 고택古宅이다. 솟을삼문형 대문이 주위와 어울리지 않은 채 높게 자리잡은 채 주위를 내려다본다. 대문을 들어서면 넓다란 마당에 기와로 이은 맞배지붕의 외줄박이 홑집 안채가 앉았다.

이 집은 문화재청으로부터 중요민속자료 제34호로 '경주 탑동 김헌용 고가옥'이라는 이름을 갖게 되었다. 대문 오른편 볕 잘 드는 마당 끝 사철나무 한 그루가 외롭게 서 있는 곳에 통일 신라의 수맥을 이은 아담한 샘이 솟는다. 잘 다듬어진 돌에 커다란 구멍을 뚫고 돌아가면서 조각한 넓고 낮은 둥근 돌이 우물을 덮고 있다. 그 단단하게 보이는 돌도 세월의 부침에 견디기 힘들었던지 곳곳에 금이 갔다. 아직도 물이 샘솟는 옛 신라의 우물에서 두레박으로 물을 길어 올린다. 허드렛물로 쓰기에는 물이 맑다.

'경주 김호 장군 고택'에서는 후손들이 경주 맛을 이어가고 있다. 김호 장군의 14대 후손인 자매들이 친정 엄마의 손맛을 잇겠다고 '우범한식'을 꾸렸다. 변변한 간판 하나 없다. 그러나 발 없는 입소문이 퍼져나가 식도락가들 사이에는 경주의 맛집으로 널리 알려졌다. 처음에는 순화, 필화, 미화 세 자매가 한정식을 시작했으나 첫째가 건강 때문에 쉬면서 둘째가 부엌일을 총지휘하고 셋째가 손님을 맞아 상을 본다. 이곳에 들면 단순히 값을 치르고 음식을 사 먹는 주인과 손님의 관계가 아니라 사랑채에 든 귀한 손님이 된다.

처음 세 자매가 '또 우又', '무릇 범凡'자를 조합해서 지은 '우범'은 "불가에서 말하는 중생, 즉 사람들이 오고 또 오라"는 뜻이란다. 한정식을 시작하게 된 동기를 묻자 "어릴 때 손님으로 늘 북적대던 친정집에서 모친이 손수 해내셨던 전통 한식이 우리 입맛에 맞는 음식으로 재현하고 싶었어요."라고 나직이 말한다. 먹거리가 국적을 잃어버린 이 시대에 화학 조미료와 향신료로 억지

맛을 내지 않는 원래의 맛을 살린 정갈하고 담백한 맛을 맛보게 한다.

소박하고 격조 높은 자연의 맛을 지닌 '우범한식'은 계절 따라 찬이 바뀔 뿐 유기농 재료로 한정식만을 고집한다. 전식으로 잘 우려낸 차와 죽이 나온다. 이어 정식으로 계절 따라 나물의 맛을 살린 무침과 수수경단, 구절판과 된장찌개, 밥과 국 등이 생활자기에 담겨 차례로 들어온다. 음식 하나하나에 정성이 깃들어 있어 마음이 맛을 느낀다. 식사가 끝날 때쯤 나오는 숭늉의 맛은 우리가 어린 시절에 느꼈던 할머니와 엄마의 손맛이다. 누룽지에 쌀뜨물과 쌀겨를 넣어 끓인 구수한 숭늉 한 모금은 식사를 완성한다. 후식으로 나온 수정과와 한과 한 조각을 즐긴 뒤 마당으로 나와 잠시나마 망중한의 여유를 가진다.

비가 촉촉이 내리는 날이면 고도 경주의 우범한식의 맛은 더 깊다. '경주 김호 장군 고택'에서 후손들이 빚어내는 '우범한식'을 단아한 옛집에서 즐기는 정취와 함께 가히 일품이다. 신라의 고도 경주에는 대릉원 뒤편의 '도솔마을'과 남산 칠불암 가는 길의 '풀향기'와 함께 남산 서쪽 기슭 식혜골에 자리잡은 '우범한식'이 다소곳이 옛 경주의 천년 맛을 잇는다.

매리梅里에서 있었던 일

부산을 떠나는 기차는 한동안 낙동강과 더불어 달린다. 동해남부선은 포항에 이르도록 여러 차례 물 맑은 동해를 마주하고, 경부선은 구포로부터 물금과 삼랑진 사이를 달리는 동안 차창에는 낙동강이 함께 따라온다. 그 낙동강에 낙조가 깃드는 풍경을 바라볼 수 있는 날이면 더없는 행운이다. 강은 결코 멈추지 않는 사랑을 머금고 바다를 향한다. 갈대늪에서 들려오는 철새 속삭임은 녹턴의 선율이 되어 마음을 적시고 열차 안은 일상의 굴레를 뛰어넘는 거룩한 성사聖事를 선물한다.

양산 물금 건너편 상동은 한 폭 그림이다. 산자락이 강가에 다다른 아름다운 강나루 상동上東을 두고 고려 때는 감물야향甘勿也鄕, 『세종실록지리지』에서는 감물야촌甘勿也村이라 부를 만큼 예부터 이름난 달무리 마을이었다. 『신증동국여지승람』에서는 김해도호부의 동쪽 위편에 있는 곳이라 소개하였다. 매리는 한자로 '매화 梅'자에 '마을 里'자를 쓴다. 원래 땅 생김새가 매화꽃이 땅에 떨어진 것 같다고 해서 붙여진 지명이다. 매리를 둘러싼 산등성이에는 갖가지 형상을 한 바위들이 솟아 있고 이곳으로부터 발원한 실개천들이 모여 낙동강으로 흘러가는 모습이 정겹다.

주의 깊게 살피면 매리마을 뒷산 어딘가에 토종 고매古梅가 숨어있을 것 같다. 입춘 절후면 상동에서도 봄의 전령 매화꽃이 앙상한 빈가지에 매달린 조화처럼 탐스러운 꽃망울을 터트린다. 꽃내음 가운데 으뜸이라는 매화향은 아무리 추워도 향을 팔지 않는 절개를 지녔다고 하지 않던가. 밤이면 영롱한 별빛과 강물에 드리운 불그림자가 긴긴 밤 지칠 줄 모르고 사랑을 속삭이며 흐른다. 칠백 리 물길을 이어온 낙동강과 옛 가야의 숨결을 간직한 신어 산록이 낙동강과 만나는 매화마을에서 아들의 약혼식을 치렀다.

지난 2009년 1월 17일 토요일 이른 저녁. 그레고리오 군과 루멘 양이 집안 어른들 앞에서 약혼식을 올렸다. 루멘 양의 가족들은 날을 정한 이튿날부터 루멘 양 어머니의 아틀리에를 정돈하고 창을 닦기 시작해 담장을 고쳤다. 흰색 페인트칠을 한 벽에 사랑과 추억을 담을 수 있는 포토월을 만들기까지 무려 아흔아홉 가지 리스트를 만들고 이웃사촌 韓 스테파노 이장님 부부와 이웃의 도움을 받았다. 아틀리에 주위 마당을 손질하고 현관으로 통하는 다리에는 멋진 난간과 아치를 세웠다. 다리 난간에는 뒷산에서 꺾어온 칡넝쿨로 엮은 뒤 카네이션 꽃을 촘촘히 꽂은 꼬마전구를 밝혔다.

옛 페르시아의 동화 「알리바바와 40인의 도적」에서 "열려라 참깨!" 하는 주문을 외면 동굴 문이 열리듯 약혼식장이 '짠'하고 모습을 드러냈다. 날이 어두워 약혼식에 초대된 하객들이 동화 속에서나 나옴직한 아틀리에를 돌아보며 차마 발걸음을 떼지 못하는 어린애들처럼 제자리에서 발을 구르며 탄성을 질렀다. 아틀리에에서 새어나온 불빛이 뒷마당을 밝혀 루멘 양 어머니가 만든 성모 마리아상과 요셉 성인상이 말없이 서서 고기 굽고 음식 나르며 약혼식을 돕는 도우미들을 지켜주었다. 초저녁부터 시작된 약혼식은 정성스레 마련한 맛깔스런 음식을 나누며 첫눈에 반해 약혼에 이르기까지 4년의 사랑을 담은 '러브스토리 슬라이드 쇼'가 볼거리로 눈길을 끌었다.

참석자들의 덕담 속에 캔버스 방명록에는 나름의 축하 사연들이 함박눈처럼 쌓였다. 나는 방명록에 'Success must be success at love'라는 메시지로 사랑의 결실을 축하했고 루멘 양 아버지는 해바라기의 「사랑으로」를 노래해 듣는 이들의 가슴을 벅차오르게 했다. 특히 팔순에 든 루멘 양의 할머니께서는 구약성경 신명기의 말씀을 전하며 젊은 날 남편의 생일에 부르셨다는 「나 하나의 사랑」을 떨림 없는 목소리로 다시 불러 모두의 가슴에 세월의 무게로 큰 울림을 전했다. 깊어가는 겨울밤 약혼식 분위기가 절정에 이르자 축하객들이 자리에서 일어나 하나 둘 손을 잡은 채 축가를 부르자 여기저기서 브라보가 터져 나왔다.

그레고리오 군과 주 루멘 양은 4년 전 같은 대학의 연구실에서 만나 사랑의 싹을 틔운 뒤 멀리 호주로 유학과 취업의 길을 떠났다. 그들은 멜번과 시드니를 오가며 소중한 사랑을 키우던 어느 날 시드니 해변에서 그레고리오 군이 루멘 양에게 프러포즈를 터뜨렸고 루멘 양이 이를 흔쾌히 받아들여 마침내 약혼에 이른 것이다. 약혼식에는 매리마을 이웃들이 온몸에 봄빛 머금은 겨울초를 켜고 호박죽과 떡을 만들어와 즐거움을 더했다. 작은 개천 위 다리 난간 아치에 꼬마전구로 예쁜 카네이션 꽃송이를 비추며 돌아가는 축하객의 발길을 붙잡았다. 하객들이 차마 발걸음을 떼지 못한 채 얘기를 나누는 동안 루멘 양의 어머니가 약혼식을 위해 직접 구운 질그릇을 선물하며 고마움을 나누었다.

멋진 예비신랑 그레고리오 군과 보석 같은 예비신부 루멘 양은 우리 모두에게 싱그러운 사랑의 메시지와 청춘의 감동을 선사했다. 약혼식 다음날 루멘 양 가족들은 매리마을 이웃들을 아틀리에로 초청해 뒤풀이 자리를 마련했다는 소식을 전했다.

입춘을 앞두고 내리기 시작한 단비가 목마른 대지를 적시던 날, 젊은 그들은 학교와 직장이 있는 호주를 향해 하늘 높이 날아

올랐다. 그들이 떠나는 날 내린 비로 그들의 사랑이 자라는 만큼 매리마을의 매화나무 꽃망울도 한결 탐스럽게 부풀어 올랐으리라. 공항을 나서면서 그들이 떠난 하늘을 향해 더 큰 믿음과 사랑으로 '모든 이에게 모든 것'이 되기를 바라는 마음으로 기도를 하였다.

선線과 벽壁

겨울을 지난 계절은 봄, 여름을 보내고 가을을 맞는다. 창밖엔 윤슬 피는 바다와 푸르른 생명을 품은 숲길이 단풍 들어 싱그럽다. 세상은 코로나19 팬데믹으로 문을 닫고 사람의 발길이 끊긴 적막 속에서 강제의 억지를 느낀다. 세상은 더불어 살지 못한 나의 자유가 외로움 속에 갇혀 막막하다. 기업체는 재택근무를 택하고 공연과 행사가 취소되거나 순연된 채 배달오트바이의 굉음만이 요란하다. 하늘과 바닷길이 끊기고 지구촌은 단절로 고립되었다. 기하학幾何學은 점點, 선線, 면面, 입체공간立體空間을 그 연구 대상으로 삼는다. 선(線, Line)은 기하학의 기본개념으로 '점의 이동에 따라 점과 점이 만든 도형'이다.

벽(壁, Wall)은 공간을 나누고 에워싼 구조물로 한계와 경계를 구분하는 도형이다. 선은 흔히 금과 줄로 표현된다. 중앙방역대책본부와 방송에서는 30초 이상 흐르는 물에 비누로 손을 씻고 가면 같은 마스크를 착용하며 사회적 거리 두기를 방역수칙으로 거듭 다그치듯 외친다. 감염은 불안과 공포, 배척과 단절 등 우리 사회의 소통을 적나라하게 보여준다. 일부 개신교에서는 "자신들을 향한 압박과 여론의 비판에 대해 이 환란을 싸워 이기자."며 일부 기독교 교단이 선동의 구호를 외친다. 그물망에 걸리지 않는 바람처럼 불고 싶은 대로 불며 자유로운 삶을 추구하려 했지만 주위는 온통 그물이다.

지금은 연결고리를 폭력적으로 끊어내기를 강제한다. 우리의 삶에서 느끼는 안과 밖, 속과 겉으로 말하는 영어로는 'in, out'으로 표현하고 수량의 수치가 조금 넘치거나 모자랄 때 'more, less'를 쓴다. 안팎이 떨림과 울림, 비움과 채움, 선線과 벽壁으로 세상을 이쪽과 저쪽으로 나누고 세상을 마치 칼 슈미트의 '우적관계 이론'으로 나누려 든다.

부부 관계는 '남편이 있는 여자'를 지어미 즉 '안'이라 하고 '아내가 있는 남자'를 '지아비', 즉 '밖'이라 부르며 부부를 흔히 내외內外간이라 일컫는다. 불이不二를 추구하는 불가佛家에서는 내적인 것과 외적인 것을 구분하는 고통과 지혜를 더불어 깨우치라 이른다.

불가에서는 모든 것을 안과 밖이 없다는 것을 불이不二요 무無요 공空이라 한다. 불교에서는 안과 밖의 일치를 꾀하려고 치열한 수행과 용맹정진으로 스스로를 깨우치려 한다. 불교에서 '안'이란 고통을 벗어나 행복할 수 있는 지혜를 말하고, '밖'은 지혜와 더불어 행하는 자비의 실천이니 둘을 서로 갈라놓을 수 없다는 것이다. 안팎이 다른 사람을 흔히 표리부동表裏不同하다거나 양의 머리를 걸어놓고 개고기를 판다는 양두구육羊頭狗肉이라고 일컫는다. 로마 신화에 나오는 두 얼굴을 가진 수문장 야누스는 여태껏 위선의 상징으로 세인의 입에 오르내린다.

성경의 율법에서는 바리사이파를 예로 들어 겉으로 드러나는 것과 안에 품은 삶을 비유했다. 안팎은 '안과 밖', '속과 거죽', '성聖과 속俗', '옳음과 그름'을 세상에서는 '적과 동지', '좌와 우', '보수와 진보'로 나누는 어리석음이 가득하다. 2020년 1월 20일 우리나라에서 코로나19 바이러스 감염자가 처음 확진된 이후 4월 들어 확진자 만 명에 사망자 또한 200명을 넘어섰다는 보도다. 기독교가 모든 것의 중심이었던 중세에는 반대세력을 희생양으로 몰아 마녀사냥을 일삼아 입을 틀어막았던 암흑기를 지냈다. 화형이나 가택연금家宅軟禁을 내리고 재산을 몰수하고 물에 처넣었다.

가택연금은 타의에 의해 자신을 사는 집에 가두어 외부와의 출입과 접촉을 막는 절대 고립과 격리와 단절의 무서운 형벌이다. 최근에 와서는 독재 군사정권 치하에서 사법적 절차와 재판을 거치지 않고 정치적 반대 세력을 집에 가두었다. 사도 바울은 AD 58년 예루살렘에서 체포되어 로마로 압송되어 수감 생활을 하는 동안 4대 옥중 서간을 남겼다. 1632년 지동설을 주장한 갈릴레오 갈릴레이의 논문 「대화」마저 이단으로 몰려 종교재판에 넘기는 수난을 겪었다. 갈릴레오는 그 뒤 가택연금으로 죽을 때까지 집 안에 갇혀 살아야 했다. 연속성을 가늠하기 힘든 격변기에는 전후로 나누어 '포스트 코로나'를 전망한다.

나는 집콕을 하는 동안 이탈리아 사회주의 사상가 안토니오 그람시의 『감옥에서 보낸 편지』와 독일 루터교회 목사이자, 신학자 디트리히 본회퍼의 『옥중서신-저항과 복종』, 1998년 돌베개에서 펴낸 신영복의 『감옥으로부터의 사색』, 그리고 2019년 세창출판사에서 발행한 폴란드 출신 여성 사회주의 혁명가 로자 룩셈부르크의 『옥중 서신』을 차례로 읽었다. 그 책에서는 하나같이 전하려는 메시지가 구속받는 인간의 자유를 그렸다. 나는 요즘 책을 펼치면 음악이 흐르는 읽기와 쓰기로 나날을 보낸다. 자가 격리가 타율에 의한 종신 가택연금과 옥중 생활의 구속과는 다르리라. 바이러스 앞에서는 모두가 평등하다.

이번 기회를 계기로 스스로를 돌아보며 성찰의 계기, 수행과 회심의 일상을 살아야 하리라. 하루빨리 죽음과 삶을 가른 선線과 벽壁의 경계를 허물고 박차고 나와 날개를 편 새가 되어 일상의 창공을 시원하게 날고 싶다. 슬라예보 지젝은 감염병의 시대를 맞아 "우리 삶이 새로운 일상을 만들어갈 것인지 아니면 야만의 시대에 접어들 것인지 선택의 기로에 달렸다."고 일러주었다.

코로나-19 팬데믹 시대

겨울 끄트머리에 추위를 이긴 매화가 꽃향기를 내뿜고 양지바른 언덕에서는 노란 수선화가 나팔을 불어댄다. 창밖 윤슬 피는 바다와 푸르른 생명을 품은 신록이 푸르러 눈부시다. 세상은 코로나-19 팬데믹으로 문을 닫고 사람들은 연락을 끊고 적막 속에서 강제의 세월을 보냈다. 세상은 더불어 살지 못한 나의 자유가 외로움에 갇혀 한때 막막했다. 기업체는 재택근무를 택하고 공연과 행사가 취소되거나 순연된 채 배달 오트바이의 소음만이 거리의 적막을 깨쳤다. 하늘과 바닷길이 끊기고 지구촌은 단절로 고립되었다. 기하학幾何學은 점點, 선線, 면面, 입체공간立體空間을 그 연구 대상으로 삼는다.

선(線, Line)은 기하학의 기본개념으로 '점의 이동에 따라 점과 점이 만든 도형'이라고 설명한다. 벽(壁, Wall)은 공간을 나누고 에워싼 구조물로 한계와 경계를 구분하여 나누는 도형이다. 선은 흔히 금과 줄로 표현된다. 중앙방역대책본부와 방송의 공익 스파트는 "30초 이상 흐르는 물에 비누로 손을 씻고 복면 같은 마스크를 착용하며 사회적 거리두기"를 다그치듯 거듭 외친다. 감염은 불안과 공포, 배척과 단절 등 우리 사회의 소통을 적나라하게 보여준다. 일부 개신교 교단에서는 "자신들을 향한 압박과 여론의 비판에 대해 이 환란을 싸워 이기자."며 선동적 구호를 외친다.

그물망에 걸리지 않는 바람처럼 바람은 불고 싶은 데로 불며 자유로운 삶을 추구하지만 주위는 인간은 스스로 친 금줄로 발길을 멈추고 있다. 지금 우리는 제4차 정보시대를 살고 있다. 우리의 삶에서 느끼는 안과 밖, 속과 겉으로 말하는 영어로는 'in, out'으로 표현하고 수량의 수치가 조금 넘치거나 모자랄 때 'more, less'를 쓴다. 안팎이 떨림과 울림, 비움과 채움, 선線과 벽壁으로 세상을 이쪽과 저쪽으로 나누고 세상은 아직도 낡은 칼 슈미트의 '우적관계 이론'으로 나누려 하는가. 부부 관계는 '남편이 있는 여자'를 지어미 즉 '안'이라 하고 '아내가 있는 남자'를 '지아비', 즉 '밖'이라 부른다.

부부를 흔히 내외內外간이라 일컫기도 한다. 불이不二를 추구하는 불가佛家에서는 내적인 정신과 외적인 행동을 깨우치라 일러준다. 불가에서는 모든 것을 안과 밖이 없다는 것을 불이不二요 무無요 공空이라 이른다. 불교에서는 안과 밖의 일치를 꾀하려고 치열한 수행과 용맹정진으로 스스로를 깨우려고 한다. 불교에서 '안'이란 고통을 벗어나 행복할 수 있는 지혜를 말하고 '밖'은 지혜와 더불어 행하는 자비의 실천이니 둘을 서로 갈라놓을 수 없다는 것이다. 안팎이 다른 사람을 흔히 표리부동表裏不同하다거나 양의 머리를 걸어 놓고 개고기를 판다는 양두구육羊頭狗肉이라는 사자성어가 나돈다. 로마 신화에 나오는 두 얼굴을 가진 수문장 야누스는 여태껏 위선의 상징으로 세인의 입에 오르내린다.

성경의 율법에서는 바리사이파를 예로 들어 겉으로 드러나는 버릇과 행동, 안에 품은 삶과 마음을 비유하였다. 안팎은 '안과 밖', '속과 거죽', '성聖과 속俗', '옳음과 그름'을 세상에서는 '적과 동지', '좌와 우', '보수와 진보'로 나누는 어리석음으로 가득하다. 2020년 1월 20일 우리나라에서 코로나-19 바이러스 감염자가 처음 확진된 이후 4월 들어 확진자 만 명에 사망자 또한 200명을 넘어섰다는 보도다. 기독교가 모든 것의 중심이었던 중세에 반대 세력을 희생양으로 몰아 마녀사냥을 일삼아 입을 틀어막았던 암흑기를 지냈다. 화형이나 가택연금家宅軟禁을 내리고 재산을 몰수하거나 물에 처넣어 수장하였다.

가택연금은 타의에 의해 자신을 사는 집에 가두어 외부와의 출입과 접촉을 막는 절대 고립과 격리와 단절의 무서운 형벌이다.

최근에 와서는 독재 군사정권 계엄령 치하에서 사법적 절차와 재판을 거치지 않고 정치적 반대 세력을 집에 가두었다. 사도 바울은 AD 58년 예루살렘에서 체포되어 로마로 압송되어 수감 생활을 하는 동안 그 유명한 4대 옥중 서간을 남겼다. 1632년 지동설을 주장한 갈릴레오 갈릴레이의 논문 〈대화〉마저 이단으로 몰려 종교재판에 넘겨지는 수난을 겪었다. 갈릴레오는 그 뒤 가택연금으로 죽을 때까지 집안에 갇혀 살아야 했다.

언론에서는 연속성을 가늠하기 힘든 격변기를 전후기로 나누어 '포스트 코로나'를 전망하고 있다. 나는 집콕을 하는 동안 이탈리아 사회주의 사상가 안토니오 그람시의 〈감옥에서 보낸 편지〉와 독일 루터교회 목사이자, 신학자 디트리히 본회퍼의 〈옥중 서신-저항과 복종〉, 그리고 1998년 돌벼개에서 펴낸 신영복의 〈감옥으로부터의 사색〉, 2019년 세창출판사에서 발행한 폴란드 출신 여성 사회주의 혁명가 로자 룩셈부르크의 〈옥중 서신〉 등을 차례로 읽었다. 그 책에서는 하나같이 전하려는 메시지는 구속받는 인간의 자유를 그렸다. 나는 요즘 책을 펼치면 음악이 흐르는 클래식을 들으며 읽기와 쓰기로 나날을 보낸다.

자가 격리가 타율에 의한 종신 가택연금과 옥중 생활의 구속과는 다르리라. 바이러스 앞에서는 모두가 평등하다. 이번 기회를 계기로 스스로를 돌아보며 성찰의 계기, 수행과 회심의 일상을 살아야 하리라. 하루빨리 죽음과 삶을 가른 선線과 벽壁의 경계를 허물고 박차고 나와 날개를 펼친 자유로운 새가 되어 일상의 창공을 시원하게 날고 싶다. 슬라예보 지젝은 감염병의 시대를 맞아"우리 삶이 새로운 일상을 만들어갈 것인지 아니면 야만의 시대에 접어들 것인지 선택의 기로에 섰다."고 일러준다.

끝내 창대하리라

대자 강베드로는 지난해 개인적 욕망에 눈이 어두워 가식과 거짓, 거기다 빗나간 사생활을 이어온 어느 신부로부터 미사 중에 경찰을 출동시킨 가운데 성전에서 쫓겨났다. 그 뒤 세속을 벗어나 '호미와 가래의 교훈'을 되씹으며 새 삶을 모색하기 위해 의령군 화정면 덕교리 산 39의 1번지 야산 3,800여 평을 사들여 농장을 일구고 있다. 의령은 동쪽에 창녕 동남쪽에 함안 서북쪽으로 합천 서남쪽에 진주와 접하는 고장이다. 얼른 보아 남강이 흐르는 경남의 서부에 치우쳐 자리한다. 베드로가 목인정木人亭이라는 이름의 염소 농장을 일구려는 곳이다. 목인정은 사람이 숲과 어울리는 삶의 공간이다. 순간 요한복음서에 예수님께서 베드로에게 "너는 나를 사랑하느냐?"라고 세 번 물으시고 양 떼를 맡기신 말씀을 묵상할 수 있다.

우리 부부는 2024년 5월 19일 대자 베드로 부부와 함께 의령宜寧을 찾았다. 의령 화정면 덕교리는 부산으로부터 100여 km 떨어진 곳으로 맑고 청정한 시골 마을이다. 임진왜란 당시 곽재우 장군이 의병을 일으켜 목숨 바쳐 싸웠고 일제강점기에는 상해 임시정부를 돕다가 옛 고구려와 발해의 옛땅 만주벌에서 발해농장을 개간하여 조국의 독립을 도운 백산 안희재 선생에 이르기까지 의령은 충의忠義의 고장이다. 또한 일제강점기 때 목숨 걸고 우리 말과 글을 지킨 한글학자를 낳은 '말모이 고장'이자 우리나라 3대 재벌이 탄생한 부자솥바위가 있는 곳이다. 「신록예찬」작가 이양하는 수필 「나무」에서 "나무는 덕을 가졌다. 나무는 주어진 분수에 만족할 줄 안다."라고 했다.

농장 터는 우거진 숲과 그 숲 위로 간간이 열리는 높푸른 하늘이 삶의 깨우침과 지혜를 전하는 곳이다. 지수톨게이트에 들어서서 우리는 한우 가마솥의 진한 곰탕으로 점심을 나누었다. 의령 화정면 덕교리까지는 10여 분 남짓 더 들어가야 했다. 의령으로 이어지는 왕복 2차선의 정겨운 길가에는 벚나무가 즐비하고 기강나루로 가는 길은 눈길 가는 곳마다 온통 붉은 꽃양귀비와 노란 금계국이 군락을 이루었다. 의령 기강나루는 임진왜란 당시 남해안으로 진주한 왜적들의 서부 경남과 호남 진출을 막기 위해 '천강 홍의 대장군'이 홀로 말을 타고 적진에 뛰어들어 싸웠던 격전지다. 함양 남덕유산에서 발원한 남강은 화살같이 빠른 흐름의 작은 시천矢川들이 모여 500리 물길 따라 흐른다.

남강은 시작과 끝이 온전히 경남 유역의 들녘과 주민의 목을 적시는 생명의 젖줄이다. 대자 베드로가 운전하는 차가 마을로 들어서면서 제초 작업 중인 50대 초반의 최천일 스테파노 씨를 만났다. 그는 췌장암 4기의 몸으로 투병을 위해 서울에서 내려와 정착한 교우였다. 그는 이곳에서 완치 판정을 받은 뒤에도 이곳에 눌러앉았다. 그는 6년 반 동안 아침저녁 하루 두 차례 덕교리 앞 해발 150m 야산을 오르내린 끝에 건강을 회복하였다. 우리 일행도 의령 화정면 덕교리 마을의 그 앞산을 올랐다. 칡넝쿨과 잡초 우거진 비탈진 산에는 무성한 넝쿨과 죽은 나무 둥치가 널부러져 우리의 앞을 가로막았다. 대자가 앞장서서 곡괭이로 발 디딜 만한 곳을 만들고 뒤에서는 아내가 등을 밀어주는 덕에 산중턱까지 올랐다.

지난 여름 그토록 비바람과 폭염이 맹위를 떨친 들녘에는 이제 높푸른 가을하늘이 펼쳐지고 계곡 따라 산들바람이 가을을 알렸다. 흑염소가 어울리고 닭들이 홰를 칠 아담한 새 축사가 들어서고 강화 참나리 선생님의 화초 씨를 뿌릴 곳을 마련해 두었다. 먼 산에서는 뻐꾸기와 딱따구리를 비롯한 이름 모를 산새들과 풀벌레의 노래가 그 꿈에 화답하듯 한적한 산마을에 나직이 깔렸다. 베드로의 염소 농장은 지난 5월 신록의 계절로부터 7, 8월의 무더위와 9월의 폭우를 이겨내고 풍성한 계절 10월을 앞두고 보호견 시베리아 허스키 종의 '꼬모'와 어미 염소 세 마리를 들이고 단계적으로 축사를 넓히고 숙소와 카페 목인정木人亭의 착공 준비에 여념이 없다.

베드로는 긴 여름 내내 가능한 한 자연을 훼손하지 않으려고 계곡에 관로를 묻어 물길을 지키고 길을 내고 비만 오면 무너지는 돌을 쌓아 길을 내는 작업을 혼자서 묵묵히 해냈다. 우리 부부는 의령을 다녀온 뒤로는 왕거미 짙어지는 초저녁이면 매일같이 베드로와 통화로 안부를 묻고 공사 진척을 듣는다. 마침내 10월 6일에 장 마르첼리노 신부님의 주례로 농장 축복식과 함께 문 안젤라의 60회 회갑연을 겸한 조촐한 모임을 가진다는 소식이다. 아내 엘사는 소풍 가는 날을 손꼽아 기다린 아이처럼 이 소식을 '인간 승리'라고 탄성을 지르고 손뼉 치며 기뻐했다. 축복식에는 멀리 서울에서 병중의 미카엘 차사랑 부부와 최경호 토마스 부부를 비롯한 전국에서 여러 부부와 형제자매들이 찾아왔다.

하느님 보시기에 아름답고 지혜로우며 거룩하게 살아가려는 베드로의 새 삶터에서 지신을 함께 밟으며 스스로를 치유하는 시간을 가졌다. 그동안 18호 태풍 끄라톤의 향방에 신경을 곤두세우는 동안 2024년 67회 부산시 문화상 수상자 결정 소식을 들었다. 막바지 겨울 추위 속에서도 흑염소가 첫 출산의 기쁜 소식이 새봄을 기다리는 우리에게 "시작은 미약하나 끝은 창대하리라."는 하느님의 복음을 전하며 『맹자孟子』 께서 '이루편離婁篇'에서 일러 주신 "하늘에 순종하는 자 살고, 하늘을 거역하는 자 망한다.(順天者存 逆天者亡)"는 말씀으로 우리를 다시 한번 깨우쳐주셨다.

제 6 부

나의 수필론

수필, 미래의 문학을 이끌다

우리 에세이 합시다

아포리아와 아포리즘

지금은 아포리즘 수필 시대

탈고와 퇴고의 미학

왕오천축국전과 열하일기, 중국일기

수필을 사랑한 우하 박문하

청록파 시인들의 우정

글쓰기는 깨우침

생각이 다르면 적敵인가

대통령 윤석열을 파면한다

만성 콩팥병과 더불어 산다

여든의 수구초심, 명지를 노래하다

나의 수필론 (1)

수필, 미래의 문학을 이끌다

지금은 수필 시대다. 나는 장영희 시인의 권유로 2001년 계간 『문예운동』을 통해 등단했다. 그에 앞서 1991년 '석필'과 2003년 '길' 동인 창단에 참여하고 '수필부산문학회'와 '윤좌' 동인을 거쳐 부산문인협회와 부산수필문인협회 회원으로 오늘에 이르렀다. 내가 본격적으로 수필을 쓰기 시작한 것은 대학 재학시절 학생 시위 때 쫓기며 선언문과 구호, 격문을 쓰던 시절 대학신문에 투고를 하였고 1971년 전국 대학 문화예술축전에서 금상을 수상한 교지 『효원』의 편집을 맡는 동안 편집 경험을 쌓았다. 그뒤 방송국 기자와 프로듀서를 거치는 동안 기획과 취재를 통해 방송 기사와 프로그램 원고를 써왔으며 해외취재를 통해 견문을 넓혔다. 나는 평생 기자 생활과 등단 이후 칼럼, 시평, 서평과 일기, 아포리즘 형식의 글을 써왔다.

학창 시절 사고력과 상상을 키워준 다양한 주제의 미적 감동, 풍부한 감성을 전해준 이양하, 김진섭, 피천득, 김소운, 이상, 백석, 김용준, 최순우 등의 작품을 두루 읽었고 생활철학과 생각하는 수필을 가까이했다. 북한의 화가, 경북 선산에서 태어나 1924년 조선미술전람회에서 입선하면서 화가의 길을 걸은 김용준은 서울대 미대학장으로 있을 때 6 · 25를 계기로 가족과 함께 월북했다. 그의 호를 딴 「근원수필」에서 "수필은 다방면의 책을 읽고 인생으로서 쓴맛 단맛을 다 맛본 뒤에 저도 모르게 우러나오는 글이고서야 수필다운 수필이 된다."고 하였다. 수필은 소설의 서사성敍事性과 사유, 시의 함축성을 빌려 인생의 향기를 품고 삶을 성찰하며 스스로 우주를 찾아가는 길이다.

요즘 들어서는 처음부터 리포트를 쓰듯 주제가 선명하고 짧은 아포리즘 수필과 소논문 형태의 에세이를 즐겨 쓴다. 나의 글쓰기는 번데기가 부화孵化하듯 누에고치로부터 고운 명주실을 뽑아내는 과정과 흡사하다. '잠과 부활을 거쳐 숙잠에 이른 성충은 이윽고 자신을 깨고 나온 실을 남기고 알을 낳은 뒤 생을 마감'한다. 인삼을 쪄서 홍삼을 만들듯 누에를 쪄서 홍잠을 만든다. 숙잠은 '익을 숙熟'자를 쓰는데 열에 가열하여 쪄서 익혔다는 것이 아니고 다 자라서 절로 '성숙'했다는 뜻이다. 숙잠이란 누에가 뽕잎을 충분히 먹고 고치가 번데기에 이른다. 나는 그렇게 짠 비단처럼 수필을 쓰려고 애썼다. 수필은 특별한 플롯이나 클라이맥스를 필요로 하지 않는다.

박병규는 '수필'을 두고 "인생과 자연 등 생활에서 직접 경험하고 생각한 것들을 형식에 구애받지 않고 자유롭고 솔직하게 쓴 산문"이라 하였다. '수필'이라는 말이 동양에서 처음 쓰인 것은 중국 남송 때의 학자 '홍매洪邁'의 『용재수필』로부터 시작한다. 한 편의 수필은 한 편의 시와 소설이 품은 통합적인 문학 장르이기도 하다. 우리나라에서 수필을 에세이라고 처음 사용했으며 이광수의 「금강산유기」에 이어 이민구의 「독사수필」, 조성건의 「한거수필」, 박지원의 「일신수필」 등 여러 가지 글을 묶었다. 수필은 어느 장르보다 생활과 직결된 문학 장르다. 지금 수필 문학은 르네상스를 맞아 문학을 이끌고 있다.

1919년 『창조』와 1921년 『폐허』에서 수필이라는 말 대신 기행, 감상, 수상 등의 명칭으로 표현되며 전문적이 아니고 일반인들이 취미로 쓰는 주변 문학 또는 비전문 문학으로 간주되었다. 이어 1940년대와 1950년대에 해외문학파인 피천득, 이양하, 민태원, 김진섭 등에 의해 주옥같은 수필 작품들이 쏟아져 나왔다. 그 형식이나 내용이 수필로 분류할 수 있는 것은 이미 삼국 시대 신라의 한문학에 나타났다. 기記, 록錄, 문聞, 화話, 담談, 집集, 지誌, 서書, 잡기雜記, 잡록雜錄,잡설雜說, 만필漫筆, 만록漫錄, 한화閑話, 필담筆談, 기문記聞, 산록散錄, 연담軟談, 견문록見聞錄 같은 제목이 붙은 글이 수필의 범주에 든다고 하겠다.

수필의 사전적 의미는 "자신이 느낀 감동이나 울림을 형식에 얽매이지 않고 자유롭게 기술한 산문 형식의 글"이라 풀이하였고 백과사전에서는 수필隨筆을 "형식에 구애됨이 없이 생각나는 대로 붓 가는 대로 쓴 견문과 여행기를 비롯하여 일기, 체험, 또는 의견이나 감상을 적은 산문 형식의 글"이라 하였다. 최근 AI를 기반으로 하는 챗GPT에서는 "수필은 주로 일상적인 경험이나 개인적인 감정을 바탕으로 쓴 글이다. 수필은 문학 장르 중에서도 가장 친근하고 접근하기 쉬운 형태로, 작가가 겪은 일상적인 사건이나 자연, 사람들에 대한 생각을 자신의 목소리로 쓴 글이다."라고 하였다. 나는 바쁘게 살아온 삶과 투병의 삶을 이어오는 동안 글을 썼다.

1933년 김기림은 〈수필을 위하여〉에서 "일부 소설가들이 수필을 천박한 저널리즘의 부산물로 매도하지만 개성적인 스타일이 가장 명료하게 나타나는 수필이야말로 소설 뒤에 올 시대의 총아가 될 문학적 형식"으로 내다보았다.

수필은 어떤 글인가?

수필은 마음의 울림을 전하는 글이다. 수필은 너가 생각하고 느끼며 경험한 많은 일을 되새김질한 삶의 편린片鱗이다. 형식에 얽매이지 않는 자유로움 때문에 수필을 흔히 '붓 가는 대로 쓴 글'

이라고도 말한다. 수필가 피천득은 일찍이 '수필론'을 이렇게 밝혔다. "수필은 청자연적靑瓷硯滴이다. 수필은 난蘭이요, 학鶴이요, 청초하고 몸맵시 날렵한 여인이다. 수필은 청춘의 글은 아니요 수필은 흥미는 주지마는 읽는 사람을 흥분시키지는 아니한다. 수필은 마음의 산책이다. 그 속에는 인생의 향취와 여운이 녹아 있다."고 하였다. 수필의 재료는 꿈과 현실, 자연과 우주, 삶을 통한 생각과 경험, 새로운 발견으로부터 무엇이든 다양하다.

그 제재가 무엇이든 독특한 개성과 그때의 분위기에 따라 '누에의 입에서 나오는 액이 고치를 만들 듯' 수필은 창작된다. 수필의 행로는 마음 따라 발이 가는 대로 가는 길이다. 수필의 가장 큰 특징은 일정한 형식이 없고 소재가 다양하여 글쓴이의 다양한 인생관과 가치관을 폭넓게 담아낸다. 그리고 이를 통해 글쓴이의 개성과 정체성을 지닌다. 또 수필은 누구나 쓸 수 있는 비전문적인 글이기는 하나 글쓴이가 겪은 일을 솔직하게 써서 읽는이로 하여금 공감을 일으키고 감동을 주는 고백적인 글이다. 수필은 주로 개인적인 경험이나 감정을 바탕으로 자유로운 형식으로 쓰여진 글을 말한다. 주로 자기 생각이나 관찰, 감상을 표현하는 데 중점을 둔다.

수필은 짧은 이야기나 글이지만, 그 안에 작가의 철학이나 삶에 대한 통찰이 담겨 있어서 독자에게 큰 공감을 불러 일으킨다. 글쓴이의 생활 경험이 등장하여 신변잡기라는 특징을 갖기도 하고 유머와 위트가 흥미와 재미를 준다. 하지만 이런 수필론도 있다. 유재천은 "수필은 인간을 새롭게 변화시킨다."는 전제 아래 "감동적 수필은 단순한 자신의 서정이나 서사를 담은 그릇이 아니라 시대를 횡단하며 자신과의 일정한 거리를 유지한 채 인간을 예술적으로 형상화하는 힘의 원천이 주체가 된다."고 했다. 수필은 때로 어떤 일이나 사건에 대한 진지한 태도가 느껴지는 비평적인 글이다.

무형식이란 일정한 형식이 정해져 있지 않다는 뜻이고 다르게 말하면 형식이 정해져 있지 않아 자유롭다는 뜻이다. 소설 같은 경우는 '발단–전개–위기–절정–결말'의 구성 단계가 있고, 시점이나 갈등의 유형, 성격 제시 방법 등 일정한 형식이 있어. 시나 희곡이 이에 따른다. 수필은 저널리즘의 발달과 서양 에세이의 영향을 받아 수필이 급속히 확산하고 아포리즘 형식의 글이 눈에 띈다. 수필이 자칫 대화체를 도입하고, 설명을 잔뜩 늘어놓으며 풍경 묘사에 그치는 경우도 있다. 어떤 인물에 관한 이야기도 상관없고 주장이나 감상을 직접 드러내기도 한다. 글의 형식이 편지체로 써도 좋고 일기처럼 써도 상관없을 것이다.

수필의 명칭

동양에서 맨 처음 수필이란 용어를 사용한 중국 남송南宋의 홍매(洪邁, 1123–1202)가 쓴 『용재수필容齋隨筆』은 중국 각 지역을 돌아다니며 자신이 체험한 것과 생활을 통해 발견하고 느낀 정치, 경제, 사회, 역사, 문학, 철학, 일상사와 풍속, 자연 등 여러 분야를 고증과 평론으로 짧게 쓴 단문을 집대성한 책이다. 『용재수필』은 내용면에서 주제나 소재에 제한이 없고 자유스럽게 쓴 글이다. 또한 형식면에서 글자의 수나 형태, 구성 등에 아무런 제약이 없다. 보고 듣고 느낀 것을 자유롭게 표현한 글이다.

서양 수필은 에세이로 출발했다. 프랑스 몽테뉴(Montaigne, 1533~1592)는 자신의 인생과 자연을 관조하며, 삶의 체험에서 얻은 사색의 조각을 솔직하게 고백한 Las Essais(레제세)를 1580년에 발표하였다. 『라루스대백과사전』에 의하면 "그 주제, 형태, 구조가 좀 더 분명히 규정된 장르로 분류될 수 없는 작품들을 흔히 '에세이'라고 부른다."고 하였다. 에세(Essai)는 라틴어 "계량하다 · 조사하다 · 음미하다"라는 뜻을 가진 엑시게레(Exigere)에서 기원한 프랑스어 '시도하다'에서 출발하고 있다. 에세이는 이 보다 앞선 플라톤의 『대화편』과 아우렐리우스의 『명상록』으로부터 발원하였고 16세기 몽테뉴 산문이 독창적인 장르로 싹을 틔웠다.

몽테뉴의 Las Essais는 수필이라는 말로,'에세이'라는 말을 처음 쓴 수필집으로 개인의 사소한 일상을 쓴 글로 수필의 원조 격이다. 영국의 철학자 프랜시스 베이컨(Francis Bacon, 1561–1626)이 1597년 펴낸 『The Essays』에서 "수필은 개인의 사사로운 일로부터 국가의 문제까지 광범위하게 다루는 글"이라고 정의하였다.

베이컨의 『The Essays』는 현대수필의 작법으로 논리적인 구성과 체계적인 전개의 이론적 기초를 제시하였다.

우리나라 수필의 기원

우리나라에서 수필이란 명칭을 처음 사용한 것은 조선 영·정조 때의 실학자 연암燕巖 박지원(朴趾源, 1737–1805)이 쓴 『열하일기熱河日記』에서 찾아볼 수 있다. 이 책은 1780년 6월 24일부터 8월 20일까지 두 달 동안 청나라 여행을 통해 보고 들은 느낌을 기록한 내용으로 전 26권의 방대한 분량으로 기행문, 일기, 사상적 단상, 일신수필, 소설 등 다양한 형식의 글이 실렸다. 박지원은 청나라 황제의 칠순을 축하하기 위해 파견되는 사절단에 끼어 열하와 북중국, 남만주 일대를 돌아보며 체험한 일을 기록하였다. "우리나라 성상 4년(청나라 건륭 45년, 정조 4년, 1780년) 6월 24일 신미일, 아침에 비가 내렸다. 온종일 비는 오락가락 … 반 밤도 못되어 폭우가 쏟아져 위로는 장막이 새고, 아래로는 풀섶이 축축하여 어디고 피할 곳이 없었다. … 이슥고 하늘이 활짝 개 뭇별들이 총총 나지막하게 드리워져 손을 내밀면 만져질 것 같았다."

도강록 편의 압록강 건너서는 말몰이꾼과 하인들의 농 섞인 대화가 이어지고 경호요원인 군졸들에 대한 이야기도 소개하였다. 각 방에서 무슨 호령이 내리면 만만한 것이 군졸들이었다. 그들은 듣고도 일부러 못 들은 척하고 있다가 연달아 십여 차례나 부르면 그제야 입속으로 무어라고 중얼거리며 부르는 소리를 처음 들은 듯이 목청을 길게 빼서 대답한다. 한번 말에서 뛰어내리면 허둥지둥 돼지 식식거리는 소리, 소 헐떡이는 시늉을 하면서 나팔이나 군령판, 필연 등속을 어깨에 둘러메고 방망이 한 자루를 질질 끌면서 대령한다. … 벼슬이 없었던 박지원은 사절단장 정사 박명원 형님의 개인 수행원 자격으로 합류하였다. 조선과 청나라의 정치, 사회, 문화, 문물의 격차와 이념을 냉정한 지식인의 시각과 관점으로 살피며 서민들과의 어울림을 자유로운 문체로 기술했다.

박지원의 『열하일기』는 청나라의 신문물에 대한 정보와 열린 학자로서 사유하고 여행지의 사람들과 문물에 관한 내용을 소개할 때 처음으로 수필이라고 표현하였다. 그 내용은 1780년 7월 15일부터 7월 23일까지 9일간에 중국의 신광녕을 떠나 산해관에 이르기까지 연도에서 본 이국의 풍물과 체험의 견문과 수상을 기록한 일기형식의 기행문이다. 이같이 한국수필은 중국 남송시대 홍매의 『용제수필』 서문에서 말한 것처럼 "생각하는 내용이 있으면 붓가는 대로 쓰는 글이 수필"이라는 경향이 지배적이었으며 내용도 신변잡기와 기행 내용이 대부분이었다. 그 경향에 따라 조선시대 박지원의 『열하일기』 중에 나오는 「일신수필」에서 시작되어 수필은 무형식의 글로 여유 있게 읽을 수 있는 글로 받아들여졌다.

1938년 우리나라 최초의 수필월간지 『박문博文』이 최영주에 의해 창간되었고 1961년 최광열과 1966년 정규남이 그리고 1940년대 해외문학파인 피천득, 이양하, 민태원, 김진섭 등에 의해 현대 수필 작품들이 쏟아져 나왔다. 1955년 창간된 종합문예지 『현대문학』과 1968년 창간된 『월간문학』 등의 신춘문예, 종합문예지들이 『수필』을 창간하였다. 그 이후 1970년 현대수필동인회에 의해 『현대수필』이 창간되면서 수필문학을 1970년대 들어 마침내 문단 등단에 포함시키면서 수필이 문학 장르로서 그 위상을 굳히게 되었다. 2000년대 현재는 시 부문 다음으로 많은 인구를 가진 장르가 수필 문학으로 그 위상을 높였다. 수필의 양적 팽창에 비해 질적 향상이 따르지 못한다는 평가가 아쉽다.

수필은 '붓 가는 대로 쓰는 글'이라는 통념을 넘어 현대수필 작법에 따라 새로운 수필 시대를 열어가고 있다. 우리가 '학문'과 '사랑'에 대해서는 지금 다시 읽어도 그 유려한 문체와 정확하고 통찰력 있는 판단에 경의를 표하게 된다. 그 이외에 '연애' '무신론' '미신' '재빠른 일 처리' '우정' '인간의 성질' '사법' '노여움' 등 가슴에 와닿는 감동적인 수필이다. 1919년 『창조』와 1921년 『폐허』에서는 수필이라는 말 대신에 기행, 감상, 수상이라는 명칭의 수필로 전문적이 아니고 취미로 쓰는 생활 주변의 비전문 문학으로 취급되었다. 글쓰기는 삶의 지평을 펼친 하나의 창窓을 열어 주었다. 수필은 모든 문학 장르의 첫걸음이기도 하다.

최근 신문광고에서 '나만의 표현을 갈고 닦고 집필까지'라는 설명과 함께 에세이 쓰기 강습을 안내한다. 에세이는 글쓴이의 유머와 위트는 물론 재치가 싱그럽게 살아 있어야 한다. 백석은 뛰어난 시인으로 알려졌지만, 그는 시뿐만 아니라 수필과 소설을 쓴 작가로 유명하다. 백석은 시를 쓰기 전에 수필을 발표하고 소설을 연재하였고 본격적으로 시인의 길로 접어든 이후에도 틈틈이 여러 편의 수필을 발표하였다. 수필은 시나 소설에 비해 자신의 생각을 보다 자유롭게 표현할 수 있는 장르다. 수필은 다른 문학 장르에 비해 비교적 형식적 제약이 적다. 백석은 수필의 열린 형식을 이용하여 자신의 느낌과 생각을 자유롭게 펼쳤고, 그 생각들을 가다듬은 후 다시 시로 발표하였다.

수필의 미래

수필의 미래는 여러 측면에서 흥미롭고 다양한 변화를 꿈꾼다. 현재와 미래의 수필을 이야기할 때, 몇 가지 주요한 흐름을 생각해 볼 수 있다. 첫째, 디지털화와 소셜미디어화이다. 디지털 매체의 발달로, 수필은 더이상 책이나 전통적인 잡지에만 실리는 것이 아니라는 곳이다. 블로그, SNS, 개인 웹사이트 등에서 개인적인 생각이나 경험을 나누는 수단으로 수필의 형태가 확장되고 있다.

둘째, 개인화와 다양화를 추구한다. 수필은 본래 개인적인 경험과 감정을 표현하는 장르다. 향후 수필은 더욱 개인화되고 다양화될 것입니다. 사람들의 가치관, 배경, 경험이 다양해짐에 따라, 수필에서 다루는 주제나 시각도 다양해질 것이다.

셋째, 인공지능(AI)과의 융합으로 창작 활동에 있어서도 큰 변화가 일어날 것이다. 앞으로 수필은 인공지능을 기반으로 하는 대화형 서비스 챗GTP, 이미지 생성 서비스 미드저니(Midjourney), 딥엘(DeepL), 문법, 철자, 스타일 등을 체크해 주는 글쓰기 도우미 그래머리(Grammarly) 등 겁나게 똑똑해지는 AI 도구들과 렵력하거나, 수필의 주제나 아이디어를 제공하는 도구로 활용될 것이다.

넷째, 수필은 문학적 가치를 지향한다. 수필의 미래는 수필이 더 깊이 있는 문학적 가치로 되돌아갈 것이다. 인간 경험의 진지한 탐구와 사회적 문제에 대한 성찰이 중요한 가치로 자리 잡아 복잡한 현실과 감정을 진지하게 다루는 문학 장르로 남을 것이다. 결국 수필의 미래는 기술 발전과 시대 변화에 따라 다양한 형태로 발전해 나갈 것이다. 전통적인 수필의 아름다움을 유지하면서도, 새로운 방식으로 독자와 소통할 수 있는 가능성이 우리 앞에 열리고 있다.

수필이 모든 문학 장르의 미래를 이끈다

"수필이 모든 문학 장르의 미래를 이끈다"는 주제는 매우 흥미롭다. 수필은 그 특유의 자유롭고 개방적인 형식 덕분에, 사회와 개인의 경험을 다양하게 담아낼 수 있는 장르로서 강력한 가능성을 지닌다고 볼 수 있다. 앞으로의 문학 장르에서 수필이 중요한 역할을 할 수 있는 이유를 몇 가지로 정리해본다.

첫째, 개인화와 감정의 표현에 개인적 가치를 둘 것이다.

둘째, 유연한 형식과 다양한 매체를 통해 수필은 전통적인 문학 형식에 얽매이지 않고, 글과 이미지, 심지어 동영상과 같은 다양한 매체를 통합할 것이다.

셋째, 수필은 사회적, 문화적 변화의 반영을 통해 사회적, 정치적, 문화적 현상을 개인적인 관점에서 풀어낼 수 있는 장르로 나아갈 것이다.

넷째, 소통의 방식으로서의 수필은 소통위해 독자와의 연결될 것이다.

특히 문학이 인간과의 연결을 중요한 주제로 삼을 것이다. 수필 작품은 시적 영감과 소설의 스토리텔링 기법을 가지고 모든 문학 장르를 이끌 것이 분명하다. 우리는 수필 작품을 읽음으로써 백석의 시에 담긴 함축적 의미를 파악하는 데 도움을 받고, 역으로 그의 수필을 먼저 읽은 후에 수필 속 내용들이 어떻게 시로 표현되었는지를 이해할 수 있을 것이다.

이상과 백석이 남긴 수필 작품들은 그의 삶과 생각뿐 아니라 수필에 바탕을 둔 시를 더 잘 이해할 수 있게 된다. 이상은 그의 시대를 살 때는 쉽지 않은 나날이었다. 실제로 그는 경제적으로 불우하여 「오감도」를 발표했을 때는 난해하다는 비판을 받아야 했다. 그는 심지어 독자의 항의에 연재 중인 글을 중단하기도 했다. 이상이 살던 시대로부터 한 세기가 되어가는 지금, 우리가 사는 시대를 생각해 보자. 이상의 시와 소설은 그가 활동했던 당대에서 현재에 이르도록 끊임없는 관심의 대상이 되었다. 그의 시와 소설은 우리나라 현대문학사에서 가장 많은 비평적 논쟁을 불러일으킨 텍스트였다. 지금까지 이상의 시와 소설에 대한 연구는 정본 텍스트 확정을 위한 노력의 과정이다.

전기적 사실을 근거로 프로이트의 이론을 활용해 시인의 무의식을 정신 분석적으로 고찰하는 관점, 그 연장선에서 라캉과 들뢰즈, 가타리 등의 이론을 활용해 텍스트의 무의식을 정신 분석적으로 고찰하는 관점, 문예 사조적으로 고찰하는 관점, 시적 구조나 기법의 차원에서 기호론적 · 수사학적 · 문체적 고찰 등을 시도하는 관점, 수학 · 기하학 · 건축학 등의 매체적 특성을 고찰하는 관점 등에 이르기까지 다양한 측면에서 진행되었다. 고형진의 논문 「백석의 시와 수필의 연관성에 대하여」에 따르면 그의 수필 「마포」는 마포 포구와 그 주변을 묘사하였다. 이 글에서 마포의 풍경에 투영된 백석의 깊은 사유를 엿볼 수 있다.

그는 모터보트와 매생이를 단순히 묘사하는 데에 그치지 않고 그 둘을 시각적으로 대비함으로써 근대의 거만함과 전통의 초라함을 표현하는 등 단순한 묘사 이상의 의미를 드러냈다. 이렇게 「마포」라는 작품은 마포의 풍경에 대한 묘사와 서술의 조합으로 짜인 형식을 갖추었다. 그의 초기 이야기 시인 「여우난골족」이나

「고야古夜」에서 엿볼 수 있다. 「여우난골족」에서는 가족들이 모인 명절의 분위기를 사실적으로 묘사하는 등 「마포」와 유사한 면이 드러난다. 이상과 백석이 쓴 수필과 시는 여러 면에서 연관성을 띤다. 백석이 함흥으로 이주한 후 1936년 첫 수필 「가재미 · 나귀」를 발표하였다.

그 이듬해 10월에 발표한 「선우사」, 그리고 「나와 나타샤와 흰 당나귀」가 그 좋은 예다. 「가재미 · 나귀」라는 수필에서는 '가재미'와 '나귀'가 등장하는데, 이 소재들은 각각 「선우사」, 「나와 나타샤와 흰 당나귀」에서도 주요 소재로 등장한다. 그러기에 백석은 담백한 가자미를 흰 밥처럼 질리지 않고 오래 먹을 수 있다고 표현하였다. 백석은 가자미를 통해서 소박하고 정다운 존재들의 소중한 가치에 대해 말하려고 하였다. 백석은 가자미를 '나는 가재미와 가장 친하다', '한없이 착하고 정다운 가재미'라고 표현하여 '가자미 식해'의 맛을 풍긴다. 가자미라는 음식에 인격을 부여함으로써 가자미에 대한 그의 애정을 한껏 드러낸다.

수필은 시 부문 다음으로 많은 인구를 가진 장르가 되었다. 수필의 양적 팽창에 비해 질적 향상이 따르지 못한다는 평가가 여기저기서 나오고 있다. 수필은 '붓 가는 대로 쓰는 글'이라는 통념을 벗어나 현대수필 작법에 따라 논리적인 구상과 체계적인 전개로 새로운 수필 시대를 열어가야 할 때다. 1980년대 이후 급작스레 불어난 수필인구는 시인 다음으로 그 숫자가 늘어나 수필문예지가 20여 종에 달하고 전국에 산재해 있는 수필동인지는 130여 종에 달한다는 통계다. 바야흐로 아나톨 프랑스가 예언한 '수필의 시대'를 맞은 듯하다. 지금 이 시대는 수필가가 넘쳐나도 진정한 수필가를 찾아보기 어렵다고 빈정댄다.

그런 중에도 하나의 새로운 변화는 아포리즘과 에세이에 관한 관심이 높아지고 있다. 그것도 하나의 유행일까? 나는 에세이는 단순한 수필의 영어표기가 아니라고 생각한다. 에세이는 소논문으로 자신과 공동체를 생각하고 성찰하는 고백의 글이다.

최근 수필을 쓰려는 사람이 폭발적으로 늘어나고 수필집 발간 또한 늘어났다. 수필은 시적 암시와 상징. 은유와 알레고리의 다양한 기법을 이용할 수 있고, 소설적 플롯을 차용할 수 있으며 희곡처럼 인물을 등장시켜 대화를 적극 활용하는 장면이 시나리오와 같은 영상 기법으로 넓혀졌다.

곧 수필이야말로 가장 자유롭게 글에 맞는 형식을 사용할 수 있는 열린 형식의 문학 장르다. 수필을 수필답게 하는 특성은 유머와 위트로 수필을 생기있게 만들어야 한다. 인생에 대한 관조와 성찰이 담긴 수필을 읽다 보면 즐거움과 재미에 빠져든다. 류시화 수필집 「하늘 호수로 떠난 여행」 중에 그런 유머와 위트를 엿볼 수 있다. 수필에 철학적 사고를 도입하여 미셀러니와 대비되는 에세이의 면모를 이야기하고, 수필에 문학적 사상성의 학보나 탑재를 기대하게 하는 장점을 발현시킬 수 있다. 수필에 충만한 지식, 정확한 표현, 확고한 판단 등이 있어야 한다.

고독한 선각자가 남긴 미완의 과제가 지금 우리에게 살아 있음을 환기시킨다. 시를 쓰는 안내서에서는 '수필'을 인생과 자연을 비롯한 느낌에 형식이나 운율에 구애받지 않고 자유롭게 쓴 산문이라고 말하였다. 고려의 여러 문헌에 남은 수필을 비롯하여, 조선시대에는 이민구李敏求의 『동주집東洲集』에 실려 있는 「독사수필讀史隨筆」이나 조성건趙成乾의 「한거수필閒居隨筆」, 박지원朴趾源의 「일신수필馹汛隨筆」 등이 우리나라 수필의 새로운 발흥을 가져온 작품들이다. 『용재수필』은 내용 면에서 주제나 소재에 어떠한 제한이 없는 자유로운 글이다. 또한 형식 면에서도 글자의 수나 형태, 구성 등에 아무런 제약도 없이 보고 느낀 대상들을 자유로운 방식으로 표현하였다.

수필로 분류할 수 있는 글은 신라 때부터 나타났다. 홍매는 『용재수필(容齋隨筆)』서문에서 '수필'이라고 한 이유를 "나는 습성이 게을러서 읽지 못하였으나 뜻하는 바를 따라 앞뒤를 가리지 않고 썼기 때문에 수필이다."라고 하였다. 아리스토텔레스는 『수사학』에서 "남을 설득하는 기술"이라 하였다. 원래 수사학은 웅변술이 수필隨筆이다. 인생이나 자연에 대해 느낀 바를 토론으로 서로 나누고, 대중 연설과 논리학, 철학, 현실 정치에서 공감과 동의 화술을 훈련하기 위한 것이었다. 고대 학문을 체계적으로 정립한 아리스토텔레스는 창작에 관해 변치 않는 이론을 제시하였다. 그의 『수사학』에서 레토릭(rhetoric)은 "사람을 설득하고 공감을 끌어내는 기술"이라고 정의하였다.

레토릭은 "설득의 수단으로 문장과 언어의 사용법, 특히 대중 연설의 기술을 연구하는 학문"으로 "수사학修辭學"이라 일컬었다. "수사학修辭學"을 뜻하는 영어 단어 'rhetoric'의 어원은 "수사학修辭學"이라는 용어의 의미와 가까이 접근할 수 있다. rhetoric은 "대중 연설의 기술"을 뜻하는 고대 그리스어 ῥητορικὴ τέχνη(rhētorikḕ tékhnē)가 라틴어 'rhetorica'와 프랑스어 'rhetorique'를 거쳐 영어로 들어왔다. 반디그는 『수사학(Techne rhetorike)』에서 연설을 셋으로 나누었다. 하나는 대중을 상대로 하는 정치 연설이고 다른 하나는 축제나 추도식에서 누군가를 찬양하거나 집회에서 누군가를 탄핵하는 과시된 연설이며 마지막으로 누군가를 고발하거나 변론하는 법정 연설이다.

말하는 사람이 어떤 성격(ethos)의 소유자이고 청자의 환심을 사기 위해 감정(pathos)에 호소하며 자신의 주장이 옳다는 논리적인 로고스(logos)로 설득한다. 말과 글은 수사를 통해 미사여구로 치장하려고 하지만 그보다 중요한 것은 내용이다. '수필'의 용어 'essai'나 'essay'는 처음 책의 표제로 쓰인 말이다. 에세이 혹은 수상록은 산문 문학 가운데 수필隨筆의 하나로, 그때그때 떠오르는 느낌이나 생각을 적은 글이다. 이는 "더 높은 문학적 성취를 이루기 위해서 낡은 내용과 형식으로부터 탈피하여 인간과 세상에 대한 보다 나은 형상화를 이루는 작품이 태어나야 할 것이다, 이제 우리 수필은 언제나 삶에 대한 본질을 묻고 인생과 세상을 제대로 보는 새로운 모색을 통해 더 나은 단계로 진화할 수 있어야 한다."고 했다.

박연준 시인은『쓰는 기분』2부에서 "글쓰기와 삶에 대해 소소한 산문을 통해 우리의 잃어버린 시 쓰는 능력을 일깨워 독자들을 시의 세계로 아주 천천히, 친절하게 안내하여야 한다"고 말했다. "한 알의 모래에서 우주를 보고 한 송이 들꽃에서 천국을 보라."고 노래한 시인 윌리엄 블레이크는 독자들에게 "그대 손안에 우주가 존재함을 일깨운다. 경수필과 달리 좀 더 객관적이고 진중하다고 하겠다. 에세이를 중수필重隨筆로 번역하기도 하지만 서구 문학과 한국 문학의 분류 방식이 일치하지 않는다. 글의 분위기가 다를 뿐이다. 문학사적으로는 미셸 드 몽테뉴의『수상록(Essais)』을 그 시초로 잡는다. 이를 아카데믹 에세이(Academic essay), 소논문小論文이라고도 한다.

'사회과학 에세이'나 '역사 에세이', '철학 에세이' 등의 표현이 들어가면 학술적 에세이의 범주에 속한다. 이러한 에세이는 논고에 가까우므로, 수필로서의 에세이와는 단어만 같지 완전히 다른 의미라고 하였다. 수필을 쓰는 것처럼 개인적으로 떠오르는 느낌이나 생각을 붓 가는 대로 써서 제출하면 되는 일이 아니다. 개인적인 감상은 배제하고 객관적인 논조를 제시하여야 한다. 자료를 인용할 경우 인용 규칙에 따른다. 에세이는 기본적으로 서론-본론-결론의 구조를 가진다. 에세이는 반드시 중심 문장인 '논제 서술문(thesis statement)'이 들어가야 하고 그 문장은 서론이고 에세이의 모든 내용은 '논제 서술문'과 통일성을 갖추어야 한다.

'수필'은 시인 김광섭이 1934년에 출판한 『수필문학 소고』에서 처음으로 수필을 "붓 가는 대로 쓴 글"이라 하였고 피천득은 "수필은 정열이나 심오한 지성을 내포한 문학이 아니요, 그저 수필가가 쓴 단순한 글."이라 하였다. 몽테뉴는 수필을 "터놓고 보여주는 범위 내에서 그대로의 나 자신"이라고 말하였고 알베레스는 "수필은 지성을 기반으로 한 정서적, 신비적 이미지를 형상화한 문학"이라고 말하였다. 이처럼 수필은 현대에 와서 그 태도에 따라 '경수필'과 '중수필'로 나누어졌다. '경수필'을 '미셀러니(miscellany)'라고도 하였다. 개인의 취향, 체험, 느낌, 인상 등을 자유롭게 표현하는 수필로 가볍고 쉬운 느낌의 문장으로 구사되어 흔히 '몽테뉴적 수필'이라고 말한다.

'경수필'은 개인적이고 주관적이며 서술자인 '나'를 겉으로 직접 드러낸다. 경수필은 개인적인 정서와 감정에 의존하여 시적 진술을 드러낸 신변잡기로 내용의 주를 이룬다. 박병규도 "수필을 현대에 와서 그 태도에 따라 '경수필'과 '중수필'로 나누었다. 개인적 정서와 감정에 의존하여 시적 진술이 드러내는 신변잡기의 경수필에 비해 '중수필'은 소논문 형식의 틀을 갖춘 '에세이(essay)'다. 중수필은 일정한 주제를 가지고 체계적인 논리 구조와 객관적인 관찰을 바탕으로 쓰여진 수필로, 무거우며 깊이 있는 느낌의 소논문의 꼴을 갖춘다. 우리가 흔히 대하는 수필은 개인적인 생각과 체험을 중심으로 신변잡기를 다룬 수필은 개인의 취향, 체험, 느낌, 인상 등을 자유롭게 표현하는 글로, 가볍고 쉬운 느낌의 문장으로 구사하는 '경수필'에 비해 '중수필'을 '에세이(essay)'로 분류한다.

우리나라에서 수필의 효시로 신라 때 설총薛聰의 한문 수필 「화왕계花王戒」로 본다. 지금껏 그 개념이 명확하지 않아 1930년대 발표한 수필 이론에 따라 모호하게 정의된 개념으로 세상에 소개되었다. 그래서 수필은 분명 문학의 가닥이면서 문학의 대접을 받지 못한 채 업신여김을 받았다. 설총의 「화왕계花王戒」는 『동문선』 권 52에서는 '풍왕서諷王書'라고 표기하였다. 원래는 『삼국사기』 열전에 설총을 다루면서 제목 없이 언급된 것으로 후대의 사람들이 '화왕계'라고 불리어졌다. 이야기의 발단은 신문왕이 무료함을 달래기 위해 설총에게 재미있는 이야기를 해줄 것을 청하는 것으로부터 시작한다. 수필은 필자의 사상과 철학, 인격과 교양을 담아내는 한 그릇의 일품요리와 같다.

수필은 쓴 작가의 스케일과 시적 표현으로 올곧은 삶과 사상을 담아내기 때문이다. 수필은 나름의 까칠한 품격과 교양, 한 개인의 삶과 정신을 번개치듯 표현하고 대장장이가 만들어내는 도구와 같다. 에세이라는 말을 처음 쓴 프랑스의 '몽테뉴'는 만년에 관직에서 물러나 노년을 한가로이 지내면서 자신의 체험과 신념을 기술한 수필집 『수상록』을 출간하였다. 그 책은 셰익스피어, 니체, 루소 등 많은 작가들에게 영감을 불러일으켰다. 뒤이어 영국 철학자 '베이컨'의 『수필집』이 발간되었다. 수필隨筆 또는 에세이(essay)라는 문학 장르는 허구의 삶을 스토리텔링하는 소설과 달리 사실에 근거한 이른바 생각과 사상에 논거를 둔 산문 문학이다.

수필을 흔히 신변잡기의 가벼운 일상을 다룬 경수필(輕隨筆, miscellany)과 특정한 이슈와 주제에 대한 견해와 주장을 논리적으로 피력한 중수필(重隨筆, essay)로 나눈다. 중수필은 일정한 주제로 체계적인 논리와 객관적인 통섭에 바탕을 두고 쓴 글로써 과학 · 철학 · 종교 등 주로 사회적 관심과 객관적 · 경구적警句的이며 '학술적이고 사회적인 수필'로 아포리즘을 포함한다. 개인적 수필은 사건의 추이를 추적하는 기사와 달리 개성을 드러낸 정서적 · 시적 표현으로 주관적 · 사색적 · 공론적이며 신변의 이야기다. 서술자인 '나'를 겉으로 드러내어 보편적 논리와 이성에 의존한 논리적이고 논증적이며 지적이고 사색적인 성격의 수필을 두고 흔히 '베이컨적 수필'이라고 일컫는다.

사회적 문제와 지성적 관점의 주제를 다루는 신문 사설, 칼럼, 평론 등이 이에 속한다. 경수필은 신변 · 사색 · 편지 · 기행을 포함하는 주관적 · 개인적 · 사색적이고 창의적이다. 수필은 개인의 취향, 체험, 느낌, 인상, 감정 등을 자유롭게 표현하는 문학 장르로 자신의 고백적 성격이 강하다. 인간에 대한 위대한 통찰의 내용을 두고 흔히 '몽테뉴적 수필'이라고 분류한다. 수필은 곧 쓰는 사람 자신이고 그 사람의 인생이다. 그래서 수필을 새로운 삶의 지평을 넓혀주는 창이라고 하였다. 일반적으로 '수필=에세이'라는 등식을 제시한다. 수필은 일정한 형식이 없는 자기 고백의 글이다. 수필의 특성을 흔히 '무형식의 형식'이라고 말할 수 있다. 수필은 일정한 틀과 형식에 얽매이지 않고 자유분방한 것이 특성이다.

일찍이 〈수필부산문학〉과 〈윤좌〉 동인으로 활동한 부산의 재야 사학가 김대상은 『수필』 제65호에 기고한 「수필풍물도」에서 "수필에는 필자의 꾸밈없는 삶이 담기고 인품의 향기가 녹아 있어야 하는 것은 두말할 것도 없다. 수필은 동시대를 살아가는 인간의 사회, 역사의식과 철학 정신을 담는다. 이런 요소들이 빠져 버리면 말장난 같은 허사만 난무하고 알맹이가 없는 글이 될 수밖에 없다."고 하였다. 윤오영은 『수필 문학 입문』에서 "수필에는 일정한 틀이 없다. 다만 수법이 있을 뿐이다."라고 하였다. 수필에서는 시적 표현 때 소설과 희곡처럼 대화문 형식을 빌려 쓰기도 한다. 고전적 수사학, 즉 웅변술에는 실용성과 철학의 양면성을 가진다.

통상 수필의 길이를 200자 원고지 15매로 정하는데 나는 8~9매로 10매 안팎으로 압축하고 소논문 에세이는 20매를 넘어 100매에 가까울 때도 있다. 소논문을 "어떠한 주제에 대해 저자가 자신의 의견이나 주장을 논리에 맞게 풀어 나가면서 일관성 있고 일정한 형식을 갖추고 체계적으로 쓴 글"이다. 문자의 의미로만 해석한다면 "논문이란 뭔가 새로운 주장으로 방향을 제시하는 것"이라고 이해할 수 있다. 작품의 길이에 연연할 필요가 없다. 수필을 두고 신변잡기 운운하며 가볍게 여기는 것은 다른 장르에서 수필을 업신여기는 경박한 표현이 무성하다. 성소한 개념을 쓰려면 그 개념이 어디에서 어떻게 쓰이는지까지도 밝혀야 하며, 자신이 확실히 알고 써야 한다.

수필은 그저 호수와 같은 심정으로 바라본 인생이나 자연을 자유로운 형식에 담은 산문이다. 인생을 통찰하고 달관하여 서정의 감미로움이 드러나기도 하고, 지성의 섬광이 번득이기도 한다. 그러기에 수필은 독자의 심경心境에 부딪치기도 하고 사색의 반려가 되기도 하여 입가에 미소를 띄우게 하고, 철리哲理의 심오한 명상에 잠기게 한다. 따라서 수필은 소설의 서사성敍事性을 침식하고 시의 서정성을 차용借用하기도 하면서, 무한한 제재를 자유로운 형식으로 표현하여 인생의 향기와 삶의 성찰을 더하게 한다. 학창 시절에 읽은 백설부는 아직도 그 감동이 남았다. 김진섭은 수필을 '생활인의 철학'이라고 표현하지 않았던가.

수필의 소재를 일상에서 구하고 사색하며 철학적으로 승화시켜야 하는 문제가 여기에 있다. 수필은 수필만의 향취와 매력을 가지는 문학 장르다. 점점 단순하고 간편한 변화의 물결을 탄 수필이 리얼한 모습으로 다가선다. 수필가의 길은 독서와 습작을 통해

피와 살이 되는 글쓰기로 탑을 쌓아가는 숙명이다. 김 언 시인은 산문집 『누구나 가슴에 문장이 있다』에서 "누구나 가슴에 문장이 있고 그걸 다 써 버리지 않기를 바란다. 당신에게 하고 싶은 말이고 나한테도 하고 싶은 말이다. 많은 말이 필요하지는 않다. 기껏해야 한 줄. 그걸 들려주려고 너무 먼 길을 둘러 가지 않았으면 좋겠다."고 충고한다. 프랑스 사회학자 자크 아탈리(Jacques Attali)는 『L'Homme Nomade(유목하는 인간)』을 통해 '21세기는 디지털 장비를 갖추고 떠도는 디지털 노마드의 시대'라고 선언하였다.

미래의 인류를 '비자발적 노마드(인프라 노마드)', '정착민', '자발적 노마드(창의적인 직업을 가진 사람들)'로 분류하였다. 철학자 들레즈(Deleuze)는 "수필 문학과 철학은 가깝다. 따라서 수필은 철학을 떠나서 존재할 수 없다."라는 지적과 "말보다 글로, 양보다 질로, 겉치레보다 자기 성찰을 통한 집단지성으로 세상을 바라보고 소통해야 할 것."이라는 말을 상기할 필요가 있다. 1921년 노벨문학상을 수상한 평론가 아나톨 프랑스(Anatle France, 1844~1924)는 새 시대의 수필을 두고 "수필이 미래의 모든 문학 장르를 흡수할 것이다."라고 내다보았다. 오늘 우리의 현실이 그 초기 단계라고 하겠다. 요즘같이 속도의 무한경쟁이 시대정신이 되고 다량의 작품이 인터넷으로 쏟아지는 가운데 긴 분량의 소설을 읽고 음미하기에는 엄청난 인내와 노력이 요구된다.

좀 더 빨리 좀 더 솔직하게 자신을 드러내기 위해서는 기존의

까지 파괴할 정도로 짧은 글을 선호하게 되었다. 평생 보지 못한 신조어가 눈에 띄면 귀를 모으게 된다. 감각을 되살려 보는 법과 듣는 법을 익혔을 때 오감의 회복으로 새로운 신세계를 인식하는 기적과 감동이 에세이의 등불이 되어 새로운 길잡이가 될 것이 분명하다. '에세이'라는 말은 그리스 철학에서 출발한 아포리아와 아포리즘이 숙성하여 프랑스 몽테뉴의 『Las Essais(레제세)』와 영국의 베이컨 『The Essays』에서 '논리적인 구성과 체계적인 전개'를 통한 현대수필 작법이 정립되어, 오늘날 현대수필(Essay)과 아포리즘 수필로 발전하였다고 하겠다.

우리 문화유산의 바닥에 흐르는 선과 색과 음율을 샅샅이 전한 박물관 지킴이 최순우의 『무량수전 배흘림기둥에 기대서서』가 미래로 가는 우리 문화의 아름다움에 사무치게 하였고 고전평론가 고미숙은 글쓰기 특강에서 "읽고 쓴다는 곳, 그 거룩함과 통쾌함"을 찬양하였다. 또 수필가 박영란은 도시문학 2024년 7월호 이달의 수필 평에서 '그냥 쓰되, 그냥 쓰지 않기'에서 "글쓰기는 삶과 사랑에 닿아 있다."고 전재하고 "신변잡기에서 벗어나는 범주"를 일상의 해방에서 찾는 의미가 삶을 조심스럽게 성찰하는 오늘날 수평적 산문 수필의 한 성향이라고 하였다. 하버드 프로젝트팀은 학생들이 글쓰기에 앞서 생각을 잘하지 못하는 것은 "깊이 생각할 기회가 없고 생각하고 싶지 않기 때문"이라고 지적한 바 있다. 수필을 쓴다는 것은 일상에서 거룩함과 통쾌함을 이어가는 삶의 방식이리라.

우리 에세이 합시다

이 말은 한겨레신문에서 아이데이션(ideation)을 활용한 광고 카피에서 볼 수 있었다. 아이데이션은 아이디어가 만들어지는 과정(The formation of idea or mental images)의 중심 개념에서 말하는 'Idea'의 창출 과정이다. 사전적 의미의 수필은 "자신의 경험이나 느낌 따위를 형식에 얽매이지 않고 자유롭게 기술한 산문 형식의 글"이라고 풀이하였고, 백과사전에서는 수필隨筆을 "형식에 구애됨이 없이 생각나는 대로 붓 가는 대로 견문이나 체험, 또는 의견이나 감상을 적은 산문 형식의 글"이라고 하였다. 또 수필을 한자의 '따를 수隨'와 '붓 필筆'자가 합쳐진 말로 '붓 가는 대로 쓰는 글'이라 하였고, 국립국어원 『표준국어대사전』에서는 에세이(essay)를 "일정한 형식에 얽매이지 않고 인생이나 자연 또는 일상의 체험을 정리한 산문 형식의 글"이라고 풀이하였다.

에세이는 형식과 규범에 얽매이지 않고 자유롭게 표현한 글이다. 수필과 에세이는 듣고, 본 것, 체험한 것, 느낀 것 따위를 형식에 얽매이지 않고 생각나는 대로 쓴 산문 형식의 짤막한 글이라 하겠다. 수필과 에세이는 삶의 울림을 담은 철학적 성찰의 글이다. 긴 흐름의 철학적 저술 가운데 중요 핵심을 제시한다. 글쓰기는 삶의 지평을 여는 창窓이다.

에세이와 아포리즘은 현대문학 장르로 등장하였다. 신문광고는 '나만의 표현을 갈고 닦고 집필까지'라는 설명과 함께 에세이 쓰기 강습을 안내한다. 구체적으로 '자기 발견을 위한 자서전 쓰기와 작가와 만나 대화하기, 스토리텔링과 기술 번역' 등 다양한 내용으로 수강생을 모집하고 있다. 수필은 모든 장르에 걸친 글쓰기의 기본이라고 하겠다. 그래서 광고에서 '수필을 쓰자'가 아니라 '에세이 하세요.'라고 권유하였는지 모른다. 우리가 살아 있는 한 읽고 써야 한다. 수필은 시보다 길지만 소설이나 희곡, 평론보다는 훨씬 짧고 자유로운 형식이다. 우리는 무심코 수필과 에세이를 혼용하고 있다. 스피드를 다투는 현대인의 취향에 따라 수필과 에세이는 200자 원고지 15장 안팎의 글 속에서 자신의 인생 체험과 자연 관찰 등 다양한 주제를 표현하는 언어 예술이다.

산문은 율격과 외형적 규범에 얽매이지 않고 자유로운 문장으로 쓴 글이다. 산문은 운문에 대립되는 글의 양식으로 일정한 운율이나 정형성을 지니지 않은 문장이다. 산문의 기본 의미와 형태 그리고 여러 가지 특질들을 정확하게 알려면, 운문과 대비시켜 보는 작업이 필요하다. 실제로 산문은 운문과는 차별성을 내보이는 가운데서도 동질성을 가진다. 마조리 불턴(Boulton, M.)이 말하는 산문과 운문의 차이점을 살펴보자. 첫째, 운문에서 그 핵심적 특질인 리듬이 반복성(repetition)의 원리에서 짜여지는데 비해 산문은 변용(variation)의 논리에 선 표현 양식이다. 여기서 변용이라 함은 구체적으로 서론 · 본론 · 결론이나 발단 · 전개 · 대단원 등과 같은 구성 방법을 가리키는 것으로, 이러한 구성 방법도 리듬의 한 형태가 될 수 있다.

둘째, 운문은 대체로 '비범한' 언표형식言表形式을 지향하는데 비해 산문은 평범하거나 일상적인 언술言述로 나타난다. 운문이 '최적의 질서 속에 놓여 있는 최적의 단어의 모임'을 가지는데 비해 산문은 '최적의 질서 속에 있는 단어'로 설명한다. 이처럼 언어의 선택 과정에서 운문의 경우가 산문의 경우보다 더욱 노력해야 하나 그렇다고 언어의 사용 과정에서 산문을 쓰는 사람이 덜 기술적이라는 것은 아니다. 정확한 언어를 선택하기 위한 노력은 사실상 운문이나 산문의 경우가 같다.

셋째, 운문이 모호성(模糊性, ambiguity)의 가능성을 살리는 중에 고도의 환기喚起를 꾀하고 매혹감을 안겨주려고 하는 양식이라면, 산문은 언어의 기능적 측면, 즉 일정한 의미의 표현과 지시의 힘에 의존하여 명료성(clarity)을 살리는 양식이다. 운문의 궁극 목표가 '환기력'과 '매혹감'에 있다면, 산문의 성패는 '명료성'의 성취도에 좌우된다.

넷째, 예로부터 운문은 '호수'나 '무용'으로 비유되었고 산문은 '숲'이나 '도보'로 비유되었다. 그만큼 운문은 최소의 단어로 최대의 의미를 드러내고자 하는 압축미를 생명으로 삼는다. 이처럼 산문은 운문과의 차별성을 통해서 저절로 그 기본 성격과 특징을 가진다. 수필과 에세이는 다른 문학의 장르처럼 일정한 형식이 없다. 굳이 수필과 에세이를 구분하자면 수필은 자유로운 형식의 감정과 신변잡기에 의해 자유롭게 표현하는 데 비해 에세이는 주제에 관한 시론試論 또는 소론小論이라는 형식과 성격을 가진다. 이 말은 곧 "자신의 체험을 앞뒤 차례를 가리지 않고 그대로 진솔하게 기록하는 글"을 의미한다. 다른 문학 장르보다도 생활과 직결된 문학 장르다.

1955년 창간된 종합문예지 『현대문학』과 1968년 창간된 『월간문학』 등의 신춘 문예와 종합문예지들이 1970년대에 수필을 문학 장르의 등단에 포함시키는 바람에 수필의 문학적 위상을 높였다. 현재 수필은 시 부문 다음으로 많은 인구를 가진 장르가 되었다. 그러나 수필계의 속을 들여다보면 양적 팽창에 비해 질적 향상이 따르지 못한다는 세평이 자자하다. 이제 수필도 현대수필 작법에 따라 논리적인 구상과 함축된 표현으로 새로운 수필 시대를 열어

가야 할 시점이다. 1980년대 이후 폭발적으로 증가하며 아나톨 프랑스가 예언한 '수필의 전성시대'를 맞은 듯하다. 최근 들어서는 수필 대신 에세이를 즐겨 쓴다. 그것도 하나의 유행일까? 나는 에세이는 단순한 수필의 영어 표기라고 생각하지 않는다. 에세이는 소논문으로 자신과 공동체의 생각과 성찰을 이끄는 고백의 글이라는 의미로 받아들인다. 에세이는 부와 권력을 좇는 세태가 자유로운 영혼으로 세상을 바라보는 자유의 바탕을 가졌다. 수필가는 시와 시조, 동화로 통해 작품활동 범위를 넓혀가고 있다. 그러나 우리는 아쉽게도 공감하는 글, 좋은 수필, 살아 있는 영혼의 철학적 작품을 찾아보기 어렵다는 시대적 요청을 인식해야할 것이다.

수필은 시나 소설에 비해 작가의 생각을 자유롭게 표현할 수 있는 해방공간이다. 수필은 장르 특성상 비교적 형식적 제약이 적은 장르다. 그러나 수필계의 속을 들여다보면 양적 팽창에 비해 질적 향상이 따르지 못한다는 세평이 자자하다.

이제 수필도 현대수필 작법에 따라 논리적인 구상과 함축된 표현으로 새로운 수필 시대를 열어가야 할 시점이다. 1980년대 이후 폭발적으로 불어나 아나톨 프랑스가 예언한 '수필의 전성시대'를 맞은 듯하다. 최근 들어서는 수필 대신 에세이를 즐겨 쓴다. 그것도 하나의 유행일까? 나는 에세이는 단순한 수필의 영어 표기라고 생각하지 않는다. 에세이는 소논문으로 자신과 공동체의 생각과 성찰을 이끄는 고백의 글이라는 의미로 받아들인다. 에세이는 부와 권력을 좇는 세태가 자유로운 영혼으로 세상을 바라보는 자유의 바탕을 가졌다. 수필가는 시와 시조, 동화로 통해 작품활동 범위를 넓혀가고 있다. 그러나 우리는 아쉽게도 공감하는 글, 좋은 수필, 살아 있는 영혼의 철학적 작품을 찾아보기 어렵다는 시대적 요청을 인식해야 할 것이다.

말이나 글을 아름답고 정연하게 꾸미고 다듬는 일을 예부터 수사修辭라 하였다. 수사학(修辭學, rhetoric)에서 수사修辭는 언사言辭의 수식修飾이란 뜻으로 말과 글을 아름답게 꾸미는 데 그 의미가 있다. 수 사학은 대중을 설득하여 영향을 끼치기 위한 언어기법을 연구하는 학문이다. 아리스토텔레스 이후 중세에는 문법 · 논리학과 더불어 가장 중요한 학과가 되었다. 서양에서는 변설술(辯說術, eloquence)로 간주되어 차차 궤변(詭辯, sophism)으로까지 발전하였다. 레토릭은 "설득의 수단으로 문장과 언어의 사용법, 특히 대중 연설의 기술을 연구하는 학문"으로 "수사학修辭學"이라 일컬었다. "수사학修辭學"은 인문학(humanitas)에서 종종 듣는 단어로 그 뜻을 정확히 설명하는 경우는 드물다.

수필은 간결함과 소박함과 함축성으로 이룬 생동감과 입체감의 리듬으로 맛과 멋을 살린다. 동양에서는 시문詩文의 작법을 위한 연구로 발전하였다. 수사학은 오랫동안 문장을 장식하는 수단(ornament, decoration)으로 생각되었으나, 현대에 이르러서는 정확한 전달과 설득을 위한 모든 수단을 고찰하는 기능으로 인정받는다.

리처즈(I. A. Richards)를 중심으로 한 미국의 신비평가新批評家들은 고전적 수사修辭의 가치를 재발견하여 이를 현대 언어와 문학의 본질적인 기능으로 보았다. 같은 맥락에서 수필평론가 허상문 교수는 「영도零度의 글쓰기」에서 "작가는 자신의 글은 언제나 규범적 가치를 지니고 중립적이고 중심 잡힌 영도零度에 있기를 바란다."고 밝히고 "수필 문학을 쥐고 찰나의 시간 속에 영원을 보라."고 노래해 귀를 모은다. 수필은 시적인 암시와 상징. 은유와 알레고리의 다양한 기법을 이용할 수 있고, 소설적 플롯을 차용하며 희곡처럼 인물을 등장시켜 대화를 적극 사용하는 장면을 구성하거나 시나리오와 같은 영상 기법도 활용한다.

곧 수필이야말로 가장 자유로운 글의 형식을 사용할 수 있는 열린 형식의 문학 장르다. 수필을 수필답게 하는 특성은 유머와 위트로 수필을 생기있게 만들기도 한다. 인생에 대한 관조와 성찰이 담긴 수필을 읽다 보면 자연스럽게 빠져든다. 류시화 수필집 『하늘 호수로 떠난 여행』 중에 「140원어치의 행복」에서 그런 유머와 위트를 엿볼 수 있다. 수필에 철학적 사고를 도입하여 미셸러니와 대비되는 에세이의 면모를 이야기하고, 수필에 문학적 사상성의 학보나 탑재를 기대하게 하는 장점을 발현시킬 수 있다. 수필에는 통합적 지식, 정확한 표현, 확고한 판단을 가져야 한다.

고독한 선각자가 남긴 미완의 과제가 지금 우리에게 무엇인가를 환기시킨다면 매우 뜻깊은 글이 될 것이다. 시를 쓰는 안내서에서 '수필'은 인생과 자연을 비롯한 느낌을 형식이나 운율에 구애받지 않고 자유롭게 쓴 산문이라고 말하였다.

말과 글은 때로는 미사여구로 치장되지만 그보다 중요한 것은 내용이다. '수필'의 용어 'essai'나 'essay'는 처음 책의 표제로 쓰인 말이다. 에세이 혹은 수상록은 산문 문학 가운데 수필隨筆의 하나로, 그때그때 떠오르는 느낌이나 생각을 적은 글이다. "더 높은 문학적 성취를 이루기 위해서 낡은 내용과 형식으로부터 탈피하여 인간과 세상에 대한 보다 나은 형상화를 이루는 작품이 태어나야 할 것이다, 이제 우리 수필은 언제나 삶에 대한 본질을 묻고 인생과 세상을 제대로 보는 새로운 모색을 통하여 더 나은 단계로 진화할 수 있어야 한다."는 말을 상기해본다.

보편적 논리와 이성에 의존하여 논리적이고 논증적인 진술을 드러내는 지적이고 사색적인 '중수필'을 흔히 '에세이(essay)'라 한다. 에세이는 생각이 깊고 느낌을 가진 울림의 글이고 인간의 생각이다. 서술자인 '나'를 겉으로 드러나지 않고 사회적, 객관적 관심을 객관화하려고 한다. 보편적 논리와 이성에 의존하며, 논리적이고 논증적인 진술로 드러내 지적이며 사색적인 수필이다. 우리가 흔히 대하는 수필은 개인적인 생각과 체험을 중심으로 신변잡기를 다룬 수필은 개인의 취향, 체험, 느낌, 인상 등을 자유롭게 표현하는 글로, 가볍고 쉬운 느낌의 문장으로 구사하는 '경수필'을 '에세이(essay)'라고 한다.

우리가 흔히 접하는 신변잡기나 개인적인 가벼운 느낌의 감성적인 수필을 '미셀러니'로 나눈다. 일반적으로 '수필=에세이'라고 생각하는 경우가 있는데 이는 잘못이다. 우리가 쉽게 읽는 수필은 '에세이'가 아닌, '미셀러니'로 보아야 한다. 우리나라에서는 신라 때 설총薛聰이 쓴 한문 수필 『화왕계花王戒』를 수필의 효시로 본다. 지금껏 그 개념이 명확하지 않아 1930년대 발표한 수필 이론에 따라 모호한 개념으로 세상에 소개되었다. 그래서 수필은 분명 문학의 가닥이면서 문학의 대접을 받지 못한 채 업신여김을 받아왔는지 모른다.

원래는 『삼국사기』 열전에 설총을 다루면서 제목 없이 언급된 것으로 후대의 사람들에 의해 '화왕계'라고 불리었다. 이야기의 발단은 신문왕이 무료함을 달래기 위해 설총에게 재미있는 이야기를 해줄 것을 청하는 것으로부터 시작한다. 설총은 다음과 같이 이야기로 엮어나갔다. 그것은 제대로 된 이론체계가 서 있지 않았다. 수필은 필자의 사상과 철학, 인격과 교양을 담아내는 한 그릇의 일품요리다. 수필 작품을 쓴 작가의 스케일과 시적 표현으로 올곧은 삶과 사상을 담아내기 때문이다.

고전평론가 고미숙은 『에세이 하라』에서 수필가는 '자기 삶의 철학자가 되라.'고 충고한다. 아무 내용도 없이 쓴 글이 아니라 깨우침과 성찰을 이끄는 내용이어야 한다는 것이다. 현대인은 시간에 쫓겨 긴 글에 매달리거나 끝까지 읽지 않는다. 금세기 신인류는 지금 다양한 디지털 미디어로 더 쉽게 읽고 쓰는 방향으로 변신 중이다. 제4차 산업혁명 시대는 세계를 하나의 작은 촌락으로 연결한 네트워크 시대를 넘어 인간과 사물을 잇는 사물인터넷 시대를 열어 가고 있다. 감정 · 감각 · 지능 · 가치 · 상식과 위험을 모르는 인공지능(AI)이 아무리 인간 같다고 하여도 우리의 삶 속에 들어와 문학의 영역을 담당할 수 있을까? GTP가 매체를 통해 사물의 인식과 경계는 물론 인간의 인식을 바꾸어 놓을 수는 없을 것이다. 인간 같은 AI와 GTP가 과연 우리에게 어떤 가치를 던지는가.

다음으로 수필을 두고 신변잡기 운운하며 가볍게 여기는 것은 다른 장르에서 수필을 업신여기는 경박한 표현일 다름이다. 에세이는 기본적으로 서론–본론–결론의 구조를 따른다. 여기에는 반드시 중심 문장인 '논제 서술문(thesis statement)'이 들어간다. 그 문장은 서론에 포함되어 있어야 하고 이하 에세이의 모든 내용은 '논제 서술문'과 직접적으로 관련되는 것으로 통일성을 갖춘다. 학술적 에세이의 목적은 자기 사고의 폭을 넓히고 깊이를 확장하는 것이다. 사회과학, 인문학, 등 각 학문은 그 영역에 맞는 담론을 형성한다. 따라서 기존에 지키고 있는 규범을 익히고 맥락을 이해하며 그 학문에 맞는 적절한 단어와 문장을 사용한다.

에세이에 꼭 담아야 하는 것은 분명 자신의 사상이다. 그 사상과 주장이 왜 나왔고, 왜 맞다고 생각하는지 논리적으로 밝히고 독자와 청자를 설득시켜야 한다. 글이 논리적으로 적합한지 모호한 표현이나 문장, 단어를 선별하여 채택하고 마지막 단계에서 종합적으로 체크한다. 생소한 개념을 쓰려면 그 개념이 어디에서 어떻게 쓰이는지까지도 밝혀야 하고 이를 자신이 확실히 알고 써야 한다.

철학자 들뢰즈(Deleuze)는 "수필 문학과 철학은 가깝다. 따라서 수필은 철학을 떠나서 존재할 수 없다."라는 지적과 "말보다 글로, 양보다 질로, 겉치레보다 자기 성찰을 통한 집단지성으로 세상을 소통해야 할 것."이라는 말을 상기할 필요가 있다. 1921년 노벨문학상을 수상한 평론가 아나톨 프랑스(Anatle France)는 새 시대의 수필을 두고 "수필이 미래의 모든 문학 장르를 흡수할 것."이라고 예언하였다. 평생 보지 못한 것이 눈에 띄고 청력을 쏟아 읽고 듣게 되었을 때 감각을 되살려 보는 법과 듣는 법을 새롭게 익혀야 한다. 수필이 감성적이고 자유로운 글쓰기라면 에세이는 좀 더 분석적이고 논리적인 글쓰기다. 수필과 에세이 두 장르 모두 글의 형식은 자유롭지만, 수필은 더 개인적이고 감성적인 면이 강조되고 에세이는 논리적이고 분석적인 성격을 더 강하게 가진다. 오감의 회복으로 새로운 세계를 인식하는 기적의 공감과 감동을 낳는 에세이의 길잡이가 되어야 할 것이다.

아포리아와 아포리즘

2022년 김용옥은 『아포리즘 수필』에서 "아포리즘은 삶의 체험적 가치를 간결하고 압축된 형식으로 나타내는 짧은 글을 이르는 인문학 용어"라 하였다. 자기 생각이 옳다고 끝까지 우기거나 이기심에 매몰된 고지식한 꼰대들과 맞닥뜨릴 때가 있다. 그들은 끝내 자기의 구태의연한 사고방식대로 남에게 강요하다 끝에 스스로 굳어진 사람들이다. 이럴 때 처방으로 "바쁘고 급할수록 둘러 가라."는 속담과 충고가 지혜로운 해답이 될 수 있다. 아포리아는 그리스어로 해결하기 어려운 문제, 즉 난제와 모순을 의미한다. 원래는 '막다른 골목'의 뜻으로 쓰였다. 그러나 이론을 발전시키기 위해서는 우선 문제점을 명확히 한다는 의미에서 아포리아의 발견 자체를 중시하는 경우가 있다.

아포리아: 고대 그리스어 'ἀπορῐᾱ'에서 유래한 '아포리아(Aporia)'는 '해결하기 어려운 문제'나 '난제'를 의미한다. 원래는 '막다른 골목' 정도의 뜻으로 사용되었으나, 철학에서는 이론을 발전시키기 위해 문제점을 명확히 하는 과정에서 아포리아의 발견을 중시합니다. 반면에 '아포리즘(Aphorism)'은 그리스어 'ἀφορίζω'에서 유래하며, '짧고 간결한 문장으로 표현된 격언이나 진리'를 의미한다. 이는 깊은 진리를 간결하게 표현한 말이나 글로, 격언, 금언, 잠언 등을 포함한다. 따라서 '아포리아'는 철학적 논의에서 문제의 본질을 탐구하는 개념을 지칭하며, '아포리즘'은 깊은 의미를 간결하게 전달하는 표현 방식을 의미한다. 아포리아는 한마디로 사면초가四面楚歌로 '길의 막힘'을 의미한다.

우리가 살고 있는 지금 우리의 삶과 정치적 현실이 아포리아일지 모른다. 잘못되고 무지한 아포리아를 뚫는 방법이 우리의 집단 지성이고 민중혁명이다. 아포리아와 아포리즘은 '창과 방패'의 고사古事를 떠올리게도 한다. 창과 방패는 적대가 아니라 마침내 공존의 관계를 모색하게 되었다. 창과 방패를 의미하는 한자는 '矛盾'이다. 개별 한자의 뜻은 '창 矛'와 '방패 盾'으로 그 유래는 창과 방패를 파는 중국 상인의 입에서 나왔다. 창을 두고 어떤 방패로도 막을 수 없다고 했고, 방패를 두고는 어떤 창으로도 뚫지 못한다는 상인의 주장이 앞뒤가 맞지 않는 말을 한 데서 유래했다고 전한다.

아포리즘은 신조나 원리를 간결하게 표현하는 말 한마디나 널리 인정받는 진리를 명쾌하고 기억하기 쉬운 단문으로 나타낸 말로 예술 · 농학 · 의학 · 법학 · 정치학처럼 독자적인 원리나 방법론이 된 뒤 발달한 학문 분야에 따라 활용되었다. 아포리즘은 문학적 용어뿐만 아니라 인문학적 용어로 널리 쓰인다. 아포리아를 '막다른 골목'이라면 아포리즘은 그 문제에 대한 '절묘한 통로'이자 '간결하고 매혹적인 철학에의 탐구'라고 하였다. 아포리아와 아포리즘이라는 말은 고대 그리스의 민주주의 토론장에서 자주 맞닥뜨려지는 이견異見의 해결책으로 널리 사용되는 철학 개념이다. 아포리아는 그리스어의 부정 접두사 아와 길을 뜻하는 포리아가 합친 아포리아는 '길이 없는 막다른 골목' 또는 상반된 증거와 반증이 동시에 존재하여 진실을 규명하고 토론에서 합의하기 어려운 '난제'를 뜻한다.

아포리아는 광장의 토론 정치문화가 낳은 막힘이다. 고려대 정외과 김남국 교수의 '김남국의 아포리아'에서 '우리는 행복한가?'라고 묻고 그 대답으로 "행복은 어떤 느낌을 말한다. 삶에서 의미를 찾거나 즐거울 때 또는 무슨 일에 몰입할 때 얻는 만족의 느낌을 행복이라 부른다. 그러니까 행복은 사람에 따라 다를 수 있는 다양한 개인적 가치를 가진다. 그러나 사회적 정의나 공정도 결국 그 자체가 목적이 아니라 우리가 필요로 하는 행복의 조건이라면 행복은 반드시 개인적 차원에서 결정되는 가치가 아니라 공동체가 추구하는 공동선이어야 한다."고 말한다.

고대 철학자 아리스토텔레스가 '인생의 목표는 행복'이라고 말한 이후로 서양은 궁극적으로 행복을 추구하는, 즉 '인생의 목표를 행복에 두는' 삶의 가치관으로 설정하였다. 아리스토텔레스의 '행복' 개념은 Arete(탁월성)의 개념으로, 각자가 자신의 타고난 능력을 토대로 하여 이를 가장 잘 발휘할 수 있는 직업을 갖는 것을 말한다. 예를 들면, 피리를 잘 부는 사람은 연주자로, 노래를 잘 부르는 사람은 성악가를 하는 것으로 지금의 행복 개념과는 사뭇 다르다. 그러나 아리스토텔레스가 인생의 목표를 행복에 둔 이후로, 수많은 서양의 철학자들이 저마다 서로 다른 '행복 개념(인생의 목표나 목적)'을 들고 나와 말하기 시작하였으며 이를 이해하기 위해서는 '서양 문화의 공간적 시대적 맥락'을 파악해야 하는 것이었다. 아리스토텔레스는 『니코마코스 윤리학』에서 인간이 사는 목적을 바로 이 행복 때문이라고 하였다.

아포리즘은 고대 희랍어 아포리아에서 파생되었다. 아포리아란 난관을 의미하며, 막다른 길을 뜻한다. 소크라테스의 산파술에 적용해 보자면, 질문 공세를 견디다 못해 마침내 말문이 막혀버린 그곳이 바로 아포리아다. 물론 좀더 깊이 파고들면 일반인들이 생각하는 행복과는 다른 점이 많은데 아리스토텔레스는 행복은 그 자체로 추구되어야 할 것으로 보았다. 물질적 행복과 당시 그리스에서 중요하게 여겨지던 명예 등은 타율성을 띠고 있는 것으로 보고 진정한 행복이 아니라고 하였다. 그가 말하는 진정한 행복은 관조와 중용 같은 정신적인 것이었다. 서양 철학자들 중에 삶의 목표가 행복이라고 생각하지 않은 철학자들이 있었는데 그중에서 대표적인 철학자가 독일의 철학자 프리드리히 니체였다.

그는 고통과 어려움을 극복해 나가야 얻을 수 있는 게 있다고 했다. 당면한 이포리아는 해결의 기미가 없는 난제를 뜻하고 아포리즘은 명쾌한 한마디로 더이상 토를 달 필요가 없는 해결책이다. 아포리즘은 우리 사회가 직면한 여러 문제에 다해 그 맥락과 역사적 흐름을 고려한 성찰을 통해 새로운 해석과 대안을 모색하는 용어라고 하겠다. 옛날옛적 중국 위진僞陳 시대에 죽림칠현으로 알려진 완적阮籍 시인이 살았다. '書志'라는 유명한 그는 내키면 수레를 몰고 아무런 길이나 나서 달렸다고 한다. 그러다가 막다른 길목에 막히면, 그제서야 비로소 한참을 통곡하고 왔던 길을 되돌아섰다고 한다. "존재는 하나이며 영원하고 불가분이다."라고 말한 파르메니데스 이후 아포리아의 뜻은 플라톤, 소크라테스, 아리스토텔레스, 칸트 등 수 많은 철학자들에 의해 아포리즘 철학으로 발전하였다.

이를 두고 소크라테스는 "음미 되지 않은 삶은 살 가치가 없다."고 말하였고 사람들이 스스로 깨어나도록 유도하였다. 아리스토텔레스는 일찍이 아포리아를 깨트린 깨달음의 놀람에서 철학이 시작되었다고 주장하였다. 불교에서는 깨우침이 핵심 교리다. 플라톤은 대화에서 로고스의 전개로부터 필연적으로 생기는 난관을 아포리아라고 하였고 아포리아에 처한 사람들은 계속 질문하고, 그 질문에 답하는 과정을 통해 전체와의 관계를 맺는다고 보았다. 아포리아는 고대 철학자들에 의해서 의미가 확립된 용어로 그리스어의 본디 뜻은 '막다른 곳에 다다름'이다. 아포리아란 철학 용어로 어떠한 상황에서도 해결의 실마리를 찾을 수 없는 절박한 상태에 이르렀음을 뜻한다.

일반적으로 해결이 곤란한 문제, 즉 모순이나 해결 불가능한 역설 등을 일컫는 말이다. 불가에서 일러주는 해탈解脫과 열반涅槃이 곧 아포리아의 경지를 말해준다. 아포리아는 막다른 골목의 위기 상황보다 심각한 상태로 통로가 없고 출구가 없어 꼼짝달싹하지 못하는 상태, 즉 오도 가도 못하는 난관에 부딪힌 상태에 다다른 방법을 찾을 수 없는 상황이다. 다시 말해 아포리아는 현재까지 누적된 과거의 지식을 답습하는 것이 아닌 전혀 새로운 체계를 궁리하거나 사고를 근본적으로 전환해야 하는 상황에 다다른 것이다. "소리에 놀라지 않는 사자처럼, 그물에 걸리지 않는 바람처럼, 진흙에 더럽히지 않는 연꽃처럼, 무소의 뿔처럼 혼자서 가라."는 말이 다 불교의 경전에 나오는 깨우침의 아포리즘이다.

아포리아는 해결하기 어려운 문제를 뜻하고 아포리즘은 명쾌한 해답을 뜻한다. 아포리아는 해결할 수 없고 해결되지 않는 난제難

題이고 아포리즘은 어떤 명쾌한 절대적 해결의 길이다. 무엇이든 막을 수 있는 방패와 무엇이든 뚫을 수 있는 창이 그리는 모순矛盾의 논쟁이 유구한 역사 속에서 논쟁을 이어왔다. 따라서 아포리아는 그 자체가 문제이지만, 때로는 대변화와 전환점 등 다양한 변화의 의미를 제시하였다. 우리나라에서는 1950년대 해방공간에서 사상과 이념을 앞세운 권력욕이 강대국을 업고 동족상잔의 전쟁을 불사한 대립이 아직껏 우리를 그 후유증에 들게 한다.

세월호 참사는 2014년 4월 16일 인천에서 제주로 향하던 여객선 세월호가 침몰하면서 단체 수학여행을 떠났던 안산 단원고 학생(250명) · 교사(11명)를 포함한 탑승자 476명 중 299명이 숨지고 5명이 실종된 여객선 세월호의 침몰 사고와 2022년 10월 29일 서울특별시 용산구 이태원동 이태원 세계음식거리의 해밀톤호텔 서편 골목에서 할로윈 축제로 수많은 인파가 몰려 195명이 부상당한 압사 사고까지 우리가 사는 사회가 겪고 있는 상황이 얼마나 후진적인지 우리를 아포리아 상태에 몰아넣었다.

2014년 12월 자살률, 부패율, 이혼 증가율, 노인 빈곤율 등 모두가 경제협력개발기구(OECD)에서 최상위를 차지해 "대한민국이 이제 더이상 부패할 수도, 더이상 타락할 수도 없는 최악의 아포리아 상황에 처하였음"을 절감케 하였다.

연세대학교 김상근 교수는 2015년 1월 재단법인 플라톤 아카데미가 주관한 인문학 대중강연 프로그램「인문학 아고라 어떻게 살 것인가?」에서 우리의 현실을 '아포리아(aporia)'라 규정하고 배가 좌초되어 꼼짝할 수 없는 상태라고 말했다. 그때 우리는 도움을 청하여 위기의 위험에서 벗어날 수 있겠지만, 아포리아는 그보다 더 심각한 '길 없음'에 접어든 상태다. 더이상 어떻게 할 수 없는 상태에 접어들었을 때 우리는 흔히 "그 책임을 전가하여 남을 탓하게 된다."고 말하였다.

『중앙일보』 이하경 논설고문은 2015년 4월 그때 상황을 "우리가 탄 배는 지금 이름조차 알 수 없는 어느 낯선 항구에서 방황하고 있다. 어디로 뱃머리를 돌려도 출구가 보이지 않는 아포리아(aporia)의 절망이 기다릴 뿐이다."라면서 이렇게 말하였다. 이러고도 우리가 문명 세계에 살고 있다고 말할 수 있을까? 계절이 한바퀴 순환하는 동안에도 진상은 시원하게 밝혀지지 않았다. 유족들은 '시신이라도 찾아서 실종자의 가족으로부터 벗어나고 싶다.'고 토로하였다. 그리스 사람들은 아포리아를 만났을 때 다른 사람에게 손가락질하는 대신 그 손가락을 가장 먼저 자신에게 돌렸다고 한다. 그리고 이렇게 말했다. "자신에 대한 깊은 성찰에서 모든 문제의 해법을 찾았다."고 말한다.

노를 더 빨리 젓기 위해 힘을 모으기보다 잠깐 노를 내려놓고 힘을 모으고 옆 사람의 지혜를 얻었다. 우리에게 시사하는 바 크다. "아포리아"란 '길을 잃다'는 의미를 가진 단어 'aporos'에서 기원한다. 철학적 의미로 어려운 '난제'를 의미한다. '길을 잃다'라는 어원에서 보듯, 일반적으로 해결 방법을 찾지 못하는 막힌 상태를 아포리아라고 칭한다. 철학에서는 단지 그 현상만을 일컫는 단어가 아니라 문제 해결을 위한 새로운 사고를 필요를 아포리아라 칭하였다. 이를 문학적으로 적용했을 때 해체론자解體論者들이 통상 사용하는 아포리아는 텍스트의 언어적이고 철학적인 일관성과 그 일관성에 장애물이 되는 모순矛盾과 역설逆說 사이의 간격을 가진다.

역설은 반어(反, irony)로 예상 밖의 결과가 빚은 모순이나 부조화나 모순된 점이 있다. 고대 동양은 물론 그리스에서 수사학적 용어로 이미 사용되어 왔으며 19세기 낭만주의 시대에는 반어와 혼동되어 사용되었다. 20세기 신비평가인 브룩스는 "시는 은유와 역설로 구성된다."고 하였다. 역설은 노자의 "바른말은 얼른 보기에 반대인 것처럼 보인다."와 같은 진술이다. 반어의 경우 진술 자체에는 모순이 없으나 진술된 언어와 이것이 지시하는 대상이나 숨겨진 의미 사이에 모순이 생기는 반면 역설은 진술 자체에 모순이 생기는 것이다. 선시에 나타난 언어의 비약과 파격의 수사법은 역설과 유사합니다. 언어당착의 모순어법을 사용하여 깨달음의 세계를 글로 표시하기 때문이다.

선시적 표현기법의 모범은 아무래도 역설이며 언어의 당착이다. 아포리아란 대개 어떠한 텍스트의 해석을 어렵게 하는 내재적 모순이나 서로 화해할 수 없는 패러독스(paradox)를 가리키는 말로 사용되기도 한다. 텍스트의 일관성을 저해하는 전복적인 요소들이 해석을 역전시키고 결정 불능으로 만들어 체계화 작용을 교란시키는 아포리아적 텍스트는 철학적 개념성에 대한 저항의 구조를 표시하고 조직하는 것으로 보이는 텍스트와 구별된다. 문학 작품에 대한 해체적 독법을 사용하고 있는 힐리스 밀러(J. Hillis Miller)는 '최종적 아포리아'를 들춰내는 비평적 방법에 따라 많은 시인과 소설가들의 텍스트를 읽는데, 밀러의 결론은 어떠한 문학 텍스트든 '해결할 수 없고', '모순적인' 의미의 끊이지 않는 작용, 이것을 끝없는 아포리아의 연속이라고 하였다.

『김남국의 아포리아』의 저자 고려대 정치외교학과 김남국 교수는 "우리나라처럼 민주화 이후 30여 년이 지난 사회에서도 아직껏 경쟁상대를 적으로 간주하고 상대 정당을 적폐 세력으로 공격하며 대립하는 상황은 불행한 일이다. 더구나 여러 차례 거듭되는 정권교체를 통해 한 번의 선거, 한 명의 위대한 정치인의 등장으로 하루아침에 세상이 바뀌지 않는다는 사실을 우리는 확인하였다. 선거 결과에 따라 나라가 엉망이 된다고 주장하지만 정작 영향받는 사람들은 대선 캠프 주변의 소수일 뿐 대다수 국민들은 누가 집권하든 삶이 크게 달라질 게 없다. 문학비평용어사전에 따르면 아포리즘을 "깊은 체험적 진리를 간결하고 압축된 형식으로 나타낸 짧은 글로써 금언 · 격언 · 경구 · 잠언 따위"를 가리킨다.

세계에서 가장 오래된 아포리즘은 히포크라테스의 『아포리즘』

첫머리에 나오는 "예술은 길고 인생은 짧다."라는 말이다. 파스칼의 "인간은 자연 가운데서 가장 약한 한 줄기 갈대에 불과하다. 그러나 그는 생각하는 갈대이다."라는 말이 아포리즘의 한 예다. 문예 또는 철학적인 아포리즘을 모은 책으로는 라 로슈푸코의 『잠언집』을 비롯하여 콜리지의 『내성內省의 안내』, 니체의 『서광曙光』 등이 전하고 있다. 아포리즘은 본래 그리스어 '정의'를 뜻하는 'aphorizein'에서 유래된 말로 영어로 'aphorism'으로 쓴다. 표준국어사전에서 아포리즘을 "깊은 진리를 간결하게 표현한 말이나 글, 격언, 잠언, 경구 따위를 이른다."고 풀이하였다.

소위 '정곡을 찌르는 한 문장'으로 설명할 수 있는데 이러한 아포리즘은 깊은 지혜, 경험, 사상을 담고 있어 다양한 곳에 인용되거나 대중에게 많은 영감과 생각을 불러일으킨다. 일견 속담 같은 '이언俚言'이나 '속담', '처세훈'과 흡사하지만, 이언이나 속담은 널리 유포되어 사용되면서도 작자가 분명하지 않으나 아포리즘은 잠언의 의미를 가진다. 국어사전에서는 잠언箴言을 "사람이 살아가는 데 훈계가 되는 짧은 말"이라고 하였다. 한자어로 잠언은 '바늘 잠箴'에 '말씀 언言'자를 써서 '바늘로 찌르는 말씀'이라는 뜻을 가졌다. 잠언은 우리 삶의 길잡이로 교훈과 지혜를 깨닫게 하며 짧지만 강력한 말이다. '실패는 성공의 어머니', '시간은 금이다', '오늘 할 일을 내일로 미루지 마라' 등 잠언의 가치는 반드시 그 진실한 내용에 있지 않으며, 그보다는 오히려 진실의 새로운 측면을 드러내 보이는 극적인 언어에 있다.

작자의 독자적獨自的인 창작이며 교훈적 가치를 중요시하는 점이 '처세훈'과는 다르다. 아포리즘은 일상 소에서 흔히 찾아볼 수 있거나 만나는 주제다. 아포리즘은 단순한 단어가 아닌 깊은 철학적 요소와 문학적 주제를 담고 있다. 이를 통해 우리는 인간관계와 삶의 현실, 그리고 다양한 문화와 문명에 대한 사려 깊은 시각과 인식을 가진다. 아포리즘은 인생의 깊은 체험과 깨달음을 통해 얻은 진리를 간결하고 압축적으로 기록한 명상물로 가장 짧은 말로 가장 긴 여운을 남긴다. 주로 일반적으로는 생각할 수 없는 기발한 생각이나 기지를 짧은 글로 나타냄으로써 어떠한 원리나 인생의 교훈을 간결하게 표현한다. 일종의 충고나 처세處世훈을 주는 것이었다.

주로 지혜와 교훈을 담은 말은 잠언이라 하지만 이와 비슷한 의미로 사용되는 작가 불명의 말들을 이언이나 속담이라 한다. 아포리즘은 이언이나 속담처럼 널리 유포되어 사용된다는 공통점에 작가의 독창적인 창작으로 교훈적 가치보다 순수한 이론적 가치를 중요시한다. 아포리즘을 최초로 사용한 그리스의 명의 히포크라테스는 "예술은 길고 인생을 짧다."는 명언을 남겼다. 이외에 사람들에게 널리 알려진 유명한 아포리즘으로는 세익스피어의 "약한 자여, 그대의 이름은 여자이니라."는 탄식과 파스칼의 "인간은 자연 가운데서 가장 약한 한 줄기 갈대에 불과하다."는 명언을 떠올리게 된다. 아포리즘적 성향을 많이 포함하고 있는 시를 격언시格言詩라 부른다.

철학적 아포리즘은 간결하고 함축적이며 우아함을 가졌다. 심미적 우아함을 위해간결함은 필수적이다. 아포리즘은 짧고 간결하면서도 깊은 철학과 문학적인 요소를 담고 있다. 이를 통해 우리는 인간의 삶과 사회, 그리고 문화에 대한 다양한 철학적 문학적 가치와 시각을 가질 수 있는 것이다. 우리나라에서 아포리즘적 성향을 포함한 작품을 발표한 대표적인 작가로는 시인 윤동주와 유치환, 설정수 기자를 들 수 있다. 윤동주의 「서시」와 유치환의 시집 『예루살렘의 닭』에 실린 「예루살렘의 닭」, 「복수」 등 일련의 작품들과 독자를 비평과 토론의 장場으로 초대하는 가볍게 읽히지만 무겁고 깊은 내용으로 다가서는 설정수의 칼럼집 『삼촌설三寸舌』가 여기에 해당한다.

간결하고 매혹적인 철학에의 탐구 『아포리즘 철학』은 유명한 철학의 명언을 뜻하는 '아포리즘'으로 2,500년 서양철학을 읽은 책이다. 아포리즘은 인식론, 존재론, 윤리학, 정치철학, 논리학 등 철학 등의 분야에서 본질을 꿰뚫는 날카로운 통찰로 철학사의 주요 흐름을 이끈다. 고대 그리스로부터 중세, 근대를 거쳐 소쉬르, 비트겐슈타인, 사르트르, 데리다 등 현대철학에 이르기까지 망라하여 주요 명제가 갖는 의미와 철학사적 의의에 접근함으로써 우리가 좀 더 철학에 가까이 다가갈 수 있게 하였다. 철학을 어려워하고 현실과는 동떨어진 학문이라 생각하는 사람들이라도 유명한 철학 아포리즘 한두 개쯤은 일상 대화에 인용한다. “나는 아무것도 모른다는 사실을 안다.”라고 하였다.

소크라테스의 말이나 데카르트의 명언, “오컴의 면도날”과 같은 철학 명제들은 시대를 뛰어넘어 번뜩이는 지성의 산물이자 철학사의 가장 대표적인 아포리즘이다. 최근 김영민 교수가 “인간은 얼마나 큰 위로가 필요한 존재인가.”라고 물은 단문 아포리즘 『가벼운 고백』을 펴냈다. 아포리즘 수필을 쓰기 위해서는 깊은 사유가 필요하다. 아포리즘의 의의는 그 철학자 개인의 학문적 성과와 깨달음을 문학적 수사로 표현한 것에서 그치지 않는다. 장구한 서양철학사를 통틀어 보석처럼 여겨지는 아포리즘들은 지난 세기의 철학적 탐구가 이룬 지적 성취를 압축적으로 보여주고, 새 시대를 여는 지성의 원천이 되었다. 이러한 아포리즘을 개별적인 명제를 파악하는데 그치지 않는다.

조중걸의 『아포리즘 철학-간결하고 매혹적인 철학에의 탐구》(한권의 책 펴냄)는 간결하면서도 묵직한 아포리즘이 선사하는 심미적 즐거움을 느끼게 한다. 철학을 어려워하고 현실과는 동떨어진 학문이라 생각하는 사람들이라도 유명한 철학 아포리즘 한두 개쯤은 일상 대화에 종종 인용할 정도로 친숙하게 여긴다. “나는 아무것도 모른다는 사실을 안다.”라고 한 소크라테스의 말이나 “나는 생각한다. 고로 존재한다.”라는 데카르트의 명언, “오컴의 면도날"과 같은 철학 명제들은 시대를 뛰어넘는 지성의 산물이자 철학사의 가장 대표적인 아포리즘이다. 아포리즘의 의의는 그 철학자 개인의 학문적 성과와 깨달음을 문학적 수사로 표현한 것에서 그치지 않는다.

장구한 서양철학사를 통틀어 보석처럼 여겨지는 아포리즘들은 지난 세기의 철학적 탐구가 이루어 낸 지적 성취를 압축적으로 보여주고, 새 시대를 여는 지성의 원천이 된다. 이러한 아포리즘을 개별적인 명제로 파악하는 데 그치지 않고 철학의 인식론적 흐름의 도상 위에 올려놓음으로써 서양철학사의 맥을 짚어낸 새로운 시도가 책으로 출간되었다. 철학은 어렵지만 명제는 어렵지 않고 친숙하기 때문이다. 아포리즘은 본질을 꿰뚫는 날카로운 통찰을 보여준다. 고대, 중세, 포스트모더니즘 등의 형식적인 시대 구분이나 아포리즘을 단순히 나열하는 방식과는 차별되는, 진지하면서도 통찰력 있는 접근을 통해 서양철학의 지적 성취를 개괄할 수 있도록 안내하는 점에서 지금까지 시도되지 않았던 철학적 저술의 새로운 장을 열었다.

이 책은 서양철학사에서 가장 깊이 있고 중요한 아포리즘을 통해 2,500년 서양철학사를 조망한다는 기획에서 출발하였다. 물론 잘 알려진 명제의 단순한 나열과 짜깁기만으로는 철학사의 흐름과 논리를 제대로 보여줄 수 없을 것이다. 서양철학사를 더 깊게, 더 명징明澄하게 읽어낼 수 있는 좌표가 될 아포리즘을 선별

하여 일관된 흐름으로 제시하는 저자의 식견과 탄탄한 사상적 기반이 놀랍다. 아포리즘들은 군더더기 없이 간결하고 밝고 맑게 이해하고, 그 명제를 이해하게 된다. 저자 또한 구태의연하거나 장황한 찬사와 의미를 덧붙일 필요가 없다. 명제가 함축하는 본질을 들여다볼 수 있도록 적절한 은유와 환유로 우리 삶의 영역으로 끌어와 이해하기 쉽게 설명한다.

거장들이 남긴 촌철살인의 아포리즘이 함축하는 철학적 동기와 포괄성을 이해할 때, 철학사는 낯설고 새로운 방식으로 우리의 머릿속에서 재구성될 것이다. 이들 아포리즘은 기나긴 철학사에서 희끄무레한 성운 가운데 반짝이는 핵이다. 그러나 반짝이는 핵만을 들여다본다고 해서 그 가치와 유효성을 온전히 파악할 수는 없다. 이 핵을 둘러싼 주변 성운들을 동시에 탐구할 때 비로소 핵심 명제의 동기와 포괄성을 이해할 수 있다. 이 책은 고대 그리스부터 중세, 근대를 거쳐 포스트모더니즘에 이르기까지 일관된 관점으로 철학사의 흐름을 쫓아갈 수 있다. 그 책에서 "나는 생각한다. 고로 나는 존재한다."는 유명한 명제를 통해 데카르트가 끼친 철학사적 의의를 설명하고 해당 명제의 의미까지 설명한다.

데카르트가 "나는 생각한다"라는 사실을 존재의 조건으로 내세울 때의 '생각'은 수학적 사유를 말하는 것이다. '나'는 수학적 사유를 할 수 있으며 여기에 신이 개입할 여지가 없다. 신이 아니라 나의 사유가 나의 존재를 보증하는 것이다. 데카르트는 신의 왕위를 찬탈하여 인간에게 건네주었다. 이제 인간은 지적 역량으로 스스로의 존재를 확고히 하고, 세계의 물리적 속성을 포착할 수 있게 되었다. 데카르트는 세계가 수학이라는 언어로 읽어낼 수 있는 커다란 기계장치라고 믿었다. 이러한 기계론적 합리주의가 데카르트와 더불어 개시되며 본격적인 근대 역시 그로부터 시작된 것이다. 아포리즘을 통해 서양철학사의 흐름을 읽어내는 새로운 시도에 있어서 이 책의 또 다른 차별점은 현대철학에 상당한 비중을 할애하고 있다.

특히 모더니즘과 포스트모더니즘을 해석하는 저자의 관점은 학계에서도 매우 독창적이라는 평가를 받고 있다. 저자는 현대철학이야말로 지금 우리가 살고 있는 시대를 이해하기 위해서 더욱 절박하게 요구된다고 말한다. 철학을 다루는 책이라면 으레 다루는 고대, 중세철학의 중요성도 간과할 수 없지만, 현대철학의 비중도 철학적 저술의 새로움과 가치가 결정한다고 하겠다. 그만큼 저자는 유명론을 비롯한 최근 철학의 흐름까지도 날카롭게 포착해 현대철학의 형이상학적 기초를 탄탄하게 세우고 있다. 이 책은 다른 저술에서는 쉽게 만날 수 없는 소쉬르, 비트겐슈타인, 사르트르, 데리다, 보드리야르, 롤랑 바르트 등 현대철학자들의 주요 명제들을 소개하고 까다로운 철학적 의미와 흐름을 명쾌하게 짚어준다.

유명하고 비교적 친숙한 아포리즘으로 철학사를 소개하고는 있지만 각 철학자의 사상과 본격적인 철학 영역으로 거침없이 밀고 들어가는 것 또한 이 책의 특징이다. 압축적이고 군더더기 없는 해설로 인해 느껴지는 어려움은 철학을 알고자 한다면 어쩔 수 없이 감수해야 할 일은 독자의 몫이다. "실존은 본질에 앞선다."라고 한 사르트르의 말은 곧잘 인용되는 친숙한 명제이지만, 그 의미를 이해하기가 결코 쉽지 않다. 오히려 이 명제는 인식론의 견지에서 보자면 매우 심오하고 까다로운 말이다. 근대인들은 세계를 이해하고 설명할 수 있다고 생각하였다. 가장 궁극적이고 단순한 원인으로부터 존재가 연역된다는 것이 근대인들의 믿음이다. 그러나 이 신념은 좌절되고 근대는 종말을 맞았다. 존재는 설명되는 것이 아니다. 왜냐하면 인간의 이성으로는 궁극적인 원인의 참뜻이나 존재를 확인할 수 없기 때문이다.

지금은 아포리즘 수필 시대

아포리즘(aphorism)의 사전적 의미는 “깊은 체험적 진리의 내용으로 간결하게 정곡을 찌르는 짧은 글”이라고 풀이한다. 아포리즘은 어떤 난제에 대한 절대적 해결책이다. 마음속 깊숙이 새겨진 진리의 글귀는 기억에서 좀처럼 지워지지 않는다. 그것은 인간 뇌의 기능이고 영혼의 몫이다. 니체는 아포리즘을 “눈으로 읽는 것이 아니라 마음에 새기는 것”이라 하였다. 아포리즘은 시를 쓰듯 압축하거나 한 장의 사진과 수채화로 전체를 보여준다. 아포리즘은 예술 · 농학 · 의학 · 법학 · 정치학처럼 독자적인 원리나 방법론이 뒤늦게 발달한 학문 분야에서 활용되었다. 이 용어를 처음 쓴 이가 히포크라테스로 그의 저서『아포리즘(aphorisms)』에서다.

이 책에는 질병의 증세 · 진단, 치료법과 투약의 처방에 대한 서술이 주를 이루었다. 서론 역할을 맡은 첫 번째 아포리즘을 다음과 같이 썼다. 아포리즘은 삶의 체험적 가치를 간결하고 압축된 형식으로 나타내는 짧은 글로 그 예가 "예술은 길고 인생은 짧다."라는 말처럼 한 줄의 문장으로 열 줄의 서술을 담아내는 글이다. 가장 오래된 아포리즘의 예는 히포크라테스의 『아포리즘』 첫머리에 이 말이 나오고 파스칼의 『팡세』에서 "인간은 자연 가운데서 가장 약한 한 줄기 갈대에 불과하다. 그러나 그는 생각하는 갈대이다."라는 말이 널리 알려진 아포리즘의 예다. '유생어무有生於無'라는 말은 노자 『도덕경道德經』 40장의 "천하 만물은 유에서 태어나고, 유는 무에서 태어난다天下萬物生於有 有生於無"라는 구절에서 유래하였다.

유는 무에서 생겨나고, 무는 유를 생기게 한다는 뜻이다. 그래서 어느 고로古老께서는 "천하 만물 자체가 유다. 그 유는 무 때문에 있는 것이다."라고 일러주었다. '아포리즘 수필'은 편의상 명칭이다. 수필의 한 장르로서 학문으로 인정되는 명칭이라기보다 아포리즘적 수필이라는 의미의 저널리즘적 특성을 가진 말이다. 아포리즘과 수필의 접목은 기존수필의 핵심 없는 무의미한 느슨함으로부터 탈출하려는 긴장감에서 출발한 문학적 몸부림이다. 아포리즘 수필은 글쓰는 이의 횡설수설을 줄이는 대신 독자의 시간과 공간을 넓혀주려는 새로운 시도다. 아포리즘 수필이라는 말은 격언수필, 금언수필, 잠언수필, 경구수필이라고도 한 '아포리즘 수필'은 편의상 명칭이다.

수필의 한 장르로서 학문으로 인정되는 명칭이기보다는 아포리즘적인 수필이라는 의미로서의 저널리즘적인 이름이다. 아포리즘은 "깊은 진리를 간결하게 표현한 말이나 글, 격언, 금언, 잠언, 경구" 따위를 말한다. 그러니까 아포리즘 수필이라는 말이 성립된다면 그 수필은 격언수필, 금언수필, 잠언수필, 경구수필이라 할 수 있을 것이다. 따라서 아포리즘 수필은 삶에 대해서 달관한 혹은 지혜를 얻은 작가의 글이라 할 수 있을 것이다. 짧게 쓴 글 혹은 압축된 글이 아포리즘 수필이 아니라, 살아가는 데 금과옥조가 되는 수필, 진리가 담겨 있는 수필, 삶에 대해서 새롭게 환기해주는 감동적인 짧은 수필이 아포리즘 수필이다. 따라서 아포리즘 수필은 삶에 대해 달관하거나 지혜를 얻은 작가의 성찰과 경험을 옮긴 글이다.

수필가이자 시인인 김용옥은 2015년『수필세계』45집 봄호부터 연재를 시작한 기고문에서 "아포리즘 수필을 쓰는 것은 사유하는 덕분이다. 수필은 질항아리다. 쌀독, 물독, 술독, 장독, 김칫독에 난관의 비자금독이다. 고열로 연단된, 스스로 숨쉬는, 품는 것들에게 생명력을 주는 질항아리다. 모든 문학, 그림, 노래, 과학을 담는, 인생을 담는 질박하고 품이 둥근 질항아리다. 아포리즘 수필은 다식多識으로 만물정관萬物靜觀하여 명덕明德을 얻은 후에 성의誠意와 정수精髓를 쓴, 짧을 수밖에 없으며 짧아야 하는 수필이다. 현란한 어휘와 묘사보다 사유의 골수骨髓를 드러내는 수필이다. 서랍 속 문학이라는 일기 같은 수필이 난무하는 시절이 오고 수필에 회의懷疑가 들자, 글의 골수를 생각했다.

수필의 품질은 사유의 언어가 결정한다고 생각한다. 아포리즘 수필을 시도한 지 벌써 10여 년이 흘렀다. 적어도 발표하기 3년 전에 완성한 글을 첨삭 교정하였다."고 밝혔다.

짧게 쓴 글 혹은 압축된 글이 아포리즘 수필이 아니라, 삶의 지표가 되는 내용, 진리와 지혜의 정곡을 꿰뚫는 짧은 수필을 말한다. 아포리즘은 단순한 단어가 아닌 짧고 간결하면서도 깊은 의미가 울리는 의미를 담고 있는 명언이나 격언처럼 깊은 철학과 깨우침을 담고 있는 문학적 주제의 글이다. 이를 통해 우리는 삶과 인간관계, 사회와 공동체, 그리고 문화에 대한 다양한 시각과 인식을 얻게 된다. 그 수필의 길이는 200자 원고지 두세 장이면 족하다. 요즈음은 '아포리즘 수필'이 대세다.

우리 사회에 '아포리즘 수필'이 등장한 지 얼마 되지 않았다. 아포리즘 수필을 강조하는 작가들은 작품의 전형을 2.5매로 말한다. 글이 길다고 다 좋은 것은 아니다라는 주장이다. 짧은 글 속에 메시지가 있으면 그것은 성공한 글이라는 것이다. 이런 현상을 가까이서 보면서 필자는 「벌거숭이 임금님」이란 동화를 떠올린다. 「벌거숭이 임금님」 또는 「벌거벗은 임금님」은 1837년에 출판된 한스 크리스티안 안데르센의 단편작이다. 원제는 「임금님의 새 옷」으로 영어로 「The Emperor's New Clothes」이라고 썼는데 수십 개 이상의 언어로 번역되었다. 그 줄거리는 이러하다. "어느 왕국에 새 옷을 좋아하고 호화롭고 사치스러운 생활을 즐기는 임금님이 살고 있었다. 왕실에서 근무하는 두 명의 재봉사가 임금님을 만난 자리에서 근사한 옷을 지어주겠다고 하였으나, 이들이 지어준 옷은 "사람들의 눈에 보이지 않는 옷"이었다. 임금님의 눈에 보이는 옷은 실제로는 아무것도 없는 것이었다. 임금님이 이 옷을 입고 나체로 길거리를 행차하자 사람들은 처음에는 임금님을 칭송하면서도 본인들도 덩달아 바보 소리를 듣고 싶지 않아서 일부러 입을 다물고 있었다." 시인 이승훈은 시의 아포리아를 「시는 나의 의지를 넘어선다」는 글에서 "시는 시일 뿐이지 다른 말로 설명할 수 없다. 시를 쓰면서 그것의 원형을 '기필코' 찾아내려는 부단한 의지로 인해서 시를 패러디하고 '개미'에 비유하고 '비평시'라고 명명하거나 제목을 붙이지 않기도 하고 '시는 거짓말하기'로 정의하였다."

결국 '언어로 표현되지 않은 것이 시이다.'라는 결론에 도달하였다. 그의 시를 이해하기 위해서는 표현 이전의 것, 선택 이전의 것, 언급 이전의 것, 글쓰기 이전의 것, 즉 사유의 본질을 규명해야만 가능하지만 그러한 작업은 불가능한 것이다. '아포리아'를 명쾌하게 설명하는 것은 결국 아포리즘, 의미의 散種, 본질로부터 자꾸만 벗어나는 행위일 뿐이기 때문이다. 결국 시인은 "시는 나의 의지를 넘어선다."고 선언하였다. 존재의 시인, 이승훈은 '아포리아'를 명쾌하게 설명하는 것은 결국 아포리즘, 의미의 散種, 본질로부터 자꾸만 벗어나는 행위일 뿐이라고 말했다. 그 결과 시인은 "시는 나의 의지를 넘어선다."고 선언하게 된다고 주장하였다.

시의 본질을 규명하기 위해서 시인은 우선적으로 개미가 되기도 하고 텍스트 자체가 되기도 하고 언어 자체가 되기도 하고 더 나아가 '한 편의 시 속의 두 편의 시'를 모색하기도 한다. 모두가 입을 다물고 있는데 한 아이가 "임금님이 벌거벗었다."라고 외치는 바람에 진실이 알려지면서 이 이야기가 회자하였다. 그제서야 임금님 본인도 자신이 아무것도 입지 않았다는 사실을 알았지만, 체통을 생각해서 아랑곳하지 않고 계속해서 행차 때 벌거벗고 나선 것이다. 왕에게 두 명의 재봉사가 찾아와 근사한 옷을 만들었다. 이들이 지어준 옷은 마음 나쁜 사람에게는 눈에 보이지 않는 옷이라는 정의를 먼저 내렸다. 겁부터 준 것이다. 누구의 눈에도 옷이 보이지 않는다면 마음 고약하다는 사람으로 되어 버릴 것이다.

우리가 살고 있는 나라처럼 모두가 칭찬 일변도였다. 심지어 임금님 자신도 옷의 아름다움에 감탄하였다. 사실은 만들지도 않은 가공된 거짓말로 임금님을 속인 것이다. 왜 존재하지도 않는 옷을 볼 수 있다며 모두가 옷을 아름답다고 칭송하였을까? 그것은 마음 나쁜 사람으로 판단 받지 않으려는 위선 때문이었다. 작금의 우리나라 현실을 말해주는 듯하다. 요즘들어 많은 수필가들이 앞다투어 '아포리즘 수필'에 대해 칭송하고 나선다. 이런 현상이 혹시 시대에 뒤질세라 몸부림치는 우리의 모습과도 같다는 생각에 어린이의 눈으로 '아포리즘 수필'을 살펴볼 필요가 있다. 아포리즘은 일반적으로 생각할 수 없는 기발한 생각이나 기지를 표현한 짧은 글을 일컫는다.

아포리즘은 오랜 경험을 집약한 짤막한 한마디 말이다. 아포리즘을 정의함에, 단 한 문장 속에 책 한 권의 지혜를 담고 있다는 표현이 결코 과장이 아니다. 진리로 널리 인정받고 있는 진술도 아포리즘이라고 부르게 되었기 때문에 오늘날에는 격언과 거의 같은 뜻으로 쓰이고 있다. 아포리즘은 짧고 간결한 의미만을 가진 것이 아니다. 깊은 철학과 문학적인 요소를 담고 있는 주제로 철학과 문학, 심리학 등 다양한 분야에서 널리 사용한다. 아포리즘 수필은 가치와 의미를 추구하는 삶을 새롭게 각인시키는 감동적인 수필을 이다. 최근 대구대봉도서관이 수필과 그림과의 만남 '수필 아포리즘 전시회'를 개최하였다. 대구대봉도서관에 따르면 수필 아포리즘은 생활문학인 수필을 원고지 2~3매로 간결하게 함축해 삶의 감동과 깨우침을 주기 위한 일종의 잠언 문학의 전시회를 열었다.

아포리즘과 수필 아포리즘은 아포리즘의 정신 위에 서 있다.

독자와 청자들은 이를 통해 스스로의 삶, 우리가 살고 있는 사회와 문화 등 다양한 세계와 만나게 된다. 나는 잠자리에서 갓 일어난 때와 잠자리에 든 깊은 밤이면 한동안 삶의 향기에 취해 엎치락뒤치락하며 명상에 잠긴다. 그때면 짧고 분명한 모티프가 불쑥 나타난다. 유재천 · 조정래 · 김용옥 · 허창옥 · 손철주 등 작가들의 글을 잡히는 대로 읽는다. 특히 조정래와 허창옥의 「글감옥」, 「오후 4시」, 손철주의 「꽃피는 삶에 홀리다」 등에 눈길이 오래 멈춘다. 그들의 글은 시를 쓰듯 압축하여 짧고 간결하다.

수식어가 겹치지 않는 짧은 문장의 시적 형태와 표현에서 공감과 핵심을 파악할 수 있다. 짧고 간결한 표현에서 긴 여운과 인생의 통찰을 얻어 무엇이 중요하고 무엇을 쓸 것인가를 모색하게 한다. 무료한 시간에 부담 없이 남의 글을 단숨에 읽어 나의 공부로 삼으려는 작가와 독자들이 늘어나고 있다. 작가들은 글쓰기의 시간 배정을 읽기, 생각하기, 쓰기에 4대 4대 2의 비율로 배분한다. 나는 읽기, 생각하기, 쓰기, 퇴고로 나누어 3대 3대 2대 2의 비율로 잡는다. 김용옥은 수필집에서 "다식多識으로 만물정관萬物淨觀하여 명덕名德을 얻은 후에 성의와 정수를 가려 쓴 수필을 아포리즘 수필이라 할 수 있다."고 하였다. 아포리즘은 고대 그리스의 철학 용어로 그 뜻은 통로나 수단이 없는 막힘을 의미한다.

아리스토텔레스에 의하면 해결하기 어려운 일들을 의미하고, 같은 물음에 대한 대답으로 두 개의 서로 다른 합리적 의견이 제출될 때 그것을 두고 아포리아라 말하였다. 현대에는 방치해 놓을 수 없는 논리적 난점을 가리키는 데 사용한다. 나는 아포리즘 수필을 시적 형태의 수필이라고 생각하고 삶의 난제와 모순을 다루는 촌평과 칼럼까지 포함시킨다. '막다른 골목' 정도의 뜻을 가진 아포리아는 앎을 얻기 위해 통과해야 하는 과정이다. 상대를 아포리아에 빠뜨림으로써 그의 의견에 논리적인 모순이 있다는 것을 인정하도록 했다. 그러나 이론을 발전시키기 위해서는 우선 문제점을 명확히 한다는 의미에서 아포리아의 발견을 중시하였다. 소크라테스는 사람들이 지식을 얻도록 유도하는 수단으로 아포리아를 활용하였다.

플라톤이 저술한 『메논(Menon)』에서 소크라테스는 어떤 사람이 자신의 무지를 깨닫는 것은 발전이며, 그것으로 인해 만나게 되는 이럴 수도 저럴 수도 없는 난감한 상황에서 아포리아는 앎을 얻기 위해 통과해야 할 과정으로 보았던 것이다. 아리스토텔레스는 해결하기 어려운 일을 의미하고, 같은 물음에 대한 대답으로 두 개의 서로 다른 합리적 의견이 제출될 때 아포리아가 있다고 말한다. 현대에는 방치할 수 없는 논리적 난점을 가리키는 데 사용한다. 대화법을 하는 도중에 부딪치게 되는 해결이 곤란한 문제를 가리키는 말이다. 난관을 의미하는 철학적 용어이며 그리스어로 '길이 막히거나 통로가 없는 경우'를 뜻한다. 철학에서는 이것을 새로운 진리를 인식하는 하나의 방법론으로 간주하는데, 예를 들면 소크라테스가 대화의 상대를 아포리아에 빠뜨려 스스로 무지를 깨닫게 하는 경우가 이에 속한다.

아리스토텔레스는 이러한 아포리아로부터 철학이 시작된다고 하였다. 소크라테스가 의도한 것은 인간의 한계에 대한 성찰이다. 소크라테스는 인간은 모든 것을 다 알 수 없는 한계를 지닌 존재이지만 그럼에도 무엇이 더 좋은 삶인지, 무엇이 진리인지 끊임없이 성찰하고 탐구해야 한다고 믿었다. 아리스토텔레스는 아포리아에 의한 놀라움에서 철학이 시작된다고 보았고, 플라톤은 대화에서 로고스의 전개로부터 필연적으로 생기는 난관을 아포리아라고 하였다. 플라톤의 이론에 의하면 아포리아에 처한 사람은 질문을 계속하면서 그 질문에 답을 구해 나가는 과정을 통해 전체와의 관계를 맺고 이해하는 것이라고 보았다. 이상혁 박사는『논리적 글쓰기』에서 첫 단계를 '이해하기'라고 밝히고 '구체적인 근거'를 생각하며 다음 단계로 '글쓰기'와 '검토하기'로 끝맺는다고 하였다.

아포리즘 수필은 지혜와 깨달음을 주는 짧은 수필이다. 그것을 2015년『수필세계』45집으로 연재하기 시작한 수필을 묶어 단행본『아포리즘 수필』을 발간하였다. 경험은 사람을 속이기 쉽고, 판단은 내리기 어렵다. 의사가 자기 할 일을 준비하는 것만으로는 충분치 않고, 환자와 환자를 돌보는 사람 및 필요한 모든 외부 사람이 준비를 갖추고 그 일에 대비한다. 아포리즘은 삶의 고통

속에서도 훗날 자신이 만나는 세상 사람들을 사랑하고 스스로를 최선의 길로 이끄는 격언格言, 금언金言, 잠언箴言 또는 경구警句의 의미를 가진다. 아포리즘은 간결한 시적 표현이지만 인생과 세계에 대한 철학적이고 핵심을 찌르는 압축적이며 통섭적인 메시지를 담고 있다.

아포리즘은 철학적 선언처럼 단정적이다. 아포리즘은 작은 공간에 많은 생각을 담아내는 압축가스를 저장하는 탱크의 역할과 같다. 아포리즘은 촌철살인寸鐵殺人으로 사람의 마음에 깊이 파고 들어 파급하는 공감 능력이다. 화살처럼 날아오는 강렬한 아포리즘은 쇼펜하우어와 니체의 철학시대에 꽃을 피운 표현 방식이다. 아포리즘은 깊은 체험적 진리를 간결하고 압축된 형식으로 나타낸 짧은 글이다. 가장 오래되고 유명한 아포리즘은 히포크라테스의 『아포리즘』 첫머리에 나오는 "예술은 길고 인생은 짧다."는 말이다. 세익스피어는 "약한 자여, 그대 이름은 여자이니라."라는 말을 남겼고 파스칼은 "인간은 자연에서 가장 연약한 한 줄기 갈대와 같다. 그러나 생각하는 갈대."라고 하였다.

그는 "생각하는 갈대이다."라는 말도 널리 알려진 말이 아포리즘의 한 예다. 우리나라에서는 유치환 시인의 작품이 아포리즘적 성향을 가졌다고 알려졌다. 문예 또는 철학적 아포리즘으로 엮은 책으로는 라 로슈푸코의 『잠언집』, 콜리지의 『내성內省의 안내』, 니체의 『서광曙光』 등이 잘 알려져 있다. 아포리즘은 일견 항간에 떠도는 '이언俚言'이나 '속담', '처세훈'과 흡사하다. 이언이나 속담은 널리 유포되는 반면 작자가 분명하지 않다. 아포리즘은 작자의 독자적獨自的인 창작이며 교훈적 가치보다도 순수한 이론적 가치를 중요시하는 점이 '처세훈'과 다르다. 개인적으로 니체는 공손한 사람이었다는 게 니체 전기 작가들의 대체적인 평가다.

그러나 글로 보는 니체는 결코 그렇지 않았다. 그는 거만하고, 무례하며, 위악적이다. 그는 굳이 그 점을 감추려 하지 않고, 오히려 과장한다. 그는 왜 존경받는 성인이 되기보다 지탄받는 사티로스가 되기를 희망했을까? 그는 말했다. 그는 "아포리즘은 눈으로 읽는 것이 아니라 마음에 새기는 것, 높이 솟은 자만이 느낄 수 있다."고 했다. 그는 "신은 죽었다."고 선언하면서 기독교적 세계관에 도전한 무신론자이다. 그는 객관적 진리를 향한 형이상학적 전통에 반기를 든 반형이상학자이고, 보편적 도덕 가치를 정초하는 시도 자체가 무망하다고 본 비도덕주의자다. 그러한 도발적 주장 때문에 니체 철학은 한편으로는 과대망상에 사로잡힌 비합리적인 철학의 전형으로, 다른 한편으로는 불편한 진실을 드러낸 용감한 철학으로 상반되는 평가를 받아왔다.

수필의 길이는 통상 200자 원고지 15장 안팎으로 정해져 있지만 내용 없이 길기만 하면 구차스럽다. 짧으면 짧을수록 좋은 시대정신의 핵심을 전할 수 있다. 수필은 단숨에 읽고 긴 여운을 남기는 영혼의 글이다. 그만큼 짧은 내용으로 사회 흐름에 대한 토론의 장으로 공감과 소통을 불러일으키는 글이다. 아포리즘은 문장이 단정적이고 체험적이며 그 표현은 개성적이고 독창적이다. 속담이나 격언은 세상에 널리 알려졌으나 작자가 누구인지 모른 채 회자하지만 아포리즘은 고유의 창작으로 회자하였다. 수필이 마음을 흔들어 깨우는 강렬한 울림과 떨림을 가졌다면 아포리즘의 기원은 고대 그리스시대 히포크라테스의 저술『아포리즘』에서 출발한다. 아포리즘은 원래 질병의 증세 · 진단, 치료법의 처방이었으나 이후 농학 · 의학 · 예술 · 정치학 · 법학 등 학문 분야로 그 영역을 넓혀갔다.

히포크라테스는『아포리즘(aphorisms)』제1장 1절에서 "인생은 짧고 의술은 길다. 기회는 갑작스럽고 위험하다. 경험은 사람을 속이기 쉽고 판단은 내리기 어렵다. 의사가 자기 일을 준비하는 것만으로는 충분치 않고 환자와 환자를 돌보는 사람과 필요한 모든 사람들이 군소리 없이 준비하고 대비할 수 있어야 한다."고 충고하고 '의술'이 예술로 승화되는 '감동'의 경지로 이끈다. 히포크라테스가 바로 '의술을 생명의 예술로 승화시킨' 인물이다. 간결한 표현이면서도 "진리"로 인정하는 인술의 길을 화두로 삼았다. 중세의 아포리즘은 1066년경 의사 요안네스 데 메디타노가 라틴어 운문으로 쓴 내용으로 살레르노 의학교의 교재로 출발하였다.

또 다른 아포리즘집은 1709년 네덜란드인 헤르만 부르하베가 레이덴에서 출판하였다. 앞서 소개한 두 책은 라틴어로 쓰여진

의학서로 당시 의학도들의 필독서였다. 아포리즘의 용어는 차츰 다른 학문 분야의 원리를 이해하는 데 활용되면서 보편적 진리로 인정받아 그 영역을 점점 넓혀나갔다. 아포리즘은 간결하지만 핵심을 찌르는 맛을 지닌다. 우리 주위에서 볼 수 있는 시구나 저술, 심지어 정치 구호나 광고 카피에서 아포리즘적 표현의 예를 흔히 접한다. 실로 겉치레보다 자기성찰을 통한 집단지성集團知性으로 단호한 메시지를 전할 때 가슴에 와 사무친다.

호주 눙가바리 원주민 칼 에릭 스베이비와 텍스 스쿠소프가 함께 지은 『모든 것을 살아 있게 하라』와 부산의 원로 언론인 설창수가 쓴 비평과 토론의 칼럼 『삼촌설三寸舌』, 신동엽의 『누가 하늘을 보았다 하는가』, 강준만 교수의 『당신의 영혼에게 물어라』와 희망을 위한 아포리즘 『수렁 속에서도 별은 보인다』 등이 수필 아포리즘의 택스트들이다. '진리는 멀고 이념은 가까운 시대를 산 지식인'으로 사회학자 송호근 교수의 에세이 『독甕 안에서 별星을 헤다』와 문장수집가 박민영의 『그 말들이 나를 찾아왔다』, 그리고 시인 안도현의 아포리즘 『네가 보고 싶어서 바람이 불었다』와 시인 이탄이 엮은 『명언 에스프레스』 등도 읽어 볼 만하다.

광고 카피 "가슴이 따뜻한 사람과 만나고 싶다"(동서식품 맥심, 1989)든지 "좋은 잠이 쌓인다. 좋은 나를 만든다."(에이스 침대, 2019), "오늘, 그대 입술은 봄"(롯데 부산전 기획전, 2021)에 MBN 방송 프로그램 『나는 자연인이다』와 NBA의 『나는 SOLO』 프로그램

등이 좋은 예가 될 것이다. 최근 볼 수 있는 아포리즘 에세이집은 노정숙의 『바람, 바람』과 오정순의 『귀띔』 등이 나왔다. 수필가 윤재천 교수는 단행본 『수필 아포리즘』을 통해 "'아포리즘'이란 용어는 신념화된 확신을 대중에게 알리려는 목적의 외침"이라고 밝히고 있다.

이렇게 에세이는 곧 인간이고 사회이며 우리의 삶과 사유를 담아낸다. 우리가 수필 작품을 읽다 우리의 마음을 흔드는 부분의 아포리즘을 만나면 공감의 밑줄을 긋고 되씹는다. 여기서 우리가 유념해야 할 일은 '수필 아포리즘'과 '아포리즘 수필'이라는 표현이다. '수필 아포리즘'을 풀어쓰면 '수필에 관한 아포리즘'이기 때문이다. 지금 시대를 흔히 누구나 글을 쓰는 작가의 홍수 시대에 누구나 작가가 되고 동시에 독자가 되는 시기에 살고 있다. 그 말은 곧 오늘을 바쁘게 살아가는 현대인이 하나같이 현실을 맞닥뜨리는 시대정신과 삶의 주인공이라는 현실이다. 그만큼 현대인 중 변화무쌍한 젊은이들의 경향은 이야기를 길게 늘어뜨리는 재미없는 소설과 쓴 사람조차 이해하지 못하는 어려운 현대시를 가까이하지 않으려 한다.

차라리 생활철학이 담긴 짧고 감동적인 수필 아포리즘과 시대의 흐름을 번영하는 운율이 맞아떨어지는 정형시조, 억지스러움이 없는 동시와 동요의 순수함을 가까이 하려는 경향을 보인다. 지금은 다이제스트나 기사의 헤드라인처럼 압축된 표현이 세상

사람들의 관심을 끈다. 사람들은 자기만의 일상에 쫓겨 단구短句와 짧은 문장의 수필 아포리즘을 선호한다. 대중의 관심 또한 신조와 원리가 함축적으로 표현하는 수필 아포리즘 시대를 열어 놓았다. 수필 아포리즘에 천착하는 수필가 유재천 교수는 2012년 『수필 아포리즘』에서 수필을 123가지의 항목으로 이야기하고 '운문화된 수필문학의 미래'라는 주제로 "수필문학의 미래를 위해 아방가르드적 글쓰기와 수필이론의 아포리즘에 도전하는 새로운 길을 개척해 나가는 것"이라고 내다보았다. 수필 아포리즘은 지적 사회의 시민으로서 우리가 나아가야 할 삶의 길을 깨닫게 한다.

지난 2009년 『수필문학의 이론과 창작기법』에 이어 2013년 『수필문학 총서』를 펴낸 바 있는 문학평론가 장사현은 "수필은 잠언의 깃발이다. '수필 아포리즘'은 삶의 길잡이가 되는 훈언訓言과 교시敎示로서 삶을 성찰하고 고백하는 삶을 제시한다. 또한 소재나 제재를 다루는 상징적인 수필을 통하여 문학적 형상화로 시대를 선도하는 문학이다."라고 밝힌 바 있다.

아포리즘 수필은 신변잡기를 극복한 내용으로 "이 시대가 요구하는 근본과 근거뿐만 아니라 시대를 탐구하는 통찰과 분석을 담아내는 핵심 삶의 메시지"라고 하겠다. 수필 아포리즘은 주위의 해방과 비난으로부터 자신의 강인한 독립성과 확고한 주체성을 지킬 수 있는 지적 능력을 유감없이 발휘하는 시대적 요청에 대한 글쓴이의 응답이 될 것이다.

나의 수필론 (5)

탈고와 퇴고의 미학

글쓴이에게 있어서 탈고脫稿와 퇴고推敲는 스스로의 몫이다. 탈고는 한 편의 글쓰기를 마치거나 끝남을 의미한다. 그러나 탈고의 순간은 글쓴이에게 있어서 해방감과 스스로가 뒤돌아 보이는 아쉬움을 동시에 맛보는 순간이다. 그러나 일단 끝맺었다는 해방감의 기쁨에 넘칠지 모르나 돌아서면 만족스러운 탈고가 끝나지 않은 찜찜함이 남는다. 탈고脫稿는 글을 다 쓴 후, 첫 번째 초고를 완성한 상태에서 문장이나 내용을 검토하고 수정하는 과정으로 초고에서 틀린 부분이나 부족한 점을 보완하면서 최종적인 형태로 가다듬는 단계다. 퇴고推敲는 탈고 뒤에 더욱 세밀하게 글을 다듬는 과정으로 글의 표현이나 문장 구조를 더 자연스럽고 정확하게 다듬는 작업이다.

탈고는 초고를 기반으로 한 큰 수정 작업이고, 퇴고는 그 후에 이루어지는 세밀한 수정을 가하는 작업이다. 퇴고는 화가나 작곡자에게도 같은 작업 과정을 거친다. 초고란 초벌 원고로 맨 처음 쓴 '날것'의 상태다. 그래서 초벌 원고를 '민낯'이나 '쌩얼', 심지어 아직은 '쓰레기'라고 말한다. 퇴고推敲는 글을 다 쓴 뒤에 내용을 다시 검토하고 수정하는 과정이다. 즉 초고를 바탕으로 수정 · 보완하고 정리하는 작업이다. 퇴고는 한자로 '밀 퇴推', '두드릴 고敲'로 이해하는 고사古事가 뒤따른다. 미학(美學, Aesthetics)은 가치로서의 미, 현상으로서의 미, 미의 체험 등을 대상으로 하는 학문이다. 여러 학문의 상위에 있는 미 그 자체의 학문을 제창한 서양의 전통적 미학은 초월적 가치로서 출간의 아름다움을 끌어올린다.

퇴고에는 동서양에 걸쳐 다양한 유래가 전한다. 당나라唐 때였다. 시인詩人 가도賈島가 말을 타고 길을 가다 문득 좋은 시상詩想이 떠올라 정리에 몰두하였다. 제목을 「이응李凝의 유거幽居에 제題함」으로 정하고, 다음과 같이 초草를 잡았다. '한거소린병閑居少隣竝'으로 이웃이 드물어 한적한 집. '초경입황원草徑入荒園' 풀이 자란 좁은 길은 거친 뜰로 이어져 있다. '조숙지변수鳥宿池邊樹' 새는 못 속의 나무에 깃들고, 승고월하문僧敲月下門 스님이 달 아래 문을 밀친다. 결구結句를 밀다推로 해야 할지, 두드리다敲로 해야 할지 궁리하던 중에 자신自身을 향해 오는 고관高官의 행차行次와 마주치게 되었다. 그 고관高官은 당송팔대가唐宋八大家 중의 한 사람으로 부현지사副縣知事인 한유韓愈였다.

가도賈島가 먼저 길을 피하지 못한 까닭을 아뢰고 사과하였다. 역시 대문장자인 한유韓愈는 뜻밖에 만난 시인詩人의 말을 듣고 나무라지 않고 생각 끝에 이렇게 말했다. "내 생각에는 두드리다가 좋을 것 같네." 하는 말로 이들은 이후 둘도 없는 시우詩友가 되었다고 한다. 이 고사古事로 퇴推와 고敲 두 자 모두 문장을 다듬는다는 뜻을 지녔다고 전한다. 이 흐뭇한 마음이 문인들의 우정을 이야기할 때 오늘날까지도 회자한다. 이 같은 의미를 처음 사용한 사람은 라이프니츠 볼프학파(Leibniz Wolffische Schule)의 A.G. 바움가르텐이다. 그는 그때까지 이성적 인식에 비해 한 단계 낮게 평가되고 있던 감성적 인식에 독자적인 의의를 부여하여 이성적 인식의 학문인 논리학과 함께 감성적 인식의 학문을 철학의 한 부문으로 수립하고, 그것을 '에스테티카(Aesthetica)'라는 명칭을 부여하였다.

미美란 곧 감성적 인식의 완전한 것을 의미하므로 감성적 인식은 동시에 미의 학문이라고 생각하였던 것이다. 나는 감히 탈고와 퇴고를 한마디로 '글쓰기의 미학'이라고 말한다. 존 트림블(John R. Trimble)은 「살아있는 글쓰기」에서 "문장의 전문가들은 집필의 90%가 고쳐쓰기라는 우울한 진실을 받아들인 사람들"이라고 말했다. 여기에 근대 미학의 방향이 글쓰기에 새로운 길을 열어 놓았다고 하겠다. 농경사회에서 밀, 메밀, 쌀, 등을 빻은 곡물

가루와 감자로 만든 반죽을 가늘고 길게 뽑아내 만든 식재료, 국수를 만들어 먹는다. 중국에서는 밀가루 면을 '麵'이라고 부르고 쌀가루로 만들어진 면은 '粉'이라고 구분한다. 흔히 수타면手打麵은 손으로 직접 반죽을 두들겨 면을 뽑는 것을 말한다.

수타면과 면麵 기계로 뽑은 국수와 라면처럼 그 맛이 다르다. 퇴고도 컴퓨터를 이용한 기계적 자동 퇴고와 글쓴이가 직접 퇴고를 하는 작가 퇴고로 나눌 수 있다. 출판사나 신문사에서는 퇴고를 교정矯正과 교열校閱로 나누어 전문화하였다. 교정의 말뜻은 '틀어지거나 잘못된 것을 바로잡아 고치는 것'을 뜻한다. 교열은 '문서나 원고의 오자 등 잘못된 부분을 살펴 고치는 것'이다. 나는 평소 탈고 과정에서 퇴고가 함께 이루려고 노력한다. 출판 직전 마지막 퇴고가 이루어지는 과정에서 집필자와 편집자 사이에 꾸준한 의견 교환이 이루어졍 한다. 글쓴이가 퇴고를 직접 꼼꼼하게 하는 것이 좋은 글을 만드는 기본 요건이므로 구상이나 초고 작성 못지않게 어느 것 하나 중요하지 않은 일이 없다. 경험자들은 퇴고의 과정을 간추려 정리해 본다.

1, 소리내어 읽어본다.

2, 맞춤법과 띄어쓰기 검사.

3, 강조하고 싶은 문장 혹은 단어를 돋보이게 한다.

4, 함께 읽을 수 있는 자신의 다른 글의 링크 걸기.

5. 태그, 카테고리, 예약 기능과 공지 기능을 말한다.

정확하고 올바른 퇴고를 위해서는 대체로 다음의 세 가지 원칙을 따르라고 권한다. "첫째, 탈고한 글에서 빠진 부분과 부족하다고 느껴지는 부분을 찾아 보완한다. 둘째, 불필요한 부분이 들어가 있거나 지나치게 많이 들어가 겹치는 것들을 찾아 삭제한다. 셋째, 글의 순서를 바꾸었을 때 더욱 효과적인 부분이 있다면 문장 구성을 변경하고 주제 전개의 앞뒤를 바꾸거나 부분적으로 고치라"고 권한다.

글쓰는 과정은 탈고 뒤에 퇴고推敲의 과정까지를 말한다. 탈고 과정에 퇴고가 동시에 이뤄지면 이상적이고 시간까지 아낄 수 있을 것이다. 그러나 탈고한 원고는 거듭되는 퇴고를 거쳐 완성되는 것이다. 글쓰기는 일상의 서사다. 일상의 서사는 자신의 삶을 펼쳐 보이듯 글쓰기의 서사는 맹수가 스스로의 상처를 다스리듯 한다. 글쓰는 과정은 1) 주제 정하기, 2) 계획하기, 3) 집필하기 4) 퇴고하여 고쳐쓰기의 단계로 나누어진다. 소설가 전상국은 1992년 『당신도 소설을 쓸 수 있다』에 실린 창작 안내서 '구상에서 탈고까지'에서 작가는 강단과 문예 창작 강좌에서 얻은 경험을 바탕으로 소설을 쓰기 위한 창작방법론을 서술하면서 '소설이란 무엇인가?'라는 질문과 답으로 꾸며진 '왜 쓰려고 하는가?', '무엇을 쓸 것인가?'. '어떻게 쓸 것인가?'에 대해 자신이 경험을 바탕으로 설명하였다.

그는 「구상에서 탈고까지」를 자신이 쓴 중편소설 『투석』을 중심으로 소설 쓰기의 과정을 설명하였다. 이 작품은 소설 쓰는 과정의 어려움을 전제로 『투석』의 구성에서 완성에 이르기까지의 전 과정을 세밀하게 설명한다. 『투석』의 구상은 우연히 읽은 신문 기사에서 시작되었다. 처음에 작가는 그것을 짧은 단편으로 구성하였고, 경찰의 방문으로 인해 불안감을 느끼는 주부의 심리를 중심으로 소설을 구상하였다. 전상국의 『투석』은 1970년대 군부독재와 1980년대 신군부에 의해 억압된 현실을 그려냈다. "도대체 그럴 자격이 없는, 가장 독선적인 사람이 민주화란 갑옷을 입고 큰 목소리를 냈다. 목소리 큰 사람에 질질 끌려다니는 이들도 많았다. 작가답지 않은 양심을 가진 작가와 정치꾼 같이 교활한 사람도 있다. 잘못을 따져 꾸짖고 때로는 너그러이 가슴에 안은 그런 큰바위얼굴이 없었다."라고 절규하였다. 하지만 아우트라인을 잡고 집필하는 과정에서 우연히 돌이 날아드는 상황을 떠올렸다. 그리하여 이야기의 구조를 전면적으로 수정하게 된다. 초기에 구상한 짧고 단순한 이야기가 사회와 역사를 아우르고 보다 복잡한 개인의 내면을 드러내는 작품으로 변화한 것이다. 이에 맞추어서 역사의 가해자와 피해자의 심리를 구성하고 현대인의 양심 문제를 조망하려는 의도가 추가되는 것이다. 실제로 소설은 이러한 구상을 전제로 쓰였고 구체적인 과정에서 약간의 구성이 바뀌었으나 그 주제 의식의 테두리를 지켜나갔다.

퇴고를 자주하는 작가로 이름난 헤밍웨이는 극단적으로 "모든 초고는 쓰레기"라고 말하였다. 그만큼 여러 번의 퇴고를 거쳐서 완벽한 원고를 건져낸다는 뜻이다. 탈고는 미완성 상태의 원고가 나를 기쁘고 해방감에 젖게 한다. 한 편의 글을 마무리하는 퇴고 과정은 글을 탈고하는 일 못지않게 중요하다. 탈고한 원고를 다시 읽고 다듬어 고치며 바로 잡는 퇴고推敲야말로 글의 완성도를 높이는 과정으로 글을 세상에 발표하기 전까지 계속되는 탈고는 작가의 몫이다. 한두 번의 퇴고로 끝내려고 서둘지 말아야 한다. 퇴고는 완성된 글이나 탈고한 원고를 다시 읽고 또 읽어 가며 다듬어 고치는 일이다. 거듭되는 퇴고는 퇴고를 위한 퇴고가 거듭되겠지만 퇴고는 작가에게 있어서 가장 고통스럽고 긴장된 순간으로 발표에 앞서 맛보는 만족스럽고 기쁨에 넘치는 값진 과정의 하나다.

작가에게 있어서 탈고와 퇴고의 문제는 '닭이 먼저냐 달걀이 먼저냐'하는 논쟁의 문제일 뿐이다. 고대 철학자에게 이 의문은 하나의 생명이 이 세상에 어떻게 태어났는가라는 의문에서 비롯된 것이다. 일상어의 맥락에서 '닭이 먼저냐, 달걀이 먼저냐'라고 말할 때, 이것은 서로 순환하는 원인과 결과의 단서를 분류하려는 무익함을 지적하는 의미를 가진다. 이러한 관점에서 이 물음이 가지는 가장 근원적인 성질을 가지고 있다고 하겠다. 그것은 생명의 시초, 생명이 발생한 시초를 따져 묻는 것이다. 모든 만물의 존재가 우연이 아니라 절대자의 창조에 의한 것이라면 당연히 생명의 시초는 창조에 의한 것이다. 그렇다면 달걀을 생산한 닭이 먼저일 수밖에 없다.

그러나 그보다 더욱 근원으로 돌아가면 그 닭을 창조한 절대자의 아이디어가 존재한다. 그 절대자는 스스로에게 있다. 절대자이기 때문에 그 절대자의 존재 여부나 존재의 원인에 대해서 인간의 관점에서 왈가왈부할 수 없는 문제다. 그러므로 절대자의 존재 의미 없이는 존재에 대한 물음에 답을 찾을 수가 없을 것이다. 맹수가 굴 안에서 홀로 자신의 상처를 다스리듯 수사修辭를 통해 펼친 글을 다시 읽고 고치며 바꾸고 줄이는 첨삭의 과정은 퇴고를 통해 제2의 창조다. 탈고와 퇴고는 어느 것이 먼저인지를 따지기 전에 동시에 맞물려 이뤄져야 하는 게 이상적이다. 글을 쓰면서 먼저 염두에 두고 탈고脫稿를 서두른다. 그러나 탈고로 글쓰기를 마친 게 아니라 새로운 시작이다.

글을 쓰는 과정이나 다 쓴 순간의 뿌듯함보다 완성된 글을 다시 읽는 과정에서 스스로의 부끄러움을 발견하게 된다. 글 한 편에 한두 군데도 아니고 여러 군데 띄어쓰기나 철자법이 틀리기 일쑤다. 한 편의 작품을 퇴고하는 과정에서 부분이 아니고 전체를 바꾸거나 빼어 버리는 대수술을 하게 될 때도 있다. 탈고와 퇴고는 어느 것이 먼저라고 말할 수 없다. 탈고와 퇴고가 동시에 이루어지면 이상적이다. 그만큼 탈고에 쫓긴 퇴고는 탈고에 이어 바로 이루어질 때가 잦다. 원고 마감에 쫓겨 여유가 없을 때 소홀해지기 쉽다. 탈고는 몇 번이고 거듭 퇴고를 요구한다. 퇴고를 거듭하면 글의 완성도가 더해지고 글의 품격이 자연히 끌어 올라간다. 출판사에 원고를 넘긴 뒤에도 틈나는 데로 퇴고를 거듭한다.

명사 끝에 '-와' 동사 끝에 '-와'를 붙여 지루하리만치 끝없이 이어지는 표현을 지양한다. 그럴 때는 과감히 자르고 짧게 수술하듯 거침없이 메스를 가한다. 퇴고는 글쓰기의 완성도를 높이는 마무리에 결코 주저하지 않는다. 나는 코로나19가 극성일 때 '집콕'과 언택트 시대에도 격일로 혈액투석 치료로 연명하면서 월간 『수필과비평』의 연간 기획연재 「콘서트 순례」와 「최화웅의 북리뷰」 등 스물네 편의 글을 빼먹지 않았고 수필 100여 편을 썼다. 그 과정에서 처음 글을 쓰기 시작했을 때 미처 생각하지 못한 버릇을 알아차리고 바로잡으려 애쓴다. 나는 여든에 들고 진종일 KBS FM Kong을 통해 클래식을 즐기며 책을 읽고 글쓰기를 한다.

'새 눈'을 뜨고 내가 쓴 글을 다시 읽고 다듬는 퇴고를 거듭하는 잔인하고 고통스러운 나날을 통해 글은 새롭게 태어난다. 글쓰기는 비법과 지름길이 없는 토굴의 벽면 수행과도 같은 것이다. 아리스토텔레스의 『수사학』 제12장 장르에서 밝혔듯이 장르마다 적합한 문체가 다르다는 사실을 상기할 필요가 있다. 지난번 코로나 창궐로 비대면의 거리 두기로 언제 끝날지 모르는 기간 동안

기약 없는 안거安居 기간 동안 홀로 읽고 느끼며 쓰는 삶을 다람쥐처럼 쳇바퀴를 돌렸다. 특히 퇴고의 과정에서 좌절과 실망, 기쁨과 희열, 유혹과 갈등이 맞바람치는 험한 바다를 건너듯 오디세우스가 되어 스스로를 다지며 용기를 북돋우며 재충전한다. 탈고한 글은 퇴고를 거치는 동안 너절한 글이 탄탄하고 날렵해진다.

때로는 아내의 도움을 받기도 하였지만 주무르다 끝내 폐기한 글도 숱하다. 나는 첫 퇴고에서 주제의 논지를 제대로 살린 일관성을 가졌는가, 사용한 어휘가 적절하고 적확하게 쓰였는지, 문단의 구분과 문장의 길이는 적당한지, 표현은 알맞고 솔직한지, 지루하지 않고 깔끔한지 등의 문제를 서둘지 않고 해부학적으로 파헤쳐 살핀다. 몇 주나 한 계절이 지나 묵힌 글을 다시 읽으며 퇴고를 거치는 동안 글은 허물을 벗은 우화羽化의 산고를 거쳐 새롭게 태어난 새 생명이 된다. 글쓰기는 인간의 출산과 자연의 우화의 같은 아픔과 기쁨을 가진다. '쓰고 고치며 바꾸고 줄이는 과정'이 내 글쓰기의 마무리 과정으로 퇴고의 모든 과정을 의미한다.

그러나 원고를 몇 번씩 톺아보아도 놓치는 미흡한 표현과 오탈자가 나오기 마련이다. 글은 퇴고를 거듭할수록 구들목에 묻어둔 막걸리 도가지처럼 목둘레에 누룩곰팡이가 하얗게 피고 와인이 오크통에서 숙성 과정을 기다리듯 숙성한다. 거듭된 퇴고를 통해 빚어지는 동안 긴장과 겨루는 과정에서 글은 하나의 열매처럼 영글어 익는다. 나의 퇴고는 인쇄소로 넘어가 출판된 뒤에도 계속될 만큼 산후조리에도 열심이다. 알에서 부화한 누에가 고치를 만들고 들어가 번데기가 될 때까지 몇 번 잠을 잔다. 거듭 허물을 벗고 더 큰 성충으로 성장하는 과정을 누에가 잠을 잔다고 하는데 농가에서는 한잠, 두 잠, 석 잠, 넉 잠 등으로 불렀고 책에는 1령, 2령, 3령, 4령이라 일컫는다.

누에의 한 살이 나방이 낳아 애벌레, 번데기, 나방의 과정을 거친다. 누에고치를 잘 짓게 하려면 성충인 애벌레 시기에 뽕잎을 많이 짐박에 올려주어야 한다. 누에가 우화를 위해 고치를 짓고 나면 그걸 삶아서 실을 뽑는데 그것이 명주실(견사)이다. 명주실로 날줄과 씨줄을 번갈아 가면서 짠 천이 그 아름다운 비단이다. 실을 뽑고 남은 삶은 번데기는 식용으로 사용되는데 시장을 가면 번데기 삶는 냄새가 회를 동하기도 한다. 식용으로 쓰이지 않고 살아남은 번데기는 나방으로 우화羽化 하여 다시 알을 낳는다. 번데기에서 고치를 뚫고 나와 나방이 되는 과정이 우화다. 자신의 몸에서 실을 뽑은 고치에서 구멍을 내고 나오기가 쉽지 않다. 각고의 인내와 노력을 시련과 부활과 비교할 수 있다.

그 작은 구멍을 내고 간신히 세상 밖으로 나와 나방으로 살아갈 수 있다. 고통 없이 좋은 작품을 쓸 수 없다. 작가가 겪는 고통은 좋은 작품을 만들기 위한 과정이다. 우리는 퇴고의 가르침을 누에고치에서 그 섭리를 배우게 된다.

'허물을 벗는다'는 말은 참 시적詩的인 표현이다. 한자로는 탈피

脫皮다. 단순히 껍질을 벗기는 것이 아닌 허물을 벗는다는 표현을 만들어 낸 조상들은 대단하다. 잘못이나 실수를 말하는 '허물'을 사용했으니 말이다. 그 허물은 굼벵이로서의 삶을 마감하고, 성충의 매미가 되기 위해 과감히 벗어던진 허물虛物이었다. 굼벵이로서의 허상虛像이 아닌 매미로서의 진상眞像의 존재가 되기 위한 엄중한 의례였다. 죄와 잘못을 벗어던지면 민낯과 맨몸이 된다. 거짓이 아닌 참 자신의 참 실체를 직면하게 된다. 그것이 '거듭남'을 위한 퇴고이다. 매미가 조용히 허물을 벗고 몸과 날개를 말리는 것은 '참 자신'인 '진상眞像'과 조우하는 순간이다. 그러고는 날아올랐다. 날아올랐다는 것은, 7년 성상 애벌레인 굼벵이가 어두운 땅속을 벗어나 나무 위에 기어 올라온 매미가 비로소 해방의 기쁨을 맛본다.

스스로를 스스로가 해방시키는 순간이다. 퇴고 역시 스스로 거듭나는 인고의 과정이다. 굼벵이의 삶에서 벗어나 해탈解脫을 맛보는 것이다. 매미의 허물벗기를 우화羽化라고 한다. 몸으로 기어다니는 애벌레가 날개 있는 성충이 되어, 우화를 통해 하늘을 나는 매미가 된다. 그것이 기뻐서 여름 한낮 뙤약볕 아래서 매미는 그토록 울어대나 보다. 스위스 여성 네오 아방가르드 작가 하이디 부허(Heidi Bucher)는 "나를 억압하는 모든 것에서 자유를 꿈꾼다."고 외쳤듯이 허물을 벗기는 것이 아닌, 벗는다는 것은, 잘못이나 실수를 '스스로' 고해성사하는 것과 같다. 용서를 받고 새로운 존재로 거듭나는 부활이다. 따라서 허물을 벗는다는 것은, 다시 생명을 얻는 부활復活이요, 삶이라는 감옥에서의 탈출脫出이자 탈옥脫獄이요, 영겁永劫의 삶에서 해탈解脫 하는 것이다.

그것도 그 누구의 도움도 없이 스스로 혼자 끙끙대며 산고를 겪는다. 신비스러운 탄생의 고통이었으리라. 독수리는 인간과 비슷한 칠십 년쯤을 산다. 무리를 이루지 않고 홀로 하늘을 외롭게 날며 사냥하는 독수리지만 삼십 년쯤 지나면 노쇠하여 부리가 구부러지고 발톱이 뭉개지며 오래된 깃털은 무거워서 높이 날 수 없게 된다고 한다. 다시 태어나든가 그대로 죽든가 해야 하는 선택의 순간이 찾아온 것이다. 살아남고자 하는 독수리는 홀로 높은 산정으로 날아 올라 살 속을 파고드는 발톱을 구부러진 부리로 뽑아낸 뒤 바위에 부딪쳐 무뎌진 부리를 스스로 부셔버린다고 한다. 피투성이가 되어 새 부리와 발톱이 자라나기를 기다리는 고통과 함께 새로운 부리로 낡은 깃털을 하나하나 뽑아내 다시 창공을 날 수 있는 새 날개가 돋을 때까지 고통 속에서 새날을 기다린다.

그 과정이 수개월이 걸린다고 한다. 새로 태어나는 것, 허물을 벗는 과정은 매미도 독수리도 혼자 해낸다. 혼자 하지 않으면 잡아먹히고 만다. 그래서 고통이 더 크리라. 아마 다시 태어나지 않는 동물은, 인간뿐이지 않을까. 인간이긴 하지만, 사람으로 거듭나지 않는, 허물虛物인 허물을 벗어던지지 못하는 존재는, 인간뿐 아닐까? 우리의 삶은 고해라고 불가에서 일러주는 이야기에 귀 기울인다. 하루살이는 하루를 살 뿐이다. 그 하루에 불행히도 종일 비가 오더라도 허니문 공중 비행을 하며 열심히 사랑하고, 알을 낳고, 죽는다. 최선을 다해 산다. 매미는 매미가 되어 한 달 정도를 산다. 짝짓기를 하고는 짧은, 아니 아주 긴, 삶을 마감한다. 그것이 아쉬워서 밤낮으로 그렇게 열심히 울어대나 보다.

새삼 사람 사는 인격적 관계를 문학정신이 승화시킨 한 편의 고사다. 퇴고는 글을 세상에 내놓기 전에 바로 잡고 고치는 마지막 작업이다. 제4차 산업혁명의 진전은 퇴고도 디지털의 전자적 기능으로 지금 한창 변하고 있다. 지금은 컴퓨터가 맞춤법 도우미와 띄어쓰기 정도에 머물었지만 그 기능이 머지않아 인간의 교정 기능과 글짓기를 대신할 것이라는 전망이다. 퇴고를 통해 빠진 것과 조잡한 곁가지를 쳐서 문장의 구성과 주제, 전개 양상과 전체 · 부분, 문장 · 용어 · 표기 · 맞춤법을 두루 살펴야 한다. 기자 출신 장순옥이 쓴 책『지우고 줄이고 바꿔라』를 읽었다. 장순옥은 "난해한 글보다 간결하고 매혹적인 글이 관심을 끈다."며 탈고한 글을 다시 끄집어내 '지우고', '줄이며', '바꾸기'를 통해 샅샅이 살피라고 권하였다.

그의 요구에 따라 전체 문장을 곰곰이 읽으며 거듭된 구句나 절節은 없는지. 군더더기와 군살을 빼는 칼질과 채질을 거듭하였다. 그리고 부언을 반복하거나 겹친 곳. 접속사로 복문을 이어 늘어진 문장의 티와 터무니없는 표현을 바로 잡으려고 애썼다. 나아가서 글쓰기에 바빠 한자와 영어의 범람과 일본말 지꺼기를 걸러내지 못하여 아름다운 우리말을 버려두지 않았는지 돌아보며 샅샅이 찝어낸다. 중국 당나라 때의 시인 백거이(白居易, 772~846)는 당대를 풍미했던 문장가였다. 그의 자字는 백낙천白樂天으로 「장한가長恨歌」, 「비파행琵琶行」 등이 있으며, 시문집에 『백씨 문집白氏 文集』이 있다. 이 얘기는 아마 백낙천과 얽힌 에피소드의 한 대목이 아닌가 싶다.

하루는 백낙천이 이웃 친지들, 즉 문인묵객文人墨客들을 불러모아 시회詩會를 열었다. 칠현금七絃琴을 뜯어가며 시를 짓거나 시에 대한 토론, 감상, 연구 등을 위한 이 모임에서 한 제자가 백낙천에게 물었다. "선생님께서는 종이에 붓만 대시면 절창絕唱인데, 무슨 비결이라도 있습니까? 선생님은 퇴고를 하십니까, 안 하십니까?", "퇴고는 무슨 놈의 퇴고! 자고로 시란 즉흥적이고 즉물적卽物的인 게야. 대상을 있는 그대로 포착해내는 것이지. 모름지기 시란 순간의 포착이 중요한 것이야. 순발력이 없으면 아예 시를 짓거나 흉내내려고 덤비지 말아야지." 술잔이 여러 순배 돌고 흥취가 일 만큼 거나해진 백낙천이 화장실에 간 뒤였다.

그가 깔고 앉은 방석이 유난히 도도록 불거져 있었다. 시회에 참가한 문하생이 백낙천이 깔고 앉은 그 방석을 들추자 아뿔싸! 그가 깔고 앉은 방석 밑에는 그날 발표한 백낙천의 시문 초벌 원고草稿와 무수히 개칠을 거듭했거나 고쳐 쓴 흔적이 역력한 파지破紙들이 수북하게 쌓여 있었다. 천하의 백낙천도 남몰래, 그리고 무수하게 퇴고를 거듭했다는 일화다.

「오발탄誤發彈」, 「학마을 사람들」의 작가 이범선(李範宣, 1920~1982) 선생은 이런 말을 한 적이 있다. "한 사람의 작가로 태어나기 위해서는 자기 키 높이만큼의 습작 원고를 써야 한다."고 할 만큼 절차탁마의 노력이 필요하다는 말이다. 퇴고를 통해 글이 한결 갈끔하게 정리되고 선명해져 마음이 더불어 가지런하게 느낄 때까지 퇴고는 계속되어야 한다.

지난날 니체는 "피로 쓴 글이 아니면 읽지 말라."고 하지 않았던가. 남이 반복해서 지적하는 결점은 미루지 말고 제때에 고치며 루소의 주치의 사뮈엘 오귀스트 티소(Samuel-Auguste Tissot)가 『정신노동자를 위한 건강론』에서 충고한 "문인이란 세상에 흩어져 있는 것을 두루 살피고 생각한다. 주변의 소수에게 전달되어 지대한 영향을 미치는 자로, 대학 강단에서 궤변을 일삼거나 아카데미에서 어설픈 말을 내뱉기보다는 서재에 혼자 틀어박혀 책을 읽고 글을 쓰는 진짜 박식한 사람이다."라는 말을 받아들였다. 그 충고에 에 귀 기울이며 고마운 동인 월운이 평소 일러준 "내용이 너무 길어 장황하다."는 지적도 마음에 새겼다.

평소 『삼촌설三寸舌』의 저자 고범 선배의 충고처럼 "지적 우수성의 근본은 비판과 실용이라고 할 수 있다."는 제언과 짧은 글의 진수를 맛볼 수있다. 수필가 이정림은 『수필쓰기』를 칼잡이의 충고 삼아 퇴고에 나선다. 다양한 글과 신간이 봇물처럼 쏟아져 나오는 요즘 나는 퇴고에 매달려 내 글을 쓰는 만큼 다듬기에 많은 시간을 할애한다. 독일의 대문호 괴테는 평론가들이 자기 작품에 대해 왈가왈부하는 걸 얼마나 싫어했던지 어느 날 "앞에 가는 저 놈을 죽여라. 평론가니까."라고 외쳤다고 하지 않았는가. "생활의 의미화, 그것이 곧 수필이고, 수필이 곧 삶의 철학이다."라는 말은 곧 '수필은 우리의 삶을 의미화하는 문학'이라는 주장과 일치한다.

이해사라는 필명의 김욱은 『걷다 느끼다 쓰다』에서 "글쓰기가 삶의 일부다."라고 일러준다. 전문성과 대중성을 겸비한 글쓰기를 안내한 한근태의 『당신이 누구인지 책으로 증명하라』에서 "글쓰기는 책읽기에서 나온다."고 일러주었다. 이혁백의 『하루 한 시간, 책 쓰기의 힘』에서는 초고와 탈고, 퇴고의 과정에서 "탈고는 홀가분하다. 때로는 퇴고가 신물이 난다."는 말에 공감한다. 강준만은 『글쓰기 특강』에서 "친구에게 이야기하듯 스토리텔링하라."고 권하고 『유시민의 글쓰기 특강』에서 "첫째, 취향 고백과 주장을 구별하라. 둘째, 주장은 반드시 논증하라. 셋째, 처음부터 끝까지 주제에 집중하라."는 충고를 남겼다. 헤밍웨이는 소설 『무기여. 잘 있거라』를 무려 39번이나 퇴고했다는 일화를 남기지 않던가?

"우물쭈물하다가 내 이럴 줄 알았다."는 묘비명을 남긴 버나드

쇼는 평소 탈고한 뒤 일곱 번의 퇴고를 반드시 거쳤다고 한다. 어느 날 밤 글을 쓰다 곤히 잠든 새벽녘 아내가 들어와 책상 위에 널린 원고를 읽어 본 뒤 “당신의 글은 쓰레기 감이오.”라고 소리쳤다는 일화가 전해진다. 많은 작가들이 탈고 과정에서 시원함과 서운함을 동시에 맛보며 퇴고의 고통과 기쁨을 맞는다. 그러나 이런 일화도 전해진다. 헤밍웨이가 「노인과 바다」를 썼을 때 400번이 넘는 퇴고를 거쳤다는 일화처럼 톨스토이는 『전쟁과 평화』를 90번 이상 퇴고했다는 일화가 전해진다. 아내의 비난에 놀란 버나드 쇼가 “맞아, 아직 일곱 번의 교정이 남아 있잖아.”라고 대꾸했다는 말을 타산지석으로 삼는다.

퇴고의 과정은 풀무는 손풀무와 발풀무가 있는데 발풀무로 바람을 일으키며 쇠붙이를 달구고 두들겨 연장과 기구를 만드는 대장장이의 일생이 오늘날 생각과 상상을 다양한 표현으로 옮기는 일이 바로 작가의 삶이 아닐까? 수필도 미학의 공감을 넓혀가면서 감정을 통해 존재의 의미를 탐구하고 재현하려는 과정이 대장장이의 땀흘리는 거듭된 삶의 과정이다. 퇴고는 다독이 첫 번째고 반복 읽기가 두 번째다. 다독하다 보면 짜임새 있는 문장을 깨우치고 자신의 문장을 고칠 수 있는 눈이 훤히 뜨이게 된다. 작가는 퇴고를 통한 이내와 반복 속에 좌절과 스트레스를 극복하려는 열병을 앓는다. 한 장의 명화가 탄생하기까지 고치고 고치듯 작가의 퇴고와 같이 거듭되었다.

왕오천축국전과 열하일기, 중국일기

혜초의 『왕오천축국전往五天竺國傳』은 '세계 4대 여행기' 중 하나다. 『왕오천축국전往五天竺國傳』은 1권으로 된 필사본이다. 글자수는 총 6,000여 자이고 두루마리 형태인데 일부분만이 현존한다. 혜초가 '오천축국의 여행을 다녀온 기록'으로, 천축국은 인도를 말하며 오천축은 인도가 넓기 때문에 동서남북과 중앙의 다섯 지방으로 나누어진 나라를 한꺼번에 통털어 이르는 것이다. 혜초의 글은 1908년 3월 프랑스의 탐험가 펠리오가 중국 둔황의 천불동 석굴에서 발견한 문서 속에 포함되어 있었다. 원본은 3권이었다고 하나, 현존본의 사본인지 요약본인지를 알 수 없다. 『왕오천축국전往五天竺國傳』은 8세기 인도와 중앙아시아에 관한 여행기로 세계에서 유일하다.

이 책은 1909년 중국의 뤄전위가 「둔황석실유서」 1집에 수록해 학계에 알려졌고, 1915년 일본의 다카쿠스가 혜초를 신라의 승려라고 밝혔다. 원본은 파리 국립도서관에 소장되어 있다. 조선 사대부들의 우물 안 개구리식 인식에 큰 깨우침을 준 연암 박지원의 『열하일기熱河日記』, 고조선의 사람들, 그리고 고구려인이 인식한 세계질서를 새로운 시각으로 보여준 거꾸로 보는 지도를 통해 고조선과 고구려 패러다임의 바른 인식을 불러일으킨 『도올의 중국 일기』를 읽었다. 우리나라에서 수필이란 명칭이 처음 쓰인 것은 조선시대 영 · 정조 때의 실학자 연암燕巖 박지원(朴趾源, 1737-1805)이 쓴 『열하일기熱河日記』였다. 이 책은 1780년 6월 24일부터 8월 20일까지 두 달간 보고 듣고 겪고 느낀 청나라 여행기다. 전 26권의 방대한 분량으로 기행문, 일기, 사상적 단상, 일신수필, 소설 등을 담았다.

한국 최초의 기행문 왕오천축국전往五天竺國傳

자료에 따르면 『왕오천축국전往五天竺國傳』은 통일신라 때 승려 혜초(慧超, 704~787)가 쓴 기행문이다. 그는 신라 성덕대왕 때, 인도 5국五國과 부근 중동의 여러 나라를 순례하고 그 행적을 적은 여행기를 남긴 것이다. 혜초는 723년부터 727년까지 4년간 인도와 중앙아시아, 아랍을 여행하였다. 왕오천축국전은 세계 4대 여행기로 꼽히며 그중에서도 가장 오래된 여행기로 알려져 있다. 8

세기 초에 쓰여진『왕오천축국전』은 세계 4대 여행기로 손꼽히는 여행기로 13세기 후반 마르코 폴로의『동방견문록』, 14세기 초반 오도릭의『동유기』그리고 14세기 중반『이븐 바투타 여행기』와 함께 유명하다.

1908년 프랑스인 폴 펠리오(Paul Pelliot, 1878~1945)가 간쑤성 둔황의 옛 동굴 장경동에서 당시 동굴지기 왕위안루(왕원록)로부터 구매한 7,000점의 유물 중에 혜초의『왕오천축국전』이 섞여 있었다. 지금은 프랑스 국립도서관에 보관되어 있다. 처음에는 당나라 고승 현장 이외의 당나라 승려로 여겨지다가 당시의 일본 서본원사의 승려이자 돈황학자인 오타니 고즈이가 신라 승려 혜초의 것임을 밝혀냈다. 현재는 한 권의 두루마리로 된 필사본으로 남아 있다. 책명도 저자명도 떨어져 나가 없으며 여러 글자가 결락되었다. 그러나 여러 불교 서적에 주석을 단『일체경음의』에 "혜초왕오천축국전"이라는 제목 아래 여러 어휘가 설명되어 있는데, 이들 어휘와 순서가 잔본과 대체로 일치하여 이것이 혜초의 왕오천축국전이라는 것이 밝혀졌다.

저술 시기에 대해서는 본문에 開元十五年十一月上旬 至安西, 즉 "개원 15년 (음력) 11월 상순 안서에 이르렀다"고 하였다. 개원은 당 현종의 연호로 개원 15년은 곧 727년이다. 신라에서 바닷길로 나서 인도에 다다른 것이다. 사대령탑四大靈塔 등의 모든 성적聖蹟을 순례하고 오천축국五天竺國의 각지를 두루 다녔다. 인도의 폐사리국(吠舍釐國, 바이샬리), 구시나국(拘尸那國, 쿠시나가르), 파라닐사국(波羅痆斯國, 파라날사국, 바라나시), 마게타국摩揭陁國, 중천축국 갈나급자(中天竺國葛那及, 카나급자), 중천축 사대탑中天竺 四大塔, 남천축국南天竺國, 서천축국西天竺國, 도란달라국(闍蘭達羅國, 사란달라국, 잘란다라), 소발나구달라국蘇跋那具怛羅國, 탁사국(鐸社國, 탁샤르), 신두고라국(新頭故羅國, 신드구르지나), 가섭미라국(迦葉彌羅國, 카슈미르) 그 뒤에 길을 돌려 여러 곳을 다닌 뒤 대식국(니샤푸르)에 도착하여 동쪽으로 향하였다.

대발률국大勃律國, 양동국楊同國, 사파자국娑播慈國, 토번국(吐蕃國, 티베트), 소발률국小勃律國, 건타라국(建馱羅國, 간다라), 오장국烏長國, 구위국拘衛國, 람파국(覽波國, 남파국, 람파카), 계빈국(罽賓國, 카피시), 사율국謝颶國, 범인국(犯引國, 바미안), 토화라국(吐火羅國, 토카리스탄(발흐)), 파사국(波斯國, 파샤), 대식국(大食國, 니샤푸르), 대불림국(大拂臨國(비잔틴제국)) 등 대식국 동쪽의 여러 나라를 거쳤다. 호국胡國, 안국安國, 조국曹國, 사국史國, 석라국石騾國, 미국米國, 강국康國 등 발하나국跋賀那國, 골돌국(骨咄國, 골탈국), 돌궐突厥, 호밀국胡蜜國, 식닉국識匿國. 당나라 총령진에 도착하여 주변을 돌아다니다 둔황을 거쳐 장안長安에 도착하게 된다.

그 중간에 여러 곳을 거쳤으며 소륵, 우전, 언기, 구자는 당나라의 안서 4군이다. 총령진葱嶺鎮, 소륵국(疏勒國, 카슈가르), 구자국(龜兹國, 쿠차), 우전국(于闐國, 허톈(和闐, 호탄)), 안서(安西, 안서도호부),

언기국(焉耆國, 옌치(焉耆)), 둔황, 장안. 이 경로에 나타난 현대 지명은 절대적이지 않고, 학자에 따라 의견이 달라지기도 한다. 당시 중국과 인도와의 여로旅路 및 교역로를 아는 데 중요한 자료이다. 혜초 이전에 서역을 방문하던 승려들은 해로만을 사용하거나 육로만을 이용했던 데 반해 혜초는 갈 때는 해로, 돌아올 땐 육로를 이용하여 당시의 여로를 모두 담고 있다. 왕오천축국전은 8세기의 인도, 중앙아시아를 기록한 현재까지 유일한 사서라는 점에서 가치를 높게 친다.

열일곱 살 어린 나이에 중국으로 유학을 가 불도를 닦으며 학업에 정진하던 혜초가 불교의 발상지이며 석가모니의 유적지인 인도 순례의 길에 오른 것은 723년, 그의 나이 열아홉 살 때였다. 배를 타고 동남아시아를 거쳐 725년에 인도에 도착한 그는 동부 인도에서 서북 인도를 돌아 중앙아시아를 편력하였으며, 데칸고원과 실크로드, 파미르고원을 거쳐 729년에 당나라로 돌아왔다. 여행기는 당의 안서도호부가 있던 쿠차(Kucha, 구주국)에 도착하는 727년 11월에 끝난다. 여행기는 당나라로 돌아와 기억을 더듬어 정리한 것이 아니라 여행 도중에 꾸준히 쓴 것이다. 두루마리를 바랑에 넣고 다니며 여행하면서 보고 듣고 느낀 것을 소상히 기록하였다.

어떻게 해서 원본도 아닌 필사본 두루마리가 둔황의 천불동 석굴 속에서 1200년을 잠들어 있게 되었는지 소상히 알려지지 않았다. 혜초는 석가모니의 탄생지인 룸비니(Lumbini)로부터 첫 설법을 한 녹야원鹿野苑, 최초의 사원인 죽림정사竹林精舍, 『법화경』을 설법한 영취산靈鷲山, 대각大覺을 이룬 부다가야(Buddahagaya) 등을 비롯하여 여행 경로는 수천 킬로미터에 이른다. 문서상의 여행 경로는 동부 인도 마가다 국→서북쪽 쿠시나가라→남쪽 바라나시→동쪽 라자그리하→남쪽 부다가야→서북쪽 중천축국의 카나우지→룸비니→남천축국(데칸고원)→서북쪽 서천축국→북천축국→카슈미르 지방→대발률→소발률→간다라 지방의 스와트, 길기트, 페샤와르→오장국→구위국→(실크로드를 따라)→서부 투르키스탄→파미르고원→호밀국→식약국→총령→당나라 영토인 갈반단국→카시카르→구주국까지다.

실로 엄청난 거리의 해상과 도보 여행으로 답사하였다. 직접 가지는 않았지만 대식국(우마이야 왕조와 아바스 왕조), 소불림국(시리아), 대불림국(동로마 제국)에 대해서도 언급하기도 하였다. 『왕오천축국전』은 8세기경의 인도와 중앙아시아에 대해서 쓴 전 세계에서 단 하나밖에 없는 여행기로 밝혀졌다. 여행하면서 들른 각 지역의 정치 상황, 생활 수준, 마을의 모습과 음식, 의복, 습속, 산물, 기후 등을 기록하였다. 당나라도 낯선 땅이었을 텐데 인도는 오죽했으랴. 말이 제대로 통했을까, 길인들 제대로 닦여 있었을까. 낯선 마을에서의 불편한 잠자리와 입맛에 맞았을리 없는 식사, 지역에 따라 물맛도 달랐을 것이고, 풍토 전염병이 도는 마을도 있었을 것이다.

엄동설한 산악 지방의 눈보라와 사막 지역의 모래바람을 맞으며 혜초는 무엇을 생각했을까. 우기에는 열흘 이상 내리는 비를 맞으며, 건기에는 우물도 말라붙는 고원을 지나 그는 걷고 또 걸었을 것이다. 모기와 빈대 같은 벌레에 물려 고생을 하였고 물 한 모금 제대로 마시지 못해 겪은 목마름이며. 기이한 풍광과 풍습에 넋 잃은 것이 어디 한두 번이었을까. 땀과 먼지에 찌든 탁발승의 의복 또한 거지꼴이었을 것이다. 혜초는 여행을 끝내고 당나라로 돌아와 장안 천복사에서 중국 승려 금강지와 함께 밀교를 연구하는 과정에서 『대승유가금강성해만주실천비천발대교왕경大乘瑜伽金剛性海曼珠室千臂千鉢大教王經』을 번역하였다. 번역 사업 중에 금강지가 죽었고, 그의 수제자인 불공삼장과 함께 계속 밀교를 연구하였다.

774년 불공삼장마저 죽고 밀교의 가장 원로급 성직에 임명되어 오로지 밀교 연구에 전력하였다. 혜초는 6년 뒤 우타이산(오대산)의 건원보리사에 들어가 번역 사업에 마지막 힘을 쏟다 세상을 떠나 고국 땅은 끝내 밟지 못하였다. 우리나라 고문헌 그 어디에도 열일곱 살에 중국으로 간 혜초의 이름은 나와 있지 않다. 1909년 중국의 학자 뤄전위羅振玉가 이런 책자가 돈황의 석굴에서 발견되었음을 학계에 처음으로 알렸고, 1915년 일본의 다카쿠스高楠順次郎가 이 책자의 저자인 혜초는 신라에서 당나라로 유학 간

승려임을 밝혀냈다. 1908년, 프랑스의 동양학자 폴 펠리오가 중국 간쑤성의 둔황 막고굴 장경동에서 당시 장경동을 지키던 왕원록에게서 희귀한 고서 여러 권 사들였는데 개중 섞여 있었다.

본래 3권으로 편찬되었으나 현존본은 그 약본이며 앞뒤 부분은 유실되었다. 3권 중 첫 부분 전체와 두 번째 부분 앞머리, 세 번째 부분 끝 일부가 잘려 나갔다. 그래서 그 내용 중에는 중국부터 인도까지 동남아시아 지역을 항해하며 임읍 등을 거쳤다는 과정은 빠져 있다. 남아 있는 부분은 인도에서 육로로 아시아 내륙을 통과하며 정보를 기록한 부분이 주를 이룬다. 물론 이만큼 분량만 해도 당시의 지리기록이 부족하다보니 역사적인 발견인 셈이다. 「왕오천축국전」이 세상에 알려지자 많은 역사가들의 연구대상이 되었다. 중국의 나진옥羅振玉, 일본의 후지타 도요하치藤田豊八 등에 의해 사본의 교정 출판이 이루어졌다. 이전에 왕오천축국전의 저술은 당나라 승려가 저술한 것으로 알려져 있다.

1915년 일본의 사학자 다카쿠스 준지로高楠順次郎가 『왕오천축국전』의 저자를 신라 승려임을 밝혔다. 사본은 1928년에 독일의 사학자 푸크스(Fuchs,W.)가 독일어로 번역 출판하였다. 우리나라에서는 1943년 최남선이 원문과 해제를 추가함으로써 이 여행기가 일반 사람들에게 읽히기 시작하였다. 2000년대 들어서서 출판된 번역본으로는 2004년에 출판된 정수일 교수의 번역본과 2010년에 출판된 지안스님의 번역본이 있다. 정수일 교수의 번역본은 역자가 문명교류사의 대가이다 보니 주석이나 참고 자료가 풍부하다. 오늘날『왕오천축국전』은 한국이 아닌 프랑스 국립도서관에 보관되어 있으므로 한국의 국보로는 지정되지 않았다.

『왕오천축국전』은 1908년, 프랑스의 동양학자 폴 펠리오가 중국 간쑤성의 둔황 막고굴 장경동에서 당시 장경동을 지키던 왕원록에게서 사들인 고서 중에 섞여 있었다. 본래 3권으로 편찬되었으나 현존본은 그 약본이며, 앞뒤 부분은 유실되었다. 3권 중 첫 부분 전체와 두 번째 부분 앞머리, 세 번째 부분 끝 일부가 잘려 나갔다고 한다. 그래서 그 내용 중에는 중국부터 인도까지 동남아시아 지역을 항해하며 임읍 등을 거쳤다는 과정은 빠져 있다. 남아 있는 부분은 인도에서 육로로 아시아 내륙을 통과하며 정보를 기록한 부분이다. 물론 이만큼 분량만 해도 당시의 지리기록이 부족하다보니 역사적인 발견이었다.「왕오천축국전」이 세상에 알려지자 많은 역사가들의 연구대상이 되었다.

중국의 나진옥羅振玉, 일본의 후지타 도요하치藤田豊八 등에 의해 사본의 교정출판이 이루어졌다. 이전에『왕오천축국전』의 저술은 당나라 승려가 저술한 것으로 알려져 있다가, 1915년 일본의 사학자 다카쿠스 준지로高楠順次郎가 신라 승려임을 입증하였다. 사본은 1928년에 독일의 사학자 푸크스(Fuchs,W.)가 독일어로 번역 출판하였다. 우리나라에서는 1943년 최남선이 원문과 해제를 추가함으로써 이 여행기가 일반 사람들에게 알려지기 시작했으며, 2000년대 들어서서 출판된 번역본으로는 2004년에 출판된 정수일 교수의 번역본과 2010년에 출판된 지안스님의 번역본이 있다. 정수일 교수의 번역본은 역자가 문명교류사의 대가이다 보니 주석이나 참고자료가 풍부하다.

『왕오천축국전』에는 다섯 수의 시가 나온다. 물론 혜초 자신이 쓴 한시이다. 그는 인도의 어느 마을에서, 투르키스탄으로 가는 실크로드 길 위에서 몇 편의 시를 썼다. 불교적 측면에선 불교의 8대 성지를 모두 기록하였다는 점에서 의의를 가진다. 책 제목은 '왕往/ 오五/ 천축국天竺國/ 전傳' 으로 읽는다. '고대 인도의 다섯 나라五天竺國를 다녀온往 이야기傳'란 뜻이다. 즉 왕오 천축국 전이 아니라 왕 오천축국 전이다. 원래는 책 3권 분량이라거나, 혜초가 인도로 갈 때는 배를 타고 갔고 동남아시아의 각멸閣蔑, 나형국裸形國 등을 거쳤다는 사실은 『왕오천축국전』의 한 부분이 아니라, 원본을 인용한 이 책을 통해서만 알 수 있다.

파사국(페르시아)에서 북쪽으로 열흘을 가서 산으로 들아가면 대식국에 이른다. 대식국 왕은 본국에 살지 않고 소불림국에 가서 살기는 하는데 소불림국을 쳐서 얻기 위해서는 소불림의 산 많은 섬에서 가서도 산다. 이 땅에는 낙타, 노새, 양, 말, 모직물, 모포가 나며 의상은 가는 모직으로 만든 헐렁한 적삼을 입고, 또 그 위에 한 장의 모직 천을 걸친다. 이것을 겉옷으로 한다. 왕과 백성의 의상은 한 가지로 구별이 없다. 여자도 헐렁한 적삼을 입는다. 남자는 머리는 깎으나 수염은 그대로 두며 여자는 머리를 기른다. 식사는 귀천을 가리지 않고 다 같이 한 그릇에서 먹는다. 숟가락이나 꼬챙이를 사용하는 경우도 있다. 자기 손으로 잡은 것을 먹어야 무한한 복을 얻는다고 한다.

이 나라 사람들은 살생을 좋아하고, 하늘을 섬기나 불법을 알지 못한다. 혜초(慧超, 704~787)는 신라 시대의 승려로, 71세에 불공에 입적한 불공심장 6대 제자의 한 사람으로 그의 저서 『왕오천축국전』은 완전한 저술의 형태로 남은 우리나라에서 가장 오래된 고전 가운데 하나다. 이 작품은 신라 시대의 문인 최치원이 당나라에서 활동한 시기보다도 무려 110년 이전에 작성되었다. 혜초는 신라 성덕왕 때 태어났다고 하는데, 출신 지역과 불교에 귀의한 동기 등이 불확실하다. 그는 20세가 되던 해인 723년 당나라 광저우에 도착하여 남천축 출신의 승려 금강지의 제자가 된다. 혜초는 금강지의 권유로 배로 광저우를 떠나 인도로 향했다. 혜초는 일단 수마트라섬과 서북부 과로국을 거쳐 동천국에 상륙한다.

그 뒤 약 4년 동안 인도 서역의 여러 지역을 여행하고 742년 11월 상순에 당시 안서도호부가 있는 쿠차에 이르렀다. 혜초가 그 여행을 토대로 적성한 이 여행기는 매우 짧은 글로 이루어져 있으며, 40여 지역의 견문과 전문을 개괄적으로 썼기에 내용은 빈약하다. 지명, 국명 등이 없는 부분도 있고, 언어, 풍속, 정치, 사회에 대해서 간략하게 메모한 부분도 있다. 하지만 8세기의 인도와 중앙아시아에 대한 유일한 기록으로, 세계적으로도 주목받고 있다. 〈왕오천축국전〉은 우리나라 기행문학의 최초의 작품으로, 혜초는 이 작품에서 간혹 서정시를 넣는 독특한 방법을 취하였다. 모두 5편의 시가 있는데, 이 시를 통해 혜초의 사상과 마음을 느낄 수 있다.

수필이라는 용어가 처음 등장한 열하일기熱河日記

『열하일기熱河日記』는 조선 정조 때의 박지원이 1780년(정조 4년) 청나라 건륭제의 만수절(萬壽節, 칠순 잔치) 축하 사절로 중국의 북경(당시의 연경)에 갔을 때 보고 들은 것을 남긴 견문기이다. 박지원은 자신의 삼종형(8촌 형)이자 사절단의 수장인 금성위 박명원의 자제 군관 자격으로 일행에 합류할 수 있었고 러허강(열하강)까지 다녀온 감상을 기록으로 남겼는데 그 기록물이 『열하일기熱河日記』다. 조선시대의 대표적인 사상가 및 서화가들이 남긴 서적, 서화, 골동품 등 문화재급 유품 3만여 점과 함께 연민 이가원이 소장하여 오다가 1986년 12월 22일 기증하였고 단국대학교 연민문고에 친필본이 소장되어 있다.

열하熱河는 중국어로 러허(중국어 정체자: 熱河, 병음: Rèhé)라고 하는 청나라의 지역 이름으로, 지금의 중화인민공화국 허베이성 청더(承德, 승덕)이며, 최종 목적지는 열하행궁 또는 피서산장으로 불리는 건륭제의 여름 별궁이었는데 박지원朴趾源이 조선 정조 때에 청나라를 다녀온 연행일기燕行日記로 남겼다. 『열하일기』는 26권 10책으로 되어 있다. 정본 없이 필사본으로만 전해져오다가 1901년 김택영이 처음 간행하였는데 연암 박지원의 『열하일기』 친필본이 단국대학교 〈연민문고〉에서 발견되었다. 『열하일기』의 중요내용은 압록강으로부터 랴오양遼陽에 이르는 15일간의 기록으로 성제城制와 벽돌 사용 등의 이용후생에 대한 관심을 보여주고 있다.

성경잡지에서 십리하十里河로부터 소흑산小黑山에 이르는 5일간에 겪은 일을 필담筆談 중심으로 엮고 일신수필은 신광녕新廣寧으로부터 산해관山海關에 이르는 병참지兵站地를 중심으로 서술하였고 관내정사는 산하이관에서 연경燕京에 이르는 기록으로 백이伯夷 · 숙제叔齊에 대한 이야기와 「호질虎叱」이 실려 있는 것이 특색이다. 이어 연경에서 열하에 이르는 5일간의 기록, 막북행정록과 열하의 태학太學에서 머무르며 중국학자들과 지전설地轉說에 관하여 토론한 내용을 소개한 태학유관록, 고북구古北口 밖에서 들은 60여 종의 이야기를 적은 구외이문을 소개하였다.

이어 열하에서 연경으로 다시 돌아오는 6일간의 기록으로 교통제도에 대하여 서술한 환연도중록, 의술醫術에 관한 이야기 금료소초, 역관들의 신용문제를 이야기하면서 허생許生의 행적을 소개하고 있다. 뒷날에 이 이야기를 고전소설 「허생전」이라 하여 독립적인 작품으로 거론한 옥갑야화, 황성皇城의 문물 · 제도 약 38

종을 기록한 황도기략, 순천부학順天府學에서 조선관朝鮮館에 이르는 동안의 견문을 기록한 알성퇴술, 홍인사弘仁寺에서 이마두총利瑪竇塚에 이르는 주요명소 20군데를 둘렵고 기술한 앙엽기, 열하의 태학에서 6일간 있으면서 중국학자와 대화한 내용을 소개한 경개록에 소개하였고 당시 세계정세를 논하면서 각 종족과 종교에 대하여 소견을 밝히 황교문답, 당시 청나라 고종의 행재소行在所에서 견문한 바를 적은 행재잡록을 통해 청나라의 조선정책을 부분적으로 살펴보았다.

이밖에도 청나라 고종이 반선班禪에게 취한 정책을 논한 반선시말을 기록하였으며 청나라 고종의 만수절萬壽節에 행하는 연극놀이의 대본과 종류를 소개한 희본명목, 열하에서 본 반선에 대한 기록 찰십륜포, 중국학자와 음악에 대한 토론내용과 조선의 오망五妄, 중국의 삼난三難에 대한 것을 기록한 망양록과 심세편, 천문에 대한 기록 곡정필담, 가악歌樂에 대한 잡록 동란섭필, 열하산장에서의 견문을 적은 산장잡기, 중국 요술과 열하산장에서 주로 시문비평을 가한 환희기와 피서록을 기록하였다. 연암은 이 글에서 조선이 빈곤한 주요 원인을 수레를 사용하지 않은 데에서 찾았고 수레나 배로 대표되는 유통수단의 미흡함, 도로망 건설의 소홀이 조선이 가난한 원인이라고 지적하였다.

그러면서 연암은 조선에서 직접 수레는 만들어보지도 않고 무조건 반대, 비판부터 하고 보는 정신 자세를 신랄하게 비판하였다. 조선시대의 대표적인 사상가 및 서화가들이 남긴 서적, 서화, 골동품 등 문화재급 유품 3만여 점과 함께 연민 이가원이 소장하여 오다가 1986년 12월 22일 기증하였고 단국대학교 연민문고에 친필본이 소장되어 있다. 열하는 북경으로부터 동북쪽으로 약 230km 떨어진 하북성河北省 동북부, 난하灤河의 지류인 무열하武烈河 서쪽에 있다. 열하라는 지명은 무열하 주변에 온천들이 많아 겨울에도 강물이 얼지 않는 데에서 유래하였다. 건륭황제는 이곳에다 '피서산장避暑山莊'이라는 거대한 별궁을 짓고 거의 매년 행차하여 장기간 체류함으로써, 열하를 북경에 버금가는 정치적 중심지로 발전시켰다.

청나라의 국력이 최고조에 달했던 그의 치세 중에 열하는 황제를 알현하러 모여든 몽골 · 티베트 · 위그르 등의 외교사절들로 붐볐다. 박지원을 포함한 일행은 열하를 방문한 최초의 조선 외교사절이었다. 그래서 그는 열하에서 보고 들은 진귀한 견문을 자신의 여행기에 집중적으로 서술했을 뿐 아니라, 그 제목까지도 특별히 '열하일기'라 지었던 것이다. 열린 마음으로 드넓은 세계를 보라. 열하는熱河 중국어로 러허熱河라고 하는 청나라의 지역 이름으로, 지금의 중화인민공화국 허베이성 청더(承德, 승덕)이며, 최종 목적지는 열하행궁 또는 피서산장으로 불리는 건륭제의 여름 별궁이었는데 박지원朴趾源이 조선 정조 때 청나라를 다녀온 연행일기燕行日記이다.

『열하일기』 중 〈도강록渡江錄〉은 압록강에서 랴요양遼陽에 이르기까지 15일간의 기록으로, 굴뚝과 구들 등 여염집의 구조와 배, 우물, 가마, 성城의 제도 등 배울 만한 것이 있으면 자세히 서술하면서 모든 물건을 이롭게 쓸 수 있어 백성의 생활이 윤택해져야만 덕을 바르게 할 수 있다는 이용후생의 주장을 폈다. 〈성경잡지盛京雜識〉는 스리허十里河에서 소흑산小黑山에 이르기까지의 5일간의 기록으로, 속재필담 · 상루필담 등 여정에서 사사로이 만난 평민들과 나눈 대화와, 그곳의 산천 · 절 · 사당 · 탑 · 골동품 등을 주로 소개하고 있다.

특히 〈일신수필馹迅隨筆〉은 신광녕新廣寧에서 산하이관山海關에 이르기까지의 9일간의 기록으로 희대戲臺 · 저자거리 · 여관 · 교량 등에 깊은 관심을 보였으며 수레의 교통수단에 대해서 자세히 기록한 것은 〈허생전〉의 중심 사상과도 상통한다. 〈도강록渡江錄〉은 압록강으로부터 랴오양遼陽에 이르는 15일간의 기록으로 성제城制와 벽돌 사용 등의 이용후생에 대한 관심을 보여주고 있다. 십리하十里河에서 소흑산小黑山에 이르는 5일간에 겪은 일을 필담筆談 중심으로 엮고 있다. 연경에서 열하에 이르는 5일간의 기록인 막북행정록, 열하의 태학太學에서 머무르며 중국학자들과 지전설地轉說에 관하여 토론한 태학유관록, 구외이문, 환연도중록, 의술醫術에 관한 금료소초, 「허생전」의 소재가 된 옥갑야화, 황성皇城의 문물 · 제도를 기록한 황도기략, 알성퇴술, 앙엽기, 열하의 태학에서 6일간 있으면서 중국학자들과 나눈 대화 내용을 기록한 경개록을 수록하였다.

또한 연암은 이 글에서 조선이 빈곤한 주요 원인을 수레를 사용하지 않은 데에서 찾고 유통수단의 미흡함, 도로망 건설의 소홀이 조선이 가난한 원인이라고 지적하였다. 그러면서 연암은 조선의 수레가 바퀴가 거의 둥글지도 못하고 자국은 궤도에 들지도 못한다는 지적과 함께, “수레를 만들지 않으니 길을 닦지 않은 것”이라며 직접 수레는 만들어 보지도 않고 무조건 반대, 비판부터 하고 보는 정신 자세를 신랄하게 비판하였다. 당대에 ‘점잖은 글’이랍시고 일상에서 상투적으로 쓰던 판에 박힌 것 같은 글과는 전혀 다른 문체, 한문 문장에 중국어나 소설의 문체를 쓰기도 하고 거기다 특유의 해학과 풍자를 가미해 독자들의 흥미를 유발시켰다는 분석이다.

무엇보다도 당대의 현실에 대한 철저한 고민이 『열하일기』에는 절실히 녹아 있었던 점이 지식인들에게 어필되었을 것이라고 보기도 한다. 당시의 현실에 대한 철저한 고민뿐 아니라 문체나 그 내용의 파격성으로 『열하일기』는 당대에 비난의 대상이 되었다. 정조가 패관잡기 ‘패관은 패관문학이라고 하여 길거리 이야기를 소재로 한 글이라는 뜻이다. 지금은 문학의 갈래로 존중받지만, 조선시대 지배계급 지식인들은 그들이 보기에 허황된 이야기인 소설을 길거리, 저잣거리 이야기, 잡스러운 이야기라고 비판한 것이다.'를 불온시하며 순정문(부드럽고 올바르게 고친 글)으로 돌아갈 것을 촉구하는, 이른바 『열하일기』는 문체반정의 서곡을 올린 중심에 있었다.

『열하일기』는 학술 서적으로서뿐 아니라, 한국 문학사에서도 중요한 위치를 차지한다. 특히 이 책은 조선 왕조 일대를 통하여 수많은 '연행문학(북경 사신및 그 일행이 사신행을 하면서 지은 문학)'중에서 백미적白眉的인 위치를 점하는 책이다. 실학의 대표학자로 박지원은 중국의 문물을 유심히 관찰하며 앞선 기술을 배우고 선진 제도를 본받으려 하였다.

중국의 '동북공정'에 일침을 놓은 『도올의 중국 일기』

2015년 8월에 발간된 『도올의 중국 일기』는 도올 김용옥의 새로운 지적 모험이다. 한국을 대표하는 사상가 중 한 사람인 도올 김용옥이 한 학기 동안 중국 연변자치주의 문화적 센터인 연변대학에서 객좌교수로 강의를 하면서 겪은 경험을 일기 형태로 기술하였다. 단순히 연구를 행한 것이 아닌, 중국말로 중국학생들에게 강의를 하면서 도올이 느낀 중국사회의 여러 모습을 자신의 일상 체험을 통하여 다양한 시각에서 쓴 기행문이다. 도올은 이 책의 가장 중요한 주제로 중국이라는 광활한 대륙에서 느낀 우리의 역사를 꼽는다. 연변대학 주변에 펼쳐져 있는 광대한 고구려 유적군을 속속들이 답사하면서 우리 민족의 고대사를 다시 생각하게 하였다.

그러한 모든 역사의 실상을 문자뿐만 아니라 사진과 함께 소개하여 현장의 느낌을 생생하게 전달함으로써 우리의 관점에서 중국을 바르게 이해할 수 있게 돕는다. 동서고금을 넘나드는 지식, 육두문자를 과감히 쓰는 구어체식 글쓰기, 도발적이고 사고의 계발을 돋우는 말발에 사람들은 열광했다. 지상파에서 동양고전을 강의할 때 '도올 마니아'도 생겨났다. '우주보'를 자처하는 그가 다시 강단으로 돌아왔다. 무대는 중국 연변대학. '도올의 중국 일기 1'는 그가 객좌교수로 보낸 1년간의 체험기이다. 도올은 "중국은 바라보는 시각에 따라 무한히 다양한 모습을 드러낸다"며 다이내믹한 중국 읽기를 시도한다. 중국어로 학생들을 가르치면서 교수로서 한국 철학자로서 느낀 중국의 실체가 고스란히 녹아 있다.

먼저 2002년부터 주창하기 시작한 중국의 동북공정東北工程 정책부터 살펴보자. 동북공정(東北工程 / 东北工程)은 중국 동북부(만주)에 있었던 나라들이 중국의 역사라고 주장하는 중국정부의 수정주의적 역사 왜곡이다. 동북공정이라는 말은 중국의 영토확장 정책이 전개된 이후 2002-2007년 수행된 동북변강역사여현상계열연구공정东北边疆历史与现状系列研究工程을 축약한 말이다. 동북공정 자체를 직역하면 동북 계획이지만 조금 더 한국어로 풀어서 해석하면 '동북변강지역의 역사와 현상황에 대한 연구 사업 계획'이다. 이 프로젝트는 2007년에 공식적으로 끝났지만 대한민국에서는 해당 프로젝트뿐만이 아닌, 근현대 중화민국 시절부터 2020년대까지 현재진행으로 이어진 현재 중국 영토의 모든 역사를 중국의 역사로 규정하려는 역사 왜곡의 시도를 전반적으로 일컫는다.

아래의 내용은 원래 이 말이 비롯한 바로 그 프로젝트에 대한 설명과 동북 지역에 대한 중국의 전반적인 역사왜곡에 대한 설명이 뒤섞여 있다. 즉, 한마디로 설명하자면 동북공정 그 자체로 충분히 비판받아 마땅하다. 도올이 고구려를 바라보는 시각을 다시 살펴보자. "고구려를 포용하는 마음 없이 북한을 포용하지 못한다. 그러면 결과는 통일이 아니라 또 하나의 분열이다. 우리의 북방 근원을 망각하는 통일은 진정한 통일이 아니다. 현재 우리는 역사를 계림에서 한양까지만 보고 있다. 동아시아 전체를 우리 역사의 터전으로 생각해야 한다. 그렇게 보는 게 고구려 패러다임이다."라고 했다. 일제가 만주를 점령하면서 변화가 생겼다. 일본제국주의는 만주 개발을 위해 조선인을 집단이주시켰다.

조선에 이어 만주 진출도 합리화 하기 위한 위장술이었다. 그래서 나온 것이 만주와 조선은 역사적으로 하나였다는 만선사관滿鮮史觀이다. 일제가 조선을 지배했으니 원래 조선의 선조였던 고구려와 발해 영역은 당연히 일제에 귀속된다는 주장이다. 기마민족설은 임나일본부설의 변종으로 나타났다. 한민족은 유라시아를 말 타며 살인, 약탈, 강간, 방화, 공갈, 갈취를 하지 않고 호모 사피엔스가 지구에 출현한 이후 가장 잘나간 호모 사피엔스의 별종으로 그냥 말 타며 돌아다니면 열등한 족속들이 스스로 고개 숙여 유라시아 대륙의 영역으로 삼았다는 주장이다.

한민족을 호모 사피엔스에서 분리하여 별도의 종으로 분류하는 것은 가학적, 아니 과학적인데 아직까지 아쉽게도 이런 생물학적 접근은 시도되지 않고 있다. 또한 일본제국주의는 환타지 사관에 근거한 것인데 재미있게도 국뽕을 목메여 외치는 닌겐들은 이 기마민족의 종가집은 일본이 아니라 한국이라는 것으로 자신의 수익모델로 삼고 있다. 여기에 조선 후기, 족보 창작으로 양반놀이 하였던 전통이 가세되어 일본제국주의와는 차별화 요소를 낳는다. 결국 집안 제사를 누가 지내야 하는지의 문제와 다르지 않게 되는 것이다. 대륙 곳곳의 고구려, 발해, 항일 유적을 돌면서 '조선민족'의 정체성도 규명했다. 말만 일기이지 중국을 테마로 한 인문학 책이다. 책의 반이 사진이다.

그의 깐깐한 일상을 엿볼 수 있다. 『도올의 중국 일기』은 10월 말에 3권 고구려편이 나와 최근 1년 동안 중국 현지 대학의 객좌교수로서 강의를 한 체험을 일기형태로 기술하였다. 중국어로 중국 학생들에게 강의하면서 느낀 중국사회의 여러 가지 모습이 저의 일상체험을 통하여 다양한 시각에서 기술된다. 중국 사회를 알고자 하는 사람들에게 이 같은 희소식은 다시없는 기회다. 중국은 단순히 하나의 국가가 아니라, 그 국가가 어떠한 길을 가느냐에 따라 인류의 미래에 지대한 영향을 준다. 중국의 도덕적 진로를 위하여 중국철학의 전문가로서 최선의 노력을 경주하였다. 이 책의 가장 중요한 주제는 중국이라는 광활한 대륙에서 느끼는 우리 역사의 실상에 관한 것이다.

도올이 강의를 한 곳이 연변대학이었는데 그 주변으로 펼쳐져 있는 광대한 유적군을 속속들이 조사해 보면서 우리 민족의 역사를 살펴보았다. 제 머릿속에 혁명이 일어난 것이죠. 신화가 사실이 되고, 주변이 중심이 되고, 죽은 벽화가 살아있는 삶의 모습이 되고, 눈에 보이는 유적의 실체가 기록 중심의 역사를 압도하는 것이다. 우리 고대사는 더이상 고대사가 아니다. 그것은 21세기 현대사이다. 그는 고조선, 부여, 고구려, 발해, 그리고 한韓의 역사, 그리고 고려, 조선의 역사를 어느 한 시공의 좌표도 현대사로서 다루지 않을 수 없다는 혁명적 시각에 도달하였다. 『도올의 중국 일기』는 모든 역사의 실상을 제 문자 언설이 아니라 사진으로서, 현장의 느낌으로서 전달하려고 노력하였다.

이러한 시각이 과거사의 문제에 국한되어 있는 것이 아니라 현대 중국의 핵, 그 디프 스트럭쳐를 새롭게 파악하는 데로 발전되어 나간 것이 본서의 특징이 있다. 20세기의 중국의 역사를 보통 모택동과 장개석의 세기적 대결로 파악하지만 실상 그 대결의 핵은 장개석으로 대변되는 중원의 축과 장학량으로 대변되는 똥뻬이東北의 축 사이에 있었다. "서안사변"이라는 사건을 구조적으로 이해하지 않고서는 20세기 중국역사를 바르게 파악할 수 없다. "고구려 패러다임", "조만문명권"이라는 새로운 문명의 축을 이해하지 않고서는 중국의 역사를 우리의 관점에서 해석할 수 있는 길이 열리지 않는다고 보았다. 그리고 과연 조선 민족이 어떤 사람이었는지, 그 정체성을 온전하게 이해할 수 없다.

이 책 6권은 영화처럼 읽힌다. 그리고 우리 민족의 무한한 자부심을 느끼게 한다. 그리고 앞으로 자라나는 어린 생명들에게 이 험난한 세계사의 파랑을 헤치고 나갈 수 있는 원기를 부여한다. 무엇보다도 『도올의 중국 일기』는 일기형식이라서 쉽게 읽힌다. 『도올의 중국 일기』는 문文 · 사史 · 철哲을 망라하는 인문학의 집대성으로 우리의 정신을 일깨워 통일신라시대 이후 근세조선에 이르는 사대주의를 근본적으로 극복하겠다는 의지로 우리 밝족의 필독서로 『열하일기熱河日記』는 보석 같은 기행문이다. 사대事大는 조선의 중국에 대한 외교정책을 상징하는 개념어로, 문자 그대로의 뜻은 강자를 섬긴다는 뜻이다. '사대'라는 용어는 중국 서주 시대로부터 유래한 것으로, 유교 경전의 고전인 춘추좌씨전과 맹자를 통해 외교적 개념어로 전해졌다.

그러나 작고 약한 나라가 크고 강한 나라를 섬기어 온 사대주의事大主義는 우리의 정신세계와 문화 전반을 좀 먹은 일로 이제 성찰로 극복하어야 할 우리 민족의 과제다.

수필을 사랑한 우하 박문하

수필은 문학 갈래 중에서도 독특한 성질을 지닌다. 시 · 소설 · 희곡과 같이 창작문학이면서도 형상화形象化에 의한 순수한 창조 문학이 아니고, 비평적이면서도 이해와 성찰에 의해 평가에 이르는 순수한 비평도 아니다. 그러면서도 자연과 인생을 관조하여 그 형상과 존재의 의미를 밝히기도 하고, 날카로운 지성으로 새로운 양상과 지향성을 명쾌하게 제시하는 문학이다. 또한, 서정抒情과 서사敍事에 의한 정서적 감동이나 허구적 흥미를 주기도 하면서, 다른 문학 양식과의 상호 견인 작용을 적절하게 포용하여 그 영역은 광범위하게 확대한다. 수필은 그 뜻대로 '붓을 따라서, 붓 가는 대로 써놓은 글'이다. 시나 소설 · 희곡과 같이 어떤 형식의 제약을 받지 않고 초점을 요구하는 우수의 서정이나 철학적 사색을 그대로 산문으로 표현한 글이다. 호수 같은 마음으로 끝없이 펼쳐진 지평선과 수평선을 바라보듯 깊은 생각을 담은 무형식의 자유로운 산문이다.

고려 때의 이제현李齊賢이 《역옹패설櫟翁稗說》 서문에서 밝혔듯이 한가한 가운데서 가벼운 마음으로 닥치는 대로 기록하는 것이 바로 수필이다. 그때그때 보고 느끼고 흥미 있는 것을 붓 가는 대로 산문으로 표현한 글이다. 수필은 문학 갈래 중에서도 독특한 성질을 지니는 문학이다. 시 · 소설 · 희곡과 같이 창작문학에 가까우면서도 형상화形象化에 의한 순수한 창조문학이 아니고, 비평적이면서도 이해와 성찰에 의해 평가에 이르는 순수한 비평도 아니다. 그러면서도 자연과 인생을 관조하여 그 형상과 존재의 의미를 밝히기도 하고, 날카로운 지성으로 새로운 양상과 지향성을 명쾌하게 제시하는 문학이다. 수필은 그저 호수와 같은 심정으로 바라본 인생이나 자연을 자유로운 형식에 담은 산문이다. 인생을 통찰하고 달관하여 서정의 감미로움이 드러나기도 하고, 지성의 섬광이 번득이기도 한다.

그러기에 수필은 독자의 심경心境에 부딪치기도 하고 사색의 반려가 되기도 하여 입가에 미소를 띄우게 하고, 철리哲理의 심오한 명상에 잠기게 하기도 한다.수필부산문학회는 2018년 5월 '우하수필무학상'을 제정하고 당시 박희선 회장과 정의룩 부회장을 비롯하여 우아지, 정약수, 최홍석, 최화웅, 황선영 등 일곱 명의 회원으로 우하수필문학상 운영위원회를 구성하였다. 그해 7월 첫 운영위원회의에서 최화웅 위원을 위원장으로 추대하고 제1회 우하수필문학상을 제정에 필요한 준비를 거쳐 작품공모에 들어가 전국에서 90명이 271 작품을 응모하였다. 수상작은 심사위원 만장일치로 이산의 「수각화水刻畵」를 선정하고 시인 김정자 부산대 명예교수와 「수필과 비평」 유인실 주간이 이산의 「수각화水刻畵」를 대상으로 선정한 바 있다.

수필부산문학회(회장 하창식)가 발행하는 동인지 「隨筆(수필)」이 2024년 봄호로 통권 제101호를 발간했다. 1963년 7월 15일 창간호를 낸 지 61년 만의 일이다. 창간호인 「Essay」와 제호가 바뀐 「隨筆」 2호가 부산박물관에 소장품으로 등록된 것만 봐도 짐작이 간다. 부산박물관 1층 유물기증자실 기증자 명단에는 수필부산문학회 명패가 들어 있다. 2023년 수필부산문학회 60주년과 「隨筆」 101호 돌파는 한국 수필 문학사에도 그 의미가 크다. 「隨筆」은 우리나라 수필 동인지로서는 효시다. 창간되던 무렵만 해도 수필은 그저 신변잡기 정도로 치부되면서 문학의 장르냐 아니냐를 두고 여담이 오가던 시절이었다. 신문 칼럼난이나 라디오 낭송 프로그램을 제외하면 발표 공간도 없었다. 이런 상황에서 부산에서 수필문학동인회가 결성되고, 1963년 「Essay」라는 표제의 첫 수필 동인지를 창간하게 된다. 김병규, 김일두, 박문하, 이남원, 오도환, 정신득, 장성만, 허천 등 8명이 창간 동인이다.

이듬해 3월에 나온 2호부터 「隨筆」로 표제를 바꿨다. 그때 표지 그림은 향파 이주홍이 맡았고, 요산 김정한이 동인에 합류했다. 수필부산문학회는 61년 전인 1963년 여름 부산의 광복동 '7커피'에서 김병규, 김일두, 오도환, 이남원, 정신득, 허천, 장성만 등과 함께 전국 최초로 수필동인회를 결성하여 오늘에 이르고 있다. 수필부산문학회는 우리나라 수필동인회의 출발이자 수필 문학의 효시로써 그 자리를 이어가고 있다.

우하 박문하의 삶과 수필정신

2018년은 그리운 우하雨荷 박문하(朴文, 1918~1975) 선생이 태어난 지 100주년, 서거한 지 43주년 이다. 그는 1918년 3월 13일 부산시 동래구 복천동 417번지에서 박용한朴容翰과 김맹련金孟蓮의 3남(문희, 문호, 문하) 2녀(수정, 차정) 중 막내 유복자로 태어났다. 그의 아버지 박용한은 구한말 동래 개양학교(현 동래고등학교)와 서울 보성전문학교(현 고려대학교의 전신)를 졸업하고 대한제국 탁지부度支部에서 일하다 일제에 항거하여 자결한 의인義人이다. 동생 박일형朴日亨은 일제강점기에 독립운동가로 해방이후 인민위원회 경남도위원회 선전책으로 활동하였다. 어머니 김맹련은 기장 독립운동가 집안 후손으로 조선민주주의인민공화국 초대 최고인민회의 상임위원장을 지낸 한글학자 김두봉金科奉과 제헌국회의원으로 월북한 김약수金若水와 사촌간이다. 그는 맏형 문희

(朴文熺, 1901~?), 둘째형 문호(朴文昊, 1907~1934), 누나 차정(朴次貞, 1910~1944) 삼남매가 항일운동에 몸바친 의義로운 형제들이었다.

1973년 문원각文元閣이 발행한 「한국문학대사전」에서는 우하를 "독학으로 의사가 되어 육체적인 병과 정신적인 결함에서 오는 인간심리에서 소재를 딴 수필을 발표하였다."라고 소개한다. 그는 일제강점기 때 무의촌과 벽촌에서 일하는 조건부 의사제도로 시행된 한지의限地醫 였다. 1958년 수필집 『배꼽 없는 여인』의 발간을 시작으로 신문과 『현대문학』과 『사상계』 등 잡지를 통해 「약손」, 「나무로 살자」, 「잃어버린 동화」, 「새벽에 돌아오다」, 「사남매가 광복군으로」 등 400여 편의 작품을 발표하며 부산문단을 지켰다. 부산문인협회가 2014년 4월 개최한 '제1회 찾아가는 시민 문예 강좌'에 이어 2016년 6월 '제2회 시민 문예 강좌'에서 '독립투사 가문의 의사 수필가 박문하'를 회고하는 강좌가 열려 문인들 중심의 작고 문인 되찾기 운동이 활발하게 일었다.

한편 수필부산문학회 황선영 회장과 편집국장 우아지 시인을 중심으로 창간호 「essay」(1963)와 이듬해 개명한 제2호 「隨筆」의 영인본을 만들어 우리나라 첫 수필동인지로 부산시립박물관에 기증하였다. 이를 계기로 우하수필문학상의 제정 기운이 조심스럽게 싹트고 부산문협에서 발행하는 월간지 『문학도시』 편집장 우아지 시인이 2018년 정기총회에서 정식 안건으로 발의하여 회원들의 동의를 얻기에 이르렀다. 2018년 5월 18일 수필부산문학회 이사회를 통해 문학상의 명칭을 '우하수필문학상'으로 확정하고 7월 13일 2차 확대간부이사회에서 우하수필문학상 운영위원회를 결성하였다. 황선영, 최홍석, 정약수, 최화웅, 박희선, 우아지, 정의륙 등 7명을 위원으로 위촉하고 최화웅 위원을 만장일치로 위원장에 추대하여 자료를 발굴하는 등 본격적이 우하수필문학상 시상식 준비에 착수했다.

부산 수필시대를 열다

그는 일찍이 "글이란 참된 데서 피어나고 만드는 데서 시든다." 고 했다. 네 번째 수필집 『낙서인생』(1972)에서 「수필이란 무엇인가」와 「수필잡감隨筆雜感」을 통해 자신의 수필론을 피력한 바 있다. 「수필이란 무엇인가」에서 "가슴으로 시를 쓰고 머리로써 평론을 쓴다면 수필은 두 다리로 쓰는 문학이다. 생활의 뿌리가 없는 수필문학은 공허한 기교에 불과하다."고 역설했고 「수필잡감隨筆雜感」에서는 "바쁜 시간에 쫓기고 복잡한 생활에 억눌리는 사람들이 재미없는 현대소설을 멀리 하고 또 어려운 현대시를 도외시하면서도 짧은 시간에 부담 없이 읽을 수 있으며 생활이 담겨있는 수필문학에 한층 많은 공감을 가지게 된다."고 술회하였다. 이를 지켜본 동아대 김병규 교수는 「박문하론-생활의 체취體臭와 여백餘白」에서 '그의 수필은 여백의 예술'이라는 평과 함께 "기교를 모르는 무언의 자세로 조용히 인생의 여운을 풍기는 수필문학"을 이루었다고 평했다.

우하는 『사상계』 발행인 겸 편집인 장준하와 동시대인同時代人이다. 올곧은 심지의 장준하는 필사본 잡지 『등불』에 이어 피난지 부산에서 잡지 『사상』을 창간하였다. 장준하 선생은 1953년 『사상』의 맥을 이어 창간한 월간 『사상계』는 1970년 5월호에 김지하의 담시 〈오적〉을 실었다가 박정희 군사독재정권으로부터 강제 폐간 처분을 받고 1975년 8월 경기 포천 약사봉에서 산행 중 끝내 의문사하였다. 우하는 어린 시절 독립운동으로 가족이 뿔뿔이 흩어져 형제 따라 중국으로 망명의 길을 떠난다. 그 뒤 중국에서 일제로부터 미성년자라는 이유로 한국으로 추방되어 한동안 가승假僧과 호떡장수, 병원조수로 일한다. 그는 독학으로 한지의사 검정시험을 거쳐 부산 동래 수안동 동래시장 건너편에서 민중의원을 열었다. 개업의사의 체험과 삶을 소재로 『사상계』, 『신동아』, 『현대문학』 등 월간지에 꾸준히 작품을 발표해오다 1963년 여름 광복동 '7커피'에서 김병규, 김일두, 오도환, 이남원, 정신득, 허천 등과 함께 수필부산문학회를 발기하고 동인지 『Essay』에 이어 『윤좌隨筆』를 계간으로 발간하였다.

이태 뒤에는 『輪座』 발기인으로 부산수필시대의 산파역을 맡았다. 『輪座』 창간동인으로는 평소 가까이 지내던 향파 이주홍과 요산 김정한, 시인 청마 유치환과 이영도, 교육자 김하득, 작곡가 이상근, 영화평론가 허창, 식물학자 이용기를 비롯한 다양한 인

사들과 함께 했다. 『輪座』 창간동인지에는 최현배, 박경리, 박목월의 작품을 실었다. 그는 "자기를 말하는 문장이면 그것이 곧 수필이고 사람에게는 각자의 감상이라는 것이 있는 이상 누구나 쓰는 것이 수필"이라고 작가의 개성을 강조했다. 그는 일찍이 「수필은 문학의 부록이 아니다」에서 "이제 시나 소설의 시대는 지나가고 바야흐로 수필문학의 황금시대가 막을 올리고 있다."고 선언한 바 있다.

제주대 안성수 교수는 「수필문학론과 작법의 만남」에서 "시문학이 함축적이고 비유적이며 상징적인 언어를 즐겨 쓰고 소설문학이 설명하기와 보여주기를 보완적으로 사용하는 서사적인 언어를 즐겨 쓰는 반면 수필문학은 시적 감성을 살린 간결하고 소박하며 담백하고 평이한 문장으로 격조 있게 전달하는 특성을 지닌다."고 비교 설명한 바 있다. 그가 일찍이 선언한 수필문학의 황금시대 개막은 프랑스 비평가 아나톨 프랑스(Anatole France)가 "수필이 미래에 모든 장르를 흡수해 버릴 것"이라는 예상과 맥을 같이 하는 것이 아닐까? 르네 웰렉(Rene Wellek)과 오스틴 워렌(Qustin Warren)의 공저 『문학의 이론』에서 "문학의 장르를 작품이 참여하는 미학적 관습"이라고 했다면 수필 장르는 삶의 실제를 반영한다.

국어사전에서는 수필을 "일정한 형식이 없이 체험이나 감상, 의견 따위를 생각나는 대로 자유롭게 적은 글"이라고 했다. 금아琴

兒 피천득은 1969년에 발표한 「수필」에서 "수필隨筆은 청자연적靑瓷硯滴이다. 수필은 난蘭이요, 학鶴이요, 청초淸楚하고 몸맵시 날렵한 여인이다. 수필은 그 여인이 걸어가는, 숲 속으로 난 평탄하고 고요한 길이다. 수필은 가로수 늘어진 포도鋪道가 될 수도 있다.

수필문학은 인간의 길이다

그러나 그 길은 깨끗하고, 사람이 적게 다니는 주택가에 있다. "수필은 청춘의 글은 아니요, 서른여섯 살 중년 고개를 넘어선 사람의 글이며 정열이나 심오한 지성을 내포한 문학이 아니요, 그저 수필가가 쓴 단순한 글이다. 수필은 흥미는 주지만 읽는 사람을 흥분시키지 아니한다. 수필은 마음의 산책散策이다. 그 속에는 인생의 향취와 여운이 숨어 있는 것이다. 수필의 빛깔은 황홀 찬란하거나 진하지 아니하며 검거나 희지 않고 퇴락頹落하여 추하지 않고 언제나 온아溫雅 우미優美하다. 수필의 빛은 비둘기 빛이거나 진주 빛이다."라고 써 수필문학을 추스렸다. 이에 대해 수필가 이명지는 "피천득의 수필론은 한 마디로 맑고 투명하다. 그 맑고 투명함은 자잘한 돌자갈 바닥이 훤히 보이는 시냇가에 송사리 떼가 놀고 있는 모습을 수채화로 그려 놓은 듯하다."고 평했다.

수필의 '수隨'는 '따를 수'자에 '필筆'은 '붓 필'자로 글자대로 풀이하면 "수필은 보고 듣고 느낀 것을 붓 가는 대로 쓰는 것"이라고 할 수 있을 것이다. 그러나 수필에는 끈질긴 생명력과 예술적 가치, 그리고 마르지 않는 깨우침을 이끄는 살아 있는 메시지를 담고 있어야 한다. 동양에서 수필이란 용어를 처음 쓴 사람은 중국 남송시대 홍매(洪邁, 1123~1202)다. 서양에서는 동양의 수필보다 4세기쯤 늦은 시대에 프랑스 몽테뉴와 영국 베이컨으로부터 시작하였다. 이 무렵 유럽에서 에세이가 특별한 주제에 관한 학문적 시론試論 또는 소론小論으로 시작하여 그 의미는 '조사하다', '음미하다', '시도하다'라는 등의 뜻을 가지고 문학의 한 장르로 출발해 자리를 잡아 가고 있었다. 우리나라에서 수필이라는 용어를 처음 사용한 시기는 고려 때 이재현의 「역옹패설」(1342) 로부터 시작한 것으로 보고 있다.

학계에서는 한국수필을 두고 서양의 중重수필(Essay)와 경經수필(Miscellany)의 복합적인 개념으로 이해한다. 부산에서 태어나 사립 옥성학교를 중퇴하고 13살 때 일본으로 건너가 서른네 살에 돌아온 삼오당 김소운의 귀국을 계기로 1963년 수필부산문학회의 동인지 『Essay』 창간과 함께 시작된 동인활동이 공식적인 부산수필역사의 출발이자 우리나라 수필문학동인회의 효시로 여겨지고 있다. 이어 1965년 '여럿이 둘러앉다'라는 의미의 수필 동인지 『輪座』의 창간에 우하를 비롯한 부산의 수필가들이 참여하여 우리나라의 수필시대의 팡파레를 울렸다. 우리의 현대수필 개념은 서양의 에세이보다 폭이 넓고 깊다. 우리의 수필개념은 기행문, 일기, 감상문에 유머와 위트까지 포함하여 그 폭이 넓다.

돌이켜보면 지난날 고등학교 국어시간에 우리가 맛보았던 주옥같은 수필작품들이 나이가 들수록 그 감동이 새삼 사무칠 것이다. 그가 수필가로서 활동하는 동안 평소 그는 청천 김진섭의 "산다는 것은 일종의 예술이다."라는 말을 곱씹었던 우하의 문학정신을 다시 생각하게 한다. 돌이켜보면 지난 날 고등학교 국어시간에 우리가 학습한 주옥같은 수필문학작품들은 나이가 들수록 그 감동이 새롭게 다가와 사무친다. 사랑하는 아우를 잃고 인생의 덧없음을 뼈저리게 느낀 이은상의 「무상」을 비롯한 정비석이 금강산을 여행하며 보고 느낀 점을 화려한 문체와 다양한 수사법으로 표현한 기행수필 「산정무한」, 계절이 흐르는 가을날. 낙엽을 태우는 일을 소재로 온몸을 덮치는 계절감각과 서정을 그린 이효석의 수필 「낙엽을 태우면서」, 어린이를 온 몸, 온 마음으로 껴안자고 사랑의 마음을 노래한 방정환의 「어린이 예찬」, 해마다 4월이면 아지랑이 피어오르듯 나뭇가지 끝 우듬지에서 꽃순과 새잎이 터지는 푸르름을 노래한 이양하의 「신록예찬」, 생활에 지친 사람들에게 흰 눈을 예찬한 순백의 고결함과 아름다움을 쫓은 김진섭의 「백설부」, 일제 강점기로부터 6 · 25에 이르는 격동기에 추억과 그리움을 꽃피운 피천득의 「인연」이 지금도 밑이 훤히 보이는 맑은 시냇물처럼 우리의 삶과 사랑을 관통한다. 그는 구한말 조국의 운명에 대한 투철한 시대정신과 저항정신으로 자결한 아버지의 초상을 품은 막내 유복자로 태어났다.

사남매와 일가족은 모두 광복군

맏형 문희는 사립동명학교와 경성성서학원을 졸업한 뒤 일본 대학 경제학부에 진학하였다가 이듬해 돌연 귀국하여 '동래지역 청년연맹'과 '신간회 동래지회'를 결성하고 '신간회 중앙위원'으로 민족독립운동에 나섰다. 그는 일본관헌의 추격을 피해 중국으로 망명한 뒤 1950년 6월 실종되었다. 그의 실종이 월북으로 간주되어 집안은 오랜 세월 주홍글씨의 멍에를 짊어지고 감시에 시달려야 했다. 둘째형 문호는 '동래청년연맹' 집행위원과 '신간회' 회원으로 활동하다 중국으로 망명한 뒤 북경화북대학을 수료하고 의열단 단원이 되어 항일투쟁에 앞장섰다. 이후 그는 1935년 일경에 체포되어 5년형을 선고 받고 나가사끼 형무소에서 복역 중 옥사하였다. 둘째형 문호는 동래보통학교를 졸업하고 동래청년동맹에 가입 지역청년운동에 참여하면서 동래누룩조합에서 일하다가 공금 1,500원을 가지고 동생 문하와 함께 중국으로 망명 길에 올랐다.

상해에서 외당숙인 인성학교 교장 김두봉을 만나 그의 소개로 중국어를 배우며 의열단장 김원봉을 소개받아 의기 투합한다. 그는 화북대학 사회학부에 다니며 조선공산당재건동맹에 가입한다. 1931년 베이징 일본공사관의 사회주의자 검거 선풍 때 체포된다. 그는 조선공산당재건동맹이나 베이징 레닌주의정치학교에 관한 진술을 거부하고 동래누룩조합의 공금횡령죄로 우라카

미 형무소에 수감되었다가 출소한 지 한 달 만에 베이징 레닌주의정치학교 사건으로 다시 체포되어 서대문형무소에 수감 중 고문으로 스물여덟의 나이로 순국한다. 그의 누나 차정은 항일구국단체인 근우회 선전부장으로 활동하다 중국으로 망명하여 북경 화북대학을 졸업하고 '태항산 호랑이'로 알려진 밀양 출신 한글학자 김원봉을 만나 생사를 건 무장 독립운동을 통해 사랑의 동지가 된다.

그 뒤 차정은 조선혁명간부학교 설립과 조선혁명당 부인회를 결성하고 "조선에서 자란 소녀들이여, 가슴에 피 용솟음치는 동포여! 울어도 소용없는 눈물을 거두고 결의를 굳게 하여 모두 일어서라."는 내용의 교가를 작시한다. 그의 남편 약산 김원봉은 의열단 단장, 대한민국 임시정부 군무부장으로서 민족해방운동에 투신하였고 해방 후에는 민족주의민족전선 의장으로 활동함으로써 민족독립을 최고의 가치로 삼은 진보적 민족주의자였다. 범우사가 펴낸 그의 추모 수필집 『여백의 예술』에 실린 「사남매가 광복군으로」에서 우하는 "제1차 임정요인 귀국 시에 김규식 박사를 만나 차정 누님이 8·15 해방 6개월 전에 중국 곤륜산전투에서 일본군의 총탄에 맞아 전사했다는 소식을 듣는다."고 쓰고 "그해 겨울 임정요인 2차 귀국 때 서울 한미호텔에서 자형 약산 김원봉을 만나 누님의 유해를 앞에 놓고 둘이서 통곡했다."는 슬픈 소식을 전했다.

김원봉은 1919년 의열단을 조직하고 1938년에는 조선의용대를 창설하는 등 일제에 대한 무장투쟁을 전개하는 데 앞장선 밀양 출신 무장 독립투사다. 8살 위의 누나 차정은 일신여학교(현 동래여고)를 졸업한 뒤 중국 곤륜산 전투에 참가했다가 총상을 입고 순국한다. 차정은 여학교 재학시절 1928년 발간된 일신여학교 교지 『일신』 제2집에 단편소설이자 자전소설인 「徹夜」와 시 「개구리 소래」, 그리고 수필 「가을 아침」 등을 남긴 문학을 지망하는 소녀였다. 시 「개구리소래」에서 "천궁天宮에서 내다보는 한조각 반월半月이/ 고요히 대지大地 우에 비칠 때/ 우리 집 뒤에 잇는 논 가운데는/ 뭇개구리 소리 맞춰 노래합니다 (중략) 미지의 나라로 떠나신 언니/ 개구리소리 듣기 좋아하더니/개구리는 노래하것만/ 언니는 이 소리 듣지 못하고 어디 갔을까!"라고 읊었다. 시에서 나오는 '언니'는 먼저 세상을 떠난 언니 수정을 일컫는다.

한편 부산MBC는 1995년 광복특집 「대륙의 들꽃, 박차정」의 기획취재와 방영을 계기로 박차정 의사 숭모회가 결성되고 생가 복원과 동상건립이 추진되었다. 소설가 요산 김정한은 그를 두고 "그의 수필은 쓰기 위해서 쓴 글이 아니라 쓰지 않고는 배길 수 없어서 쓴 글"이라 했고 권대근 박사는 동인지 '윤좌' 창간 50주년 특집 '부산수필의 어제와 오늘'에서 "의사 수필가로서 박문하는 토속적 해학과 유머가 넘치는 수준 높은 수필집을 발간했으며 부산문인협회장을 맡아 문학 단체 활동에도 적극적이었다."고 평한 바 있다.

우하, 재미있게 읽히는 수필

박문하의 수필 「잃어버린 동화」는 이렇게 시작한다. “가을비가 스산히 내리는 어느 날 밤이었다. 이미 밤도 깊었는데 나는 비 속에서 우산을 받쳐들고 어느 골목길 한 모퉁이 조그마한 빈 집터 앞에서 화석처럼 혼자 서 있었다. 며칠 전까지만 해도 이곳에는 오막살이 초가 한 채가 서 있었던 곳이다. 와보지 못한 그 새, 초가는 헐리어져 없어지고, 그 빈 집터 위에는 이제 새로 집을 세우려고 콘크리트의 기초 공사가 되어져 있었다. 사랑했던 사람의 무덤 앞에 묵연히 선 듯, 내 마음과 발걸음은 차마 이 빈 집터 앞에서 떨어지지가 않았다.”고 옛 집터를 그렸다.

2008년 부산문인협회가 우하 박문하 전집을 발간하면서 제14대 정인조 회장은 발간사에서 “우하는 재미있게 읽히는 수필을 썼다.”고 평하고 그러나 그는 “오늘의 수필문학이 생활이 없는 문인들에 의하여 생활 감정이 조작되고 표현이 날조에 빠져서 마치 서투른 정형수술을 받은 것처럼 되어 가고 있다.”고 탄식한 바 있다. 1975년 범우사가 펴낸 그의 추모수필집 『여백의 예술』에 실린 「사남매가 광복군으로」에서 그는 “1934년 둘째 형과 함께 만형, 차정 누나가 있는 상해로 밀항하였다. 거기서 일경에 체포되어 문호 형은 끝내 옥사하고, 그는 두 해 남짓 고초를 겪은 뒤 미성

년자라 본국으로 송환되었다."고 밝혔다. 그는 본국으로 송환된 뒤 청도 운문사에서 한때 승복을 입고 승려생활을 가장하여 숨어 지냈다.

범우문고가 발간한 수필집 『잃어버린 동화』에서 동아대 김병규 교수는 "그는 수필이 최근에 잘 읽히는 것은 바쁜 시간에 쫓기듯 복잡다단한 생활에 바쁜 사람들이 재미 없는 현대소설을 멀리 하고 또 어려운 현대 시詩를 도외시하면서 짧은 시간에 부담 없이 읽을 수 있으며 또 생활이 담겨 있는 수필문학에 한층 많은 공감을 가지기 때문이 아닌가 생각이 든다."고 하였다. 그 뒤 병원조수로 일하면서 의사검정시험에 합격하여 동래 수안동 동래시장 맞은편에서 개업한다. 그러나 실종된 맏형과 월북한 자형 때문에 요시찰 대상으로 분류되어 어느 하루 마음 편한 날이 없었다고 술회하였다. 그는 철저히 인간에 집착한 글을 남겼다. 그의 회고 중에 "나는 내 자신이 진실로 의사라고 자각을 하는 것은 환자를 진료할 때가 아니고 혼자서 조용히 붓을 들고 이내을 관조하는 순간이다."라는 한스 카롯사의 말을 인용하였다.

그의 어린 시절 어린이잡지 『별나라』 동래지사를 맡아 활동하기도 하였다. 『별나라』는 동맹휴업을 모의하고 지역항쟁의 불씨를 지폈던 동래고보 학생들의 은밀한 독서회 조직을 품었고 동래지역 청소년들이 『별나라』 동래지사를 아지트로 삼아 항일투쟁과 시대정신을 불태웠다. 그는 폐간을 앞둔 1933년과 1934년 이

태 동안 어려운 경영의 『별나라』 지사장을 맡아 동분서주했다. 그의 첫 작품은 별나라 1934년 4월호에 실린 동시 「우리들의 새끼기차」였다. 새끼기차 놀이는 동네 아이들이 새끼줄을 길게 두르고 줄지어 서서 뛰며 기차 흉내를 내는 놀이를 시로 표현했다. 그는 1963년 7월 전국 처음으로 부산에서 발기 동인으로 수필부산문학회를 창립하고 동인지 『Essay』의 창간에 산파역을 맡았다.

부경대 남송우 교수는 "수필동인회의 창간이 공식적인 부산수필사의 시작"이라고 평했다. 수필부산문학회는 2013년 11월 22일 부산일보 10층 강당에서 '창립 50주년 및 수필 80호 특집 발간 기념식'을 가졌다. 그 자리에서 당시 정약수 회장은 "수필부산문학회야말로 수많은 단체 가운데 가장 '뿌리 깊은 나무'라는 사실을 새삼 확인하고 앞으로 더욱 좋은 수필의 꽃을 피워 나가자"고 말했다.

제4대 부산문인협회장을 맡다

"더욱 풍성한 수필의 열매를 수확하리라고 본다."고 내다보았다. 「새벽에 돌아오다」에서 우하는 "가슴이 답답하면 차라리 밖에 나가서 내 생리대로 술이라도 진탕 마시고 외박을 하고 돌아오는 것이 나대로의 진실이며 참된 모습인 것만 같았다."라고 울분을 토해 큰 울림을 전했다. "이렇게 술을 폭음하고 외박을 한다고 해서 나는 조금도 몸이나 마음이 타락된다고 느끼어본 적은 없다. 그것으로 해서 나는 도리어 인간세탁과 같은 나 자신의 정화를 느낀다."는 고백으로 거침없는 자기정화의 변을 쏟아냈다. 그는 요산 김정한, 향파 이주홍, 청마 유치환에 이어 제4대 부산문인협회장을 맡아 어려운 재정을 돕고 문인들의 친목을 다지는 모임과 숨은 일에 앞장섰다.

그는 당시 사비로 『부산문학』 제5집 〈부산의 작고시인특집〉, 〈재부작가론〉, 〈작고시인론〉 등을 잇달아 출간하는 등 작고 문인을 재조명하는 일을 시작하여 오늘에 이르게 했다. 그는 첫 수필집 『배꼽 없는 여자』(1958)를 통해 의사로서의 경험과 의학상식을 전하고 1963년 두 번째 수필집 『인생쌍화탕』 머리말에서 서울에서 의과대학에 다니던 아들 의언義彦이 여름방학 때 송정해수욕장에서 실종 익사한 아픔을 "이 책이 출판되는 날 나는 모든 일 제쳐놓고 일 년 동안 한 번도 찾아가지 못한 송정바다로 의언이를 찾아가서 그 동안 참았던 울음을 실컷 울어볼 작정이다."라고 써서 아들을 잃은 애끓는 아버지의 애끓는 심경을 토로하기도 했다. 세 번째 수필집 『약손』(1965), 네 번째 수필집 『낙서인생』(1972)을 펴냈다.

맹광호 초대 한국의사수필가협회장은 작고 의사수필가 5인의 수필선집 『잃어버린 동화의 시절』 발간에 즈음하여 "의사 수필쓰기 활동에 하나의 기폭제가 될 것을 확신하며, 평소 수필 읽기와 쓰기에 관심을 가진 다른 동료 의사들에게는 물론 일반 독자들에게도 많은 사랑과 관심을 받게 되기를 기원한다."고 밝혔다. 작고한 의사수필가는 그를 비롯하여 최신해, 이장규, 빈남수, 김사달 등 5인이 참여한 수필선집 『잃어버린 동화의 시절』에서 41편의 작품을 실었다. 『잃어버린 동화의 시절』을 출간한 2008년 6월 수필문예지를 통해 등단한 의사 37명이 모여 한국 의사수필가협회를 창립한 이후 7번째 합동 문집을 출간하고 전국 의대생들을 대상으로 매년 수필공모전을 이어가고 있다.

일제의 탄압과 해방 이후 이승만 정권 때 '빨갱이' 마녀사냥으로 사회적 혼란을 거듭하던 시대를 산 그는 가족의 기록마저 제대로 챙기지 못한 한을 품고 살았다. 생가도 훗날 역사학자 신용하, 조동걸 교수로부터 전해 듣고서야 찾을 수 있었다. 그는 6 · 25 때 군의관으로 지원 입대하여 야전병원에서 수많은 전상자들을 돌보았다. 그러나 휴전이 되면서 빨갱이 집안으로 구설수에 올라 군 특수기관에 연행되어 가혹한 심문을 받는 등 곤욕을 치르고 전역하였다.

우하의 작은 평전을 마무리하며

그에게 "민중의원"의 '민중'자를 바꾸라고 강요하는 웃지 못할 일을 겪어야 하는 막힌 시대였다. 그는 처음 일간지와 잡지에 작품을 발표하고 이름이 알려진 뒤에 단행본을 펴냈다. 성문각이 펴낸 『세계문예대사전』에서 "우화의 수필은 어떤 것이나 재미가 있다. 그는 의창醫窓에 비친 많은 이야기를 르포 하는데 그치지 않고 사회에 대한 경종, 인간애의 향훈, 의학지식의 전달 등 다각적인 의미화가 내포되어 있는 것이 특징"이라고 밝히고 있다. 그의 초기 수필작품은 1958년 「공짜병 환자들」을 발표한 뒤 현대문학을 통해 발표한 작품 「약손」과 「나무로 살자」(1964), 「잃어버린 동화」(1968), 「손가락이 닮았다」(1972), 「아내의 미학」(1973), 「삼남매가 광복군으로」(1975), 등의 작품이 아직도 인구에 회자한다.

1968년에 발표한 「잃어버린 동화」에서는 부친과 형제를 항일 독립투쟁으로 잃고 가족적인 정경이 뼈에 사무친 감정을 표현했다. "가을비가 스산히 내리는 어느날 밤이었다. 이미 밤도 깊었는데 나는 빗속에서 우산을 받쳐들고 어느 골목길 한 모퉁이 조그만 빈 집터 앞에서 화석처럼 혼자 서 있었다. 며칠 전까지만 해도 이곳에는 오막살이 초가 한 채가 서 있었던 곳이다. 와보지 못한 그새, 초가는 헐리어 없어지고, 그 빈 집터 위에는 이제 새로 지을 집으르 세우려고 콘크리트의 기초공사가 되어 있었다. 사랑했던 사람의 무덤 앞에 묵연히 선 듯 내 마음과 발걸음은 차마 이 빈 집 앞에서 떨어지지가 않았다. (중략) 이제는 그리운 내 동화 속의 이 초가집은 헐리어 간 데 온 데 없고 가을비 내리는 이 외로운 밤을 나는 어디로 가야 한단 말인가?"라는 탄식으로 끝맺었다.

1975년 그가 숨지자 국내 유명 수필가들은 추모 수필집 『여백의 예술』(범우사)을 발간하며 추모했다. 『여백의 예술』에 참여한 필진은 김소운의 「우하와 나」, 김사달의 「우하 선생을 보내고」, 유병근의 「우하 백자도」, 박연구의 「박문하 선생을 보내고」, 당시 후기를 쓴 한국수필가협회 조경희 회장이 "기교를 모르는 무언의 자세 속에서 조용히 인생의 여운을 풍기는 수필문학. 나는 그와 벗하여 인생의 여백을 메워가면서 조용히 살아가련다."라고 썼다. 작가들 사이에는 '서로 경멸하는 풍토'가 흔히 동서고금 문인상경東西古今 文人相輕이라는 고사가를 되새기게 한다. 우리는 그 고사를 타산지석으로 삼아야할 현실에 살고 있다. 우리 문단에서 예외를 찾는다면 그가 바로 우하가 아닐까? 하는 생각을 하게 된다. 지금도 부산의 수필가들이 모이면 우하의 작품 「약손」과 「잃어버린 동화」의 첫 구절을 외며 그 시절의 그를 다시 그려본다.

청록파 시인들의 우정

— 시인 목월과 지훈의 우정

우정友情은 이성을 초월한 참사랑이다. 우정은 교류와 소통, 끌림을 통해 우정을 쌓아가는 덕목이다. 우정은 자신의 감정을 투명하게 표현하고 다른 사람의 말을 주의 깊게 경청하게 한다. '청록파'는 조지훈趙芝薰, 박목월朴木月, 박두진朴斗鎭 세 시인의 작품을 한데 묶은 시집에서 따왔다. 그 시집은 바로 해방 이듬해 1946년 을유문화사가 발간한 『청록집靑鹿集』이다. '청록파' 시인들은 광복이 되자 각각 제 길을 나섰다. 지훈(1920~1968)은 잠시 고향 영양으로 돌아가서 초등학교 교재를 엮어서 등사판을 밀고 주실마을 청년들과 뭉쳐 신사를 붙태웠다. 이후 1945년 10월, 다시 서울 조선어학회의 「중등국어교본」 편찬원으로 위촉받고, 같은 해 11월에는 진단학회의 「국사 교본」을 편찬하였다.

조선문화건설협의회 회원으로 중앙문화협의회의 일을 돕는 시기에 반탁운동을 비롯하여 모든 민중운동 · 문화운동 등 다방면에 걸쳐 활동하였다. 사회활동에도 적극 참여하는 한편 시인으로서 창작도 활발히 해 나갔고 교육자로서의 삶도 열심인 편이었다. 격동하는 한국 현대사를 민족 주체의 위기로 보고 민족 주체 의식의 확립을 주장하였다. 그래서 민족 전통을 연구하고 그것을 시로 써냈다. 교사, 서울여의대 교수를 거쳐 고려대학교 국문학과 교수로 강의했다. 지훈이 고전적인 한국 문화를 세련된 감각으로 일제의 식민정책에 맞서 문화와 역사의 주체성을 드러내며 현실에 쓴소리의 죽비를 내려친 수필가에 비해 목월은 줄곧 서정시로 모국어 사랑에 시적 역량을 집중하였다.

지훈과 목월의 우정은 빼어났다. 목월(1916~1978)은 대구 계성중학교를 졸업하고 그해 5월 농협 전신인 동부금융에 입사하여 1945년 모교 계성중학교 교사직을 그만둘 때까지 건천乾川에서 살았다. 건천역은 경상북도 경주시 건천읍 내서로(천포리)에 위치한 중앙선 역으로 1917년 문을 열었다. 그 뒤 한 세기가 지난 2021년 동해선과 중앙선의 복선화로 아화리와 심곡리 경계에 아화역이 완공되면서 통합하였다. 건천은 경상북도 경주군 서면 건천리에 속한 곳으로 건천이라는 지명은 마을 옆을 흐르는 강이 배수가 잘되어 물이 고이지 않고 항상 메말랐다고 붙여진 지명으로 목월은 그 지방에서 부대끼며 젊음을 보내며 살았다. 정지용의 추천으로 조지훈, 박두진, 박목월 세 시인은 1939년부터 1940년 사이에 문예지 『문장』을 통해 차례로 등단하였다.

두진은 1939년 6월 『문장』에 「향현」, 「묘지송」 등을 발표하면서 등단하였다. 나이는 목월이 많았고 등단은 지훈이 한 계절 앞섰다. 목월은 1939년 「길처럼」, 「그것은 연륜이다」로 추천 등단하였고 지훈은 1939년부터 그 이듬해에 걸쳐 『문장』지에 「고풍의상」, 「승무」가 1, 2회에 「봉황수」, 「향문」 등의 작품이 3회에 걸쳐 정지용의 추천을 받았다. 광복 후 시집 「청록집」을 통해 이들 세 시인은 '청록파'로 불리며 등장하였다. 을유문화사로부터 합동 시집의 간행을 요청받은 세 시인은 어느 눈 내리는 밤 지훈의 성북동 집에 모여 시집 발간을 위한 준비를 하는 자리에서 목월이 시집의 이름을 「청록집」이 어떠냐고 제안하였다. 청록靑鹿은 목월의 시 청노루에서 따왔다.

그는 청노루에 대해 "푸른 사슴이라는 것이 보다 참신하고 날렵하여 자부심과 새로운 의미를 내포한 것"이라는 설명을 덧붙였다. 목월은 1937년 9월 처음 투고한 작품으로 받은 원고료 5원은 당시 쌀 한 가마를 사고도 남을 돈이었다. 이듬해 1938년 5월 공주 처녀 유익순과 결혼하였다. 맏이가 태어난 1939년에는 『문장』지에 추천 완료되어 문단에 등단하였다. 등단 시절 목월의 주소는 '경북 경주군 서면 건천리'다. 건천에서 경주까지 아침, 저녁 자전거를 타고 통근을 하다가 나중에는 시내에 방을 얻어 생활하였다. 목월이 경주에서 만난 문인들은 김동리, 이기현, 이순보 등 경주 출신 문인들과 아동문학가 윤석중 등이었다.

동시로 맺어진 윤석중과는 목월의 집에서 하룻밤을 묵기도 하였다. 목월은 젊은 날 건천에서 경주까지 아침, 저녁 자전거를 타고 통근을 하다 나중에는 시내에 방을 얻어 생활했다. 목월은 업무를 마치면 반월성으로 오릉으로, 남산 기슭으로, 분황사로 돌아다녔지만 벗할 것이라고는 고도의 산천과 하늘밖에 없었다. 왕릉 위에서 달을 보고, 깨어진 기왓조각을 툭툭 차며 길을 걷는 것, 밤이면 램프 아래에서 책을 읽는 것, 아무 주막에 가서 술을 마시는 것, 그 외는 주판알을 튕기는 금융기관 직원이었다. 스무 살 꽃 같은 나이의 풀 수 없는 고독이 안으로 응결되어 시로 터져 나왔다. 목월의 초기 작품은 고도라는 적막한 공간과 스무 살 청년의 쓸쓸함에서 작품이 태어났다.

목월은 시를 쓰는 것, 시인이 되는 것 이외에는 다른 소망이 없었다. 그는 업무시간 자투리 시간에 시를 썼는데 목월이 동부금융조합 근무 당시 전표 뒷장에 「님」이라는 시를 썼다. 1942년 어느 가을 새로 쓴 시 「님」을 들고 경주군청에 근무하는 이기현 시인을 찾아가 의견을 나누었으나 작품을 발표할 곳을 찾지 못하였다. 문학적 소식에 목말랐을 때 목월이 자주 들린 곳이 동리의 중형 가게였다. 입사 후 맨 먼저 찾아가 만난 문인은 김동리였다. 동리는 경신학교를 중퇴하고 경주에 잠시 내려와 있던 무렵이었다. 세 살 많은 그는 이미 신춘문예에 「화랑의 후예」가 당선된 신진 작가였다. 동리는 목월에게 소주 몇 잔 권한 뒤 미추왕릉 잔디밭에 앉아 많은 문학 이야기를 들려주었다.

한국문학을 대표할 두 거장의 첫 만남은 이렇게 이루어졌다. 다시 조지훈, 박목월, 박두진 세 시인은 문학이 정치적 도구로 전락하는 것에 반발하여 순수문학을 지키려는 의지를 지녔다. 목월은 근무지에서 시를 많이 썼다. 「산이 날 에워싸고」는 외동면 녹동리를 다녀오다 산기슭에 자전거를 세워두고 잠시 쉬는 시간에 쓴 시다. 경주에서 외동 녹동리 까지는 대략 7, 80리 먼 길이다. 울퉁불퉁 자갈길로 먼지 날리는 신작로에 열심히 자전거 페달을 밟던 목월을 떠올릴 수 있다. 길이 멀어서일까? 황룡동 구장區長 집에서 하룻밤 지내며 쓴 「구황룡」이라는 제목의 시는 '주먹만한 다래가 익는다'로 시작해 '다래가 거멓게 익어 제물에 이운다'로 끝맺는다.

골이 깊고 인적이 드문 토함산자락 황룡동 또한 내동면 지역이다. 짧은 시 「달」은 외동면과 내동면이 같이 등장한다. 1955년 행정구역이 변경되기 전까지 불국사 지역과 덕동, 암곡, 황룡을 포함한 보문단지 일대가 모두 내동면이었다. 보문단지 목월공원에 시비 「달」이 서 있는 것도 우연만은 아닌, 있어야 할 마땅한 자리에 시비가 있는 셈이다. 이외에도 불국사와 석굴암 대불 등을 노래한 시가 여러 편 있다. 목월은 업무를 마치면 반월성으로 오릉으로, 남산 기슭으로, 분황사로 돌아다녔지만 벗할 것이라고는 고도의 산천과 하늘밖에 없었다. 왕릉 위에서 달을 보고, 깨어진 기왓조각을 툭툭 차며 길을 걷는 것, 밤이면 램프 아래에서 책을 읽는 것, 아무 주막에 가서 술을 마시는 것, 그 외는 주판알을 튕기는 금융기관 직원이었다.

스무 살 꽃 같은 나이의 풀 수 없는 고독이 안으로 응결하여 시로 터져 나왔다. 목월의 초기 작품은 고도라는 적막한 공간과 스무 살 청년의 쓸쓸함에서 작품이 태어났다. 목월은 시를 쓰는 것, 시인이 되는 것 이외에는 다른 소망이 없었다. 그는 업무시간 자투리 시간에 시를 썼다. 이 시는 목월이 동부금융조합 근무 당시 전표 뒷장에 쓴 「님」이라는 작품이다. 1942년 가을 경주군청에 근무하는 이기현 시인을 만나 이 시를 함께 읽고 공감하였다. 플라톤은 "사람은 사랑할 때 누구나 시인이 된다"고 말하였고 바이런은 "시인이 되려면 사랑에 빠지거나 불행해진다"고 했다. 왜 인류는 시인을 낳고 시인은 시를 쓰며 사람들은 시를 읽는가 라는 물음에 가장 가까운 대답은 "시 속에 사랑이 있으니까"라는 말이다.

조국도 혁명도 종교도 가난도 배신도 모두 시 속에서는 사랑의 모습으로 꽃피워진다. 사람으로서가 아니라 시인으로서 사랑에 빠지면 어떤 시를 낳는가를 우리는 박목월에게서 배운다. 그것은 우정일까 인간관계일까. 우정友情은 친구 사이에 나누는 정신적 유대감을 말하는 용어다. 동급생, 이웃, 직장 동료, 등 '지인'이나

'동맹'보다 더 강한 형태의 대인관계다. 폭넓은 사회적 우정을 흔히 인간관계라고 말한다. 인간이란 사회적 존재로서 사회 속의 많은 이해관계 집단이나 조직과의 상호관계를 통하여 활동한다. 즉 인간은 태어나면서부터 처음에는 가족이라는 하나의 작은 집단으로부터 시작하여 점차로 그 활동 범위를 넓혀가면서 생활한다.

이러한 사회생활의 변화 속에서 다양한 형태의 인간관계를 형성한다. 이러한 인간관계를 형성하게 되는 주요 목적은 무엇보다 조직구성원 상호 간의 협력을 촉진하고 경영 질서를 유지 발전시키며 조직의 목표 달성과 개인의 욕구 충족을 이루어 나간다. 데이비스(Keith Davis)는 인간관계를 "조직의 구성원으로 하여금 팀워크를 이루어 개인의 욕구와 조직의 목표를 효과적으로 달성할 수 있도록 동기를 부여하는 것"이라고 정의하였다. 당시 시인들은 작품을 발표할 수 있는 마땅한 곳을 찾지 못하였다. 일제강점기가 막을 내리면서 온통 정치 열기로 뜨겁게 달아오른 해방 공간의 시대 환경에서 정치색이 거의 드러나지 않는 이들의 작품이 오히려 문화의 뒤안길에서 대중의 호감을 샀다.

해방 공간의 혼란과 갈등을 겪으면서 지친 독자들에게 '정치시'보다 서정시를 통해 위로를 전하려고 했을 것이다. 목월이 동부금융조합 근무 당시 전표 뒷장에 시를 썼다. 입사 이후 맨 먼저 찾아간 문인은 김동리였다. 동리는 경신학교를 중퇴하고 경주에 잠시 내려와 있을 때였다. 세 살 많은 그는 이미 신춘문예에 「화랑의 후예」가 당선된 등단 작가였다. 목월은 대구의 이윤수 등과도 교류하다 3년 뒤 서울로 올라갔다. 1946년 6월 박두진 조지훈, 박목월은 일제강점기에 써서 마루 밑에 묻어 두었던 작품들이다. 우리나라 최고 시집 『청록집』에 실린 목월의 시 「나그네」, 「윤사월」, 「청노루」, 「산도화」, 「춘일」, 「귀밑 사마귀」, 「가을 어스름」, 「산이 날 에워싸고」 등은 목월의 시는 대표작이다.

이후에도 많은 작품을 썼지만, 오늘날까지 널리 애송되는 최고의 시들은 모두 경주에서 쓴 초기 작품들이다. 눈에 보이는 곳, 발길 닿는 곳곳마다 시가 태어난 장소로 경주를 사랑하였다. 목월 스스로 이십 대를 보낸 경주를 천애의 유형지라 표현하기도 했으나 이는 문학적 소통과 공감할 사람이 부족했다는 뜻일 것이다. 외롭고 고독했던 시간이 시가 태어나는 원동력의 시기였다. 목월은 누구보다 고향 경주를 사랑한 시인이다. 어느날 소설가 김동리가 목월과 미추왕릉 잔디밭에 앉아 소주잔을 나누며 많은 문학 이야기를 나누었다. 한국문학을 대표할 두 거장의 첫 만남은 이렇게 이루어졌다. 조지훈 시인과의 만남은 『문장』지가 맺어준 인연이었다.

1942년 지훈과 목월의 역사적 첫 만남의 현장은 건천역으로 이제 폐역이 되어 안타까울 따름이다. 「완화삼」과 「나그네」의 탄생으로 이어진 경주에서의 보름간이었다. 월성여관에 여장을 푼 첫날 새벽까지 문학 이야기로 밤을 꼬박 새웠다. 이 시기 서로 소통한 두 사람의 흔적을 찾아볼 수 있다. 목월은 1942년 어느날 이렇게 술회했다. "나는 지방의 조그만 금융기관에 은신하여 낮에는 공출미의 대금 지불을 위하여 주판알을 튕기는 생활이었다. 하지만 시에 대한 정열과 집념은 끈질기게 나의 내면에 타오르고 있었던 시기였다." 라고 말했다. 조지훈은 그때의 정황을 이렇게 기록하였다. "불국사 나무 그늘에서 나눈 찬술에 취하여 떨리던 봄, 외투를 벗어 추위를 막아주던 목월의 체온이 새롭다. 그리하여 나는 보름 동안을 경주에서 머물렀다. 집으로 돌아간 지훈은 옥산서원의 독락당에서 머문 보름 동안의 감정으로 쓴 「완화삼」의 시를 목월에게 보냈다.

목월의 시 「나그네」는 「완화삼」에 대한 응답으로 쓴 우정의 시였다. 붓을 꺾고 떠돌며 살던 5년간을 두 시인은 편지로 서로의 마음을 여는 해방을 맞았다." 명작이 명작을 낳은 셈이다. 경주에서 두 사람의 첫 만남은 최고의 낭만시 「나그네」와 「완화삼」이 두 사람의 인연이 낳은 걸작이다. 지훈 시인의 편지에 "봄이면 경주 박물관에는 노오란 산수유 꽃이 한창입니다. 늘 외롭게 가서 보고는 했던 싸느란 옥적을 마음속 임과 함께 볼 수 있는 감격을 기다립니다."라고 쓴 긴 내용에 목월이 답한 편지의 첫 구절이다. 마치 사랑하는 여인을 기다리는 남자가 보내는 편지 같았다. 처음에는 일면식도 없이 편지로만 교류하던 둘이었는데 이 답장을 받고 조지훈은 건천으로 가는 중앙선 열차에서 둘은 만나게 된다.

북에는 소월, 남에는 목월이라며 시단에서 추앙받던 박목월 시인은 일제의 민족문화 말살 정책으로 펜을 놓고 고향인 건천에 내려온다. 그런 시련이 오히려 지훈과 교류할 수 있는 하나의 기회가 될 수 있다는 것에 마음이 따뜻해진다. 이태수 시인이 「경북일보」에 투고한 「박목월과 조지훈」이라는 글에서 소개된 두 시인의 관계를 요즘 세상에서 보기 드문 '소중한 우정'이라고 표현하였다. 누군가 '산과 같은 친구'의 본보기라며 그들의 우정을 한없이 부러워했다. 두 시인은 정지용 시인의 추천으로 1939년 나란히 문예지 『문장』으로 등단한 뒤 이른 봄날 지훈이 목월을 만나러 경주를 찾았다. 복사꽃이 활짝 피었으나 진눈깨비가 흩날리는 날씨에 목월의 이름을 쓴 피켓을 들고 경주역으로 마중을 나갔다.

두 시인은 쌀쌀한 꽃샘추위도 아랑곳하지 않고 석굴암으로 가는 길에 불국사에 들러 부는 나무 밑 그늘에서 술자리를 벌였다. 연상이 목월이 술기운이 올라 오한으로 떠는 지훈을 보고 입고 있던 외투를 벗어 몸을 감싸주었다고 한다. 목월이 지훈과의 만남을 위해 안강 옥산서원 독락당에 방을 얻어 보름이나 함께 지내면서 많은 이야기와 시상을 나누었다. 영양 집으로 돌아간 지훈은 '목월에게'라는 부제를 단 시 「완화삼玩花衫」을 경주로 보냈다. 조지훈의 시 「완화삼玩花衫」은 1946년 4월 '상아탑'에 발표한 시로 이 시의 응답으로 박목월의 시 「나그네」를 썼다. 이를 계기로 목월은 고향 경주로 지훈을 초대하였다. 조지훈은 경주에서 함께 지내며 문학과 사상과 해방 시국에 대한 많은 이야기를 나누었다.

이때 경험했던 박목월의 인정과 경주의 풍물이 기억에 남았던지, 조지훈은 박목월에게 보내는 편지로 자신을 달래다가 완화삼을 지어 박목월에게 보냈다고 한다. 이 편지를 받고 박목월 역시 조지훈과 같이 자신과 뜻을 같이하는 문학적 동지에 대한 그리움이 사무쳐 한동안 통곡하고는 답하는 시를 적어 부쳤으니 그 시가 '나그네'였다. 목월이 완화삼에서 인상 깊게 읽었던 구절이 바로 "술익는 강마을의 저녁놀이여."였다. 시제 밑에 그 구절을 붙이고 시구 속에도 "술 익는 마을마다/타는 저녁놀"이라는 시구를 넣었다. 시끄러운 현실을 빠져나가고 싶은 당대인의 현실에 『청록집』이 내세운 '자연의 발견'이라는 명제는 훌륭한 출구가 되었는지 모른다.

그러므로 일부 비평가는 '청록파'의 시들이 지나치게 현실을 배제한 서정 일변도에 정적이라고 비판하기도 한다. 우정이라면 가브리엘 가르시아 마르케스의 걸작 '일 포스티노'에서 우편배달부와 망명 시인이 맺은 감동적인 이야기를 그린 영화에서 엿볼 수 있었다. 이는 고립된 섬마을에서 우편배달부인 마리오 루피노와 칠레의 망명 시인 파블로 네루다 사이에 펼쳐지는 특별한 우정을 담았다. 마리오는 우편배달부로 그는 시적 상상에 깊은 공감을 느끼는 독자로서 서로 이해와 사랑을 나눈다. 우연히 네루다의 시를 접한 그는 시인의 말에서 마음이 움직여 네루다의 편지와 시가 담긴 자루를 매일 기다리게 된다. 마리오는 시를 통해 문학의 세계에 눈을 뜨고, 그 안에서 자신의 감정과 삶에 대한 새로운 통찰력을 찾는다는 내용의 우편배달부와 망명 시인의 우정을 줄거리로 그린 영화다.

우정友情은 친구 사이의 정. 가족적인 의미의 건전한 사랑으로 해석된다. 우정은 사람에게 있어서 중요한 감정으로, 아무리 인맥을 넓게 쌓아봤자 이것이 없으면 진정한 친구는 없는 것과 같다. 물질적인 이득을 위해 서로 이용만 하는 사이가 아닌 진심으로 마음을 털어놓을 친구가 있다면 연인, 가족보다도 의지하는 대상이기도 하다. 진정한 친구가 있으면 우정을 통해 정서적으로 더욱 풍요로워질 수 있었다. 이 세 사람의 시인은 이후의 활동과 함께 광복 이전과 이후의 한국시를 이어주는 징검다리로서의 구실을 하였고 시의 순수성을 지키며 시의 바른 길을 밝히려고 애썼다. 지금은 '동서고금 문인상경東西古今 文人相輕'이라는 말처럼 세상에는 문인들끼리도 건전한 경쟁을 통해 서로가 발전하기 보다 상대를 깔보고 업신여기며 욕망에 눈이 어둡다.

지금은 동인지 시대다. 동인同人의 사전적 의미는 "뜻이나 취미를 같이 하는 사람"을 일컫고 동인同人들이 모임을 갖는 말로 동인지는 "예술상 생각이나 주의, 경향을 같이 하는 사람들이 함께 펴내는 잡지"라고 하겠다. 우리 주위에서 흔히 보는 동인지는 희랍어 '앤톨로기아(Anthologia)'에서 유래한 집단적 앤솔로지나 운동성을 가진 '에콜 드 파리(École de Paris)'의 성격을 벗어난 문인들의 단순한 친목 수준에서 끼리끼리 작품집을 한 데 묶어 내는 수준에 그치고 있다. 인간적 사랑과 우정에 뿌리를 둔 이념과 이데올로기, 시대정신으로 연대한 적극적인 운동체의 결합이기보다는 가벼운 길벗 정도의 편의로 여긴 동호회 성격이다.

지난날 우리가 경험했던 1920년대의 사회적 모순을 폭로하고 고발한 카프운동(Korea Artists Proletariat Federation)과 같은 문학운동은 더더욱 아니다. 나는 수필가로 70년대부터 '석필'과 '길', '윤좌' 동인과 '수필부산문학회'와 '부산수필문인협회' 회원이다. 문인단체에서도 상대를 이용하고 깎아내리며 스스로 잘난 채 하는 일이 예사스럽다. 자신의 모자람과 부족함을 깨달아 낮추고 겸손하며 갈고 닦지 않은 채 세파에 편승한 문인들이 저 잘난 채 나서며 수상 경력과 감투에 눈이 어두워 세를 불리고 상대를 제압하려는 자본주의식 경쟁이 낳은 성향을 보인다. 그러나 1946년 6월 발간한 청록파 앤솔로지 『청록집青鹿集』은 달랐다. 서로를 아끼고 존중하며 한없이 베푸는 겸손한 문인들의 순수한 모임이었다.

그 시집에 실린 목월의 시 「나그네」는 '강나루 건너 밀밭 사이로 외길이 끝없이 펼쳐져 있는 고적한 전원 풍경'을 그린다. 그 길은 강의 푸른 물빛과 밀밭의 초록빛이 어우러져 깊고 짙은 색감을 드러낸 작품의 배경이다. 외길에서 느끼는 나그네의 고독은 삼백 리로 더욱 멀고 까마득하다. '남도 삼백 리'는 실제의 거리라기보다 화자가 느끼는 고독한 나그네의 심사였으리라. 외길로 길게 뻗은 쓸쓸한 황토길 따라 어느 마을을 지날 때 코끝에 와 닿는 술 익는 향기, 마침 서산 하늘 가득히 붉게 타는 저녁노을이 스스로를 더욱 고독한 노마디스트의 감정에 가두었다. 김종길 시인으로부터 "우리나라 낭만시의 최고봉"이라는 찬사를 받은 지훈은 「완화삼玩花衫 – 목월에게」를 지었다.

"차운산 바위 위에 하늘은 멀어/ 산새가 구슬피 울음 운다// 구름 흘러가는/ 물길은 칠백 리七百里/ 나그네 긴 소매 꽃잎에 젖어/ 술 익는 강마을의 저녁노을이여// 이 밤 자면 저 마을에/ 꽃은 지리라// 다정하고 한 많음도 병인 양하여/ 달빛 아래 고요히 흔들리며 가노니…"라고 노래했다. 이에 목월이 "강나루 건너서/ 밀밭 길을/ 구름에 달 가듯이/ 가는 나그네// 길은 외줄기/ 南道 삼백리/ 술 익는 마을마다/ 타는 저녁놀/ 구름에 달 가듯이/ 가는 나그네"라는 화답시 「나그네」로 응답한 시심詩心이 아름답다. 대부분의 동인지는 장르를 나누지 않은 채 이름이 알려진 사람들이 '신변잡기와 체험담'을 감성적인 표현으로 쓴 일상사나 잡문을 발표하였다.

작가라면 누구나 현란한 글재주 못지 않은 지성적 사유와 문학적 비판과 깊이에 집착한 감성을 토로하려고 한다. 두 시인도 경주 월성여관에서 밤을 지새며 이야기를 나눴고, 불국사와 석굴암을 찾았다. 지훈은 복사꽃이 흐드러지게 핀 봄날 진눈깨비가 흩날렸다. 지훈은 중앙선 완행열차를 타고 목월을 만나러 경주로 온다. 두 시인은 석굴암을 오르기 위해 불국사에 들러, 나무 그늘에서 술을 나누었다. 그 취기로 지훈이 한기가 들어 재채기를 하자 형뻘인 목월이 입고 있던 외투를 벗어 오한으로 떨고 있는 지훈의 몸을 데워주었다. 지훈은 보름 동안 경주에 머물면서 목월과 함께 안강 자옥산 기슭 옥산서원 '독락당'에 방을 얻어 이야기 보따리를 풀어 놓았다.

목월은 지훈이 흰 두루마기를 걸치고 치렁치렁하게 기른 장발을 휘날리며 건천역을 걸어 나오던 모습을 잊지 못한다. 그렇게 해우한 두 사람은 문학과 사상과 시국에 관한 끝없는 이야기에 빠진다. 이때 경험한 목월과의 사랑과 우정, 그리고 경주의 기억을 담아 지훈이 목월에게 보낸 시 「완화삼」을 지었다고 한다. 그렇게 만난 두 시인은 해방 이듬해 서울 성북동 조지훈의 집에서 박두진과 더불어 세 사람이 모인다. 그때 조지훈 · 박목월 · 박두진이 공동 시집 발간에 뜻을 모으고 박두진이 근무하던 을유문화사에서 『청록집』을 펴내게 된 갓이다. 목월의 시 「나그네」의 중심이미지 '구름에 달 가듯이/ 가는 나그네'는 2연과 5연에서 반복된다.

그 '나그네'는 성경 도마복음서 제42장에 나오는 '나그네(passersby)'와 불가의 '고타마 싯다르타(Gotama Siddhrtha)'를 상정하지 않았을까? 세속적인 이기와 경쟁에서 벗어나 해탈의 경지에 이른 나그네의 모습을 떠올려본다. 「나그네」 제4연 '술 익은 마을마다 타는 저녁놀'을 지훈이 「완화삼」에다 옮긴 것으로, 붉게 타는 저녁노을을 잘 익은 술빛에 비유하였다. 이 시는 『청록집』에 수록된 모든 작품을 통한 민요적 가락과 요소, 향토색과 정서, 그리고 선창과 화답의 시적 계응繼應과 조화를 표현하고 있다. 지훈은 『청록집』 발간에 앞서 1946년 4월 4일 개최한 청년문학가협회 창립대회에서 「해방 시단의 과제」라는 발제를 통해 "해방 후 시단은 사이비 시의 범람기"였다. "민족의 세계시에 공헌할 역사적 사명을 완수하기 위해서는 우리의 전통을 바르게 이해하지 않으면 안 될 것"이라 역설하였다.

지훈의 「해방 시단의 과제」라는 발제문을 다시 읽으면 가산伽山 김종출 교수(1920-1973)을 떠올린다. "작가는 무엇을 쓰든 간에 자신의 작가정신이 사회적 양심을 지키는 최후의 보루이며 스스로가 사회적 양심의 대변자라는 확신을 가질 때 비로소 문학이 우리 사회에 있어서 더 뚜렷한 존재 이유를 확립할 수 있다."고 비평한 김종출 교수의 문학비가 2002 경남 김해시 구산동에 건립된 이후 김해 가야의 거리에 세워진 문예비평가 김종출 문학비에서 밝혔듯이 "작가의 정신이 사회적 양심의 최후 보루이며 스스로가 사회적 양심의 대변자라는 확신을 가질 때 우리 문학이 비로소 우리 사회에 있어서 더 뚜렷한 존재 이유를 확립할 수 있다."는 내용이 새삼 가슴을 울린다.

글쓰기는 깨우침

서점가에는 수필집과 수필 쓰기 안내서가 넘친다. 그만큼 수필 문학이 다른 문학 장르에 비해 괄목할 만한 발전을 거듭하고 있다는 증표다. 그러나 눈길을 끌 만한 돌올한 내용의 안내 책자나 빼어난 작품을 만나기는 어렵다. 여든을 넘긴 나의 일상은 날마다 숨 쉬듯 아파트 둘레길을 걷고 웰스 그라운드에서 스트레칭을 하며 하루를 마감한다. 그리고 책을 읽고 음악을 들으며 묵상하는 삶에서 일주에 한두 편의 글을 쓴다. 글을 쓴다는 것은 세상과의 관계를 유지하고 사회와 이야기를 나누는 것이다. 나는 글을 쓰기 전에 나의 영혼을 깊은 곳으로부터 스스로를 깨운다. 글쓰기는 생각을 글로 옮겨 표현하는 것이다. 글쓰기도 준비가 필요하고 탈고 이후에는 더 긴 퇴고의 과정이 따른다.

글은 '긁다' 또는 '긋다'에서 유래한 말이다. 동굴의 벽이나 동물의 뼈 등을 긁은 것이 글의 시초로, '긁다'가 변해서 '글'이 된 것으로 볼 수 있다. 글쓰기는 글을 짓는 과정으로 초등학교에서는 글짓기 또는 글쓰기라고 표현한다. 좁게 보면 문장을 쓰는 간단한 언어 활동에다가, 넓게 보면 리포트, 논문, 설명문, 소설 따위의 글을 써서 책을 발간하는 활동으로 본인의 다양한 감정을 표현하고 새로운 사실에 대한 정보를 전달하는 글로 전문적인 언어 활동을 하는 것이다. 작문하는 종류는 곧 글의 성격에 따라 다르다. 편지나 일기, 이메일을 쓰는 정도의 간단한 생활문으로부터 신문 잡지에 투고할 수필이나 에세이, 대학의 연구보고서나 학위논문 같은 전문 정보를 설명하거나 주장하는 리포트, 시나 소설과 같은 문학적인 글을 쓰는 것에 이르기까지 다양한 성격의 글을 쓴다.

글쓰기는 사람들이 꾸준히 쌓아온 훈련의 결과이지만 효과적으로 글을 쓴다는 것은 결코 쉬운 일이 아니다. 우리는 삶을 통해 매 순간 말하고 글을 쓰는 것이 글쓰기의 기초 활동이다. 구상構想해 온 글을 컴퓨터 자판에 옮기기 전에 나는 김갑수의「우리말의 어원과 그 문화」와 박용수의「겨레말 갈래 큰사전」, 김재홍의「시어詩語사전」등을 뒤져 제목과 중심 어휘에 대한 어원을 찾는 일부터 한다. 그 목적은 우리말의 어원이 안고 있는 사회적 환경과, 제도, 풍속, 심상 등 우리의 삶과 문화 배경을 폭넓게 살펴보기 위해서다. 사람들은 문화의 독자적 반영체로 언어를 생각하고, 또 생각한 바를 표현한다. 내가 어원을 추적하는 길은 순우리말을 찾고 민족어民族語의 뿌리를 생각하는 우리말 사랑을 실현하는 길이기도 하다. 그 핵심에는 새로운 가치를 찾아 전달하려는 생각이 한편에 자리한다.

말은 한 번 뱉으면 주워 담을 수 없다. 그러나 글은 생각해서 쓰고 전달하기 직전까지 거듭 수정할 수 있으나 영원하다. 말은 그 사람의 영혼을 담은 그릇으로, 사람의 생각과 사상을 담았기에 우리는 잘 모르는 사람이라도 잠깐의 대화로도 상대에 대한 대략적인 정보를 알 수 있다. 지식 혹은 교양의 정도, 출신 집안 등등이다. 말은 순간 표현하는 생각으로 당장은 별일이 아닌 것 같아도 궁극적으로 이 세상을 변화시킬 수 있 최고의 에너지이고 그 질량이 곧 세상의 변화를 이끈다. 사회와 우주를 변화시키는 힘은 인간의 생각이다. 우리의 변화는 글쓰기의 기본 원칙을 이해하고 적용하는 것으로부터 시작한다. 작가의 생각을 독자에게 전달함으로써 소통을 이루고 공감대를 형성하게 되는 것이다. 그래서 나는 글쓰기에 앞서 주제나 제목의 어원語源부터 찾아보는 기초 활동에 충실하려고 노력한다.

언어는 문화를 반영한다. 아니 언어와 문화는 표리관계를 지닌다. 문화가 내면을, 언어가 표면을 이루는 것이다. 사람들은 문화의 독자적 반영체로서 언어에 의해 생각한 바를 표현한다. 각자 그들 나름의 전통적인 민족어民族語를 이어오고 있다. 우리가 쓰고 있는 말을 제대로 이해하려면 어떤 말이 어떻게 생겨서 사용되어 왔는지 역사적인 근원과 한글을 둘러싼 한자의 자원字源을 알아야 하고, 어휘의 변화를 살펴보아야 한다. 그래야 민족어를 제대로 사용하고 운용할 수 있다. 그런데 불행히도 우리는 이 민족어의 어원을 파악하는 데에 어려움이 있다. 고려 이전의 우리말에 대한 기록이 거의 없기 때문이다. 그리하여 의식衣食을 나타내는 "옷, 집"만 하더라도 그 어원을 상고할 수가 없다. 물론 어느 나라 말이건 간에 그 말의 근원적 어원을 밝히기란 지난至難한 일이다.

어원에 대한 관심은 실학시대實學時代부터 커졌다. 이수광李睟光의 『지봉유설芝峰類說』, 황윤석黃胤錫의 『화음방언자의해華音方言字義解』, 이의봉李義鳳의 『고금석림古今釋林』 등을 비롯한 여러 고전에서 우리말의 어원을 찾는다. 이들의 일반적 특징으로는 국어 단어의 어원을 중국어에서 구한 점을 들 수 있다. '아비'의 어원을 '아부阿父', '물'의 어원을 '몰沒'에서 구한 등이다. 현대에 와서 국어 어원론은 국어학자들에 의해서도 간혹 시도되었지만, 국사학자들이 더욱 큰 관심을 나타내었다. 고대사의 연구에서 어원 해석이 필요하게 되어, 최남선崔南善 · 이병도李丙燾를 비롯한 학자들은 '단군檀君' · '아사달阿斯達' 등 많은 고유명사의 어원론에 매달렸다. 서구어도 그 어원을 흔히 희랍, 라틴어까지 거슬러 올라간다.

우리가 쓰고 있는 말이 어떻게 생겨났는지 역사적인 근원을 살펴보는 어원語源을 살피는 일은 우리말 사랑의 첫걸음이다. 어원에 대한 관심이 지금까지 해결하지 못한 어원이 밝혀지는 기쁨을 맛보는가 하면, 종래의 어원이 새롭게 재해석되기도 한다. 예를 들어 내가 아끼고 쓰는 단어 중 “윤슬”은 첫 번째 부분인 “윤슬”의 “윤”은 “윤기”를 뜻하고 이는 빛의 반짝임이나 매끄러운 느낌이 느껴지며 두 번째 부분의 “슬”은 물결을 뜻하는 단어다. 두 단어가 합쳐져서 ‘물결이 빛을 받아 반짝이는 모습’을 윤슬이라는 부르는 순우리말의 어원이다. 우리말 “윤슬”을 떠올리면 잔물결 위에 빛나는 눈부신 햇살과 달빛, 갯마을 초가의 정겨운 호롱불빛이 그려진다. 물 위에 비치는 “윤슬”이라는 어휘는 마음으로 받아들여 물명상으로 이어진다.

이러한 독창적인 어원론이 빛을 발하고 이를 아껴 쓸 때 우리말이 순화되어 더욱 아름답고 곱게 다듬어질 것이다. 박인환의 시 「목마와 숙녀」는 “한 잔의 술을 마시고/ 우리는 버지니아 울프의 생애와/ 목마를 타고 떠난 숙녀의 옷자락을 이야기한다.”는 구절로 시작한다. 박인환의 시는 전후의 황폐한 분위기에서 전통적 서정 세계를 부정하고 새로운 모색을 꾀하는 시상을 건졌다. 이 시는 우연성에 의한 자유로운 시어 표현과 허무적, 감상적 정조로 특징지어진다. 전후의 불안 의식과 문명화의 비인간화로 인한 허무감을 애상적으로 노래하는 체념적 태도를 보여준다. 버지니아 울프의 자살과 같은 절망과 감상을 우리에게 전해준 시인 박인환은 술과 함께 고통 속에서 젊은 나이로 세상을 떠났다. 그러나 그의 우수와 슬픔을 담은 시는 지금도 많은 사람들의 사랑을 받고 있다.

장여울 작가는 "우리가 글을 왜 써요? 잃어버린 나를 찾기 위함이 아닌가요?"라고 묻는다. 글쓰기는 에너지 소모가 극심하여 언제나 부담스럽고 어렵다. 그러나 미래로 향한 상상의 꿈의 모험이 바람을 탄 파도가 뱃전에 부딪혀 배를 춤추게 하듯 생각이 잔물결을 이룬다. 글쓰기는 자신을 쏟아내는 깨달음으로 이 모든 것을 백지 위에 문자로 촘촘하게 베를 짜는 직조織造의 과정과 같다. 나의 경우 글쓰기란 생각의 정리와 삶의 충격파를 다듬는 일상의 연속으로 그 속에서 충만한 감정을 담아낸다. 생각은 한자어가 '싱각'으로 써 오던 순우리말이다. 지각이나 기억으로만 일을 해결하기에 충분하지 않을 때, 문제를 어떻게 이해하고 어떻게 행동할 것인가를 헤아리는 뇌의 활동이다. 여기서 의미가 더 확장되어 다른 사람이나 대상에 대해 배려하고 걱정하는 행위 역시 생각이라고 한다.

우리의 의사소통은 주로 언어를 통한 것이기 때문에 생각이 언어로 이루어진다고 느끼기 쉽지만 때로는 우리의 생각을 도형적으로 분석해 볼 필요가 있다. 나는 무엇인가를 '쓰기에 앞서 생각을 정리하는 마음의 준비'를 기본으로 여긴다. 그래서 나는 오늘도 생각하고 느끼며 기록하는 일에 매달리는지 모른다. 글쓰기는 자신에 솔직해져서 잠자는 영혼에 죽비를 내려쳐 일깨우는 일이다. 나는 언제 어디서든 글쓰기의 자유를 열망한다. 주위 사람들은 "마땅한 소재가 없어서"라거나 "적당한 글감이나 제목이 떠오르지 않아서"라는 말로 글을 쓰지 못한다고 입버릇처럼 말한다. 생각해보면 그 말속에는 '나도 더 좋은 글을 쓰고 싶다'는 간절한 목마름와 스스로의 게으름을 스스로 되뇌는 것이리라. 글짓기는 정보 전달을 목적으로 문장을 정리하여 글을 지어나가는 행위를 말한다.

글쓰기는 글을 읽는 독자를 설득하거나 매료시켜 즐겁게 하는 일을 뜻한다. 우리가 초등학교에 다닐 때 글쓰기를 작문作文이라고도 하였다. 작문은 단순히 무언가를 쓰는 행위를 가리키는 필기筆記와 다른 글짓기를 말한다. 이야기나 감정의 표현, 또는 사실이나 의견 등 정보의 전달을 목적으로, 일정한 질서를 가지고 쓰여지는 문장의 집합체를 엮어가는 행위이다. 작문 능력은 학술 영역에서는 널리 활용되는 능력으로, 논리적인 사고를 공유하기 위해 필수적인 능력으로 생각되고 있다. 허구문에서는 줄거리, 다이얼로그, 설정, 문체론 등을 포함한다. 상대가 하는 말을 이해하고 자기의 뜻을 충분히 상대방에게 전달할 필요에서 일상생활의 사용을 위한 목적이 있고, 자기의 사상 · 감정을 문장으로 나타내어 자신의 내면생활을 좀 더 명확히 자각하기 위해서도 글을 짓고 쓴다.

중고등학생 때 수행평가나 백일장에서 글쓰기부터 논술과 논문, 자기소개와 입사시험, 촌평과 에세이, 칼럼과 사회비평, 학술논문까지 다양한 글쓰기와 더불어 살아왔다. 글쓰기는 읽기와 생각하기, 퇴고의 과정에서 그 중요성과 필요성을 깨닫는다. 모티어 애들러 교수가 말한 것처럼 "모든 책은 빛이다. 누가 어떻게 읽느냐에 따라 그 책의 빛이 태양처럼 눈부시냐 칠흑 같은 어둠으로 달라지는 것"이다. 책을 읽는다는 것은 그 책의 정신과 지혜가 나의 생각과 의식 속에 녹아드는 첫 만남 나의 의식 속에 읽은 책의 메시지가 스며들어 나의 생각과 의식이 변화하고 커지는 것이다. 읽기와 생각하기 그리고 글쓰기는 분명 내게 내린 축복이다. 축복은 하늘에서 내리는 것이 아니라 스스로를 돕는 마음에서 솟아나는 것이다. 우리는 무엇 때문에 글을 쓰는 것인가에 대한 문제를 이야기하기 위해서는 먼저 문장의 종류를 살펴볼 필요가 있다.

우리가 쓰는 문장은 크게 두 가지로 나눌 수 있다. 하나는 우리가 일상생활을 하면서 필요해서 쓰는 문장, 즉 편지 · 일기 · 기행문 · 축사 · 조사 등 실용적인 목적으로 쓰는 실용문과, 또 하나는 그저 쓰고 싶어서 쓰는 글 즉 시 · 수필 따위 예술적이고 문학적인 글로 나눌 수 있다. 실용문은 쓰는 목적이 분명하기 때문에 새삼스레 왜 글을 쓰느냐고 물을 필요가 없다. 문제는 문학적인 글이다. 우리의 일상적인 생활은 결국 사람과 사람의 만남이라고 할 수 있다. 따라서 우리는 남이 하는 말을 이해하고, 또 자기의 뜻을 충분히 상대방에게 전달할 필요가 있다. 여기서 우리가 문장을 읽고 써야 할 필요성이 있는 것이다. 그러나 글은 이처럼 일상생활의 실용성을 위해서만 쓰는 것은 아니다. 글을 쓴다는 것은 또 다른 깊은 의미를 지닌다.

우리는 자기의 사상 · 감정을 문장으로 나타냄으로써 자신의 내면을 들여내 객관화 하는 일로 자신을 성찰한다. 유시민은 글쓰기 특강에서 "글쓰기는 나 자신과의 대화로 너의 생각, 나의 감정을 솔직하게 드러낸다."고 하였고 「쇼생크 탈출」을 쓴 미국 작가 스티븐 킹은 「유혹하는 글쓰기」에서 '작가가 되는 비결'은 "많이 읽고 많이 써야 하는 것 외에 다른 왕도가 없다."고 말했다. 우리가 우리의 머리로 느끼는 충격이나 생각은 막연한 것이 많다. 그것을 글로 쓰게 되면 비로소 우리의 생각은 어떤 짜임새를 지니고 선명해진다. 따라서 문장을 쓴다는 것은 곧 생각한다는 것이 되고 또 자기의 내면을 자각하고 쏟아내는 것이다. 그러나 자신의 감정이나 사상을 글로 표현한다는 것은 결코 쉬운 일이 아니다. 눈에 보이지 않는 감정 · 사상을 문장으로 표현하기 위해서는 창조하는 고통을 겪는다.

자기가 나타내고자 하는 의미에 적합한 말을 찾아내고, 그것을 적절히 구성한다는 것은 무척 힘들고 어려운 일이다. 하지만 일단 그 고통을 넘기고 한 편의 글을 멋지게 완성했을 때는 겪은 고통 이상의 즐거움을 맛볼 수 있다. 그것이 곧 창조의 기쁨이다. 다시 말해서 글을 쓴다는 것에는, 우리의 일상적인 필요에 의해서라는 목적 이외에, 자아를 자각 · 확립하고 나아가 자아를 해방시키는 목적을 가진다. 서敍는 '넓게 펼친다.'는 뜻을 가진다. 서정敍情은 자신이 느끼거나 겪은 감정의 공감대를 넓히는 것이고 서사敍事는 주위에서 일어나는 일과 사건을 질서정연하고 차례로 펼쳐 보이는 작업이다. 서정이나 서사는 꾸밈없이 자연스럽게 표현하여야 생명력을 가진다. 작가는 흔히 얼핏 대수롭지 않아 보이는 사소한 이미지에서 작품의 실마리를 찾기도 한다.

글쓰기는 정보 전달을 목적으로 문장을 정리하여 글을 지어나가는 행위다. 글을 쓰는 작가는 글을 읽는 사람을 설득하거나 공감을 불러 일으키는 일이다. 글쓰기를 작문作文이라고도 한다. 단순히 무언가를 쓰는 행위만을 가리키는 필기筆記와는 다르다. 글쓰기는 이야기나 감정의 표현, 또는 사실이나 의견 등 정보의 전달을 목적으로, 일정한 질서를 가지고 쓰며 문장을 만드는 일로 단순히 글을 쓰는 필기와는 다르다. 작문 능력은 학술 영역에서는 널리 활용되는 분야로, 논리적인 사고를 공유하기 위해 필수적인 능력으로 생각되고 있다. 허구문虛構文은 줄거리, 다이얼로그, 설정, 문체론 등을 포함한다. 허구문은 사실이 아닌 이야기의 구성이다. 허구문은 이야기를 즐겁게 또는 저자의 관점을 전달하는 의미로 쓰여진다.

그 결과는 단편 소설, 소설, 중편 소설, 각본, 드라마 등 허구문 방식의 모든 종류 가 될 수 있다. 소설가, 극작가, 단편 작가, 드라마 작가와 각본가를 포함한 여러 저자는 허구문을 연습한다. 남이 하는 말을 이해하고 자기의 뜻을 충분히 상대방에게 전달할 필요에서 일상생활의 활용에 그 목적을 두고 있다. 자기의 사상 · 감정을 문장으로 나타내어 자신의 내면 생활을 좀 더 명확히 자각하기 위해서 글을 쓴다. 우리는 무엇 때문에 글을 쓰는 것인가에 대한 문제를 이야기할 때 먼저 작가가 쓴 작품을 곰곰히 살펴볼 필요가 있다. 우리가 쓰는 문장은 크게 두 가지로 나눌 수 있다. 하나는 우리가 일상생활을 하면서 필요해서 쓰는 문장, 즉 편지 · 일기 · 기행문 · 축사 · 조사 등 실용적인 목적으로 쓰는 실용문과, 또 하나는 그저 쓰고 싶어서 쓰는 글, 즉 시 · 수필 따위 예술적인 문예문이다.

실용문은 쓰는 목적이 분명하여 새삼스레 왜 글을 쓰느냐의 문제를 물을 필요가 없다. 문제가 되는 것은 문예적인 글이다. 우리의 일상적인 생활은 결국 사람과 사람의 만남이라고 할 수 있다. 우리는 남이 하는 말을 이해하고, 또 자기의 뜻을 충분히 상대방에게 전달할 필요가 있다. 여기에 우리가 문장을 읽고 써야 할 필요성이 있는 것이다. 그러나 글은 이처럼 일상생활의 실용성을 위해서만 쓰는 것은 아니다. 글을 쓴다는 것은 또 다른 깊은 의미를 지니고 있다. 즉 우리는 자기의 사상 · 감정을 문장으로 나타냄으로써 자신의 내면 생활을 좀 더 명확히 자각할 수 있다. 사실 우리가 우리의 머릿속 뇌가 기억하고 지닌 느낌이나 상상은 구체적인 것이 아닌 막연한 것인 경우가 대부분이다. 그것을 글로 쓰게 되면 비로소 우리의 생각은 어떤 짜임새를 지니며 선명해진다.

따라서 문장을 쓴다는 것은 곧 생각한다는 것이 되고 또 자기의 내면생활을 자각하는 것 글 밭을 가는 것이다. 수필계는 AI가 쓴 글과 수필작가가 쓴 글이 다르다는 것을 대비해야 할 때다. 한 가지 예로 작가가 쓴 수필이 사람의 정감과 진정성이 자연스레 흘러나오는 것과 AI의 작품을 구분하는 방법을 찾아내 연구해야 할 것이다. 그러자면 수필을 잘 쓰는 것 못지않게 작가가 먼저 인격을 갖추는 환경이 마련되어야 한다. 사람의 됨됨이가 제대로 갖추어지지 않을 경우 글의 내용이 심오하지 못하고 글이 인간관계와 사회 분위기에 인격과 도덕의 중심을 잡지 못한 채 거짓과 허영, 혼란이 겹쳐 품격을 잃고 말 것이다. 장차 급변해 나갈 수필 환경의 미래를 고려한다면 수필을 쓰는 기술보다 인격을 갖춘 수필인의 등장으로 문학계의 자정능력을 기대하는 것이다.

글을 잘 쓰는 사람들이 차고 넘쳐도 작가의 인격에 결함이 있다면 품격을 갖춘 수필 작품을 기대하기 어려울 것이다. 이상적인 수필계는 수필을 아끼고 사랑하는 사람들의 마음을 정화하고 자율적으로 이상향을 구축해 나가는 일이다. 그곳에 작가들이 쓴 작품의 우열을 가리면 그만이지 불필요한 경쟁과 저질스런 논쟁이 있을 수 없고, 서로의 감동적이고 아름다운 다름이 존재할 뿐이다. 그리하여 언제 닥칠지 모르는 전쟁이나 질병, 경제적 위기, 도덕의 몰락과 기후변화 등 인류가 당면할 많은 문제를 수필 정신으로 순화시키고 수필의 빛이 널리 퍼져나가 이런 위험을 줄이는 일에 도움이 되어야 한다. 나아가서 인류의 미래에 의미 있는 위로가 되기를 진심으로 꿈꾸어 본다. 눈에 보이지 않는 감정·사상을 문장으로 표현하기 위해 창조하는 고통을 삶의 의미로 달갑게 받는다.

우리는 무엇 때문에 글을 쓰는가? 글쓰기를 작문作文이라 하고 단순히 무언가를 쓰는 행위인 필기筆記와는 근본적으로 다르다. 우리가 쓰는 문장은 크게 두 가지로 나눌 수 있다. 하나는 우리가 일상생활을 하면서 필요해서 쓰는 문장, 즉 편지·일기·기행문·초청장·축사·조사 등 실용적인 목적으로 쓰는 실용문과, 또 하나는 마음이 북받혀 쓰고 싶어서 쓰는 글, 즉 시·수필·소설 따위 예술적인 문예문이다. 실용문은 쓰는 목적이 분명하기 때문에 새삼스레 왜 글을 쓰느냐의 문제를 제기할 필요가 없다. 문제가 되는 것은 문예적인 글쓰기다. 우리의 일상적인 생활은 결국 사람과 사람의 만남이라고 할 수 있다. 따라서 우리는 남이 하는 말을 이해하고 또 자기의 뜻과 감정을 상대방에게 충분히 전달할 필요가 있기 때문이다.

우리가 문장을 읽고 공감과 감격을 써야 할 필요성이 있는 것이다. 그러나 글은 이처럼 일상생활의 실용성을 위해서만 쓰는 것은 아니다. 글을 쓴다는 것은 또 다른 깊은 의미를 지니고 있다. 즉 우리는 자기의 사상 · 감정을 문장으로 나타냄으로써 자신의 내면을 좀 더 명확히 자각할 수 있어야 한다. 사실 우리가 우리의 머리 속에 지니고 있는 느낌이나 생각은 막연할 경우가 대부분이다. 그것을 글로 쓰게 되면 비로소 우리의 생각은 어떤 짜임새를 지니며 선명해진다. 글쓰기란 작가가 항상 삶의 정곡正鵠을 찌르듯 물음에 답하는 것이다. 말과 글은 끝이 없다. 그럴 때마다 불이不二라는 말이 떠오른다. 소재에 따라 구성을 그리며 제목을 정하는 사이에 이책 저책, 그리고 옛 기록과 자료를 뒤지며 묵은 기억을 소환한다. 글쓰기는 이래라 저래라 하며 시시콜콜 가르치고 지적하는 가운데 배우는 것이 아니다.

글을 쓰는 일은 맑은 거울에 스스로를 비춰보고 깨우치며 집중하는 삶으로 깨어 있는 자신을 마주하는 것이다. 문장은 곧 자신의 표현이고 자아의 의미화다. 문장은 쓴 사람을 그대로 드러내고 그것이 쓰이고 읽히는 마음을 비추는 거울이 된다. 글쓰기에 앞서 거울을 말끔이 닦아 자기 눈으로 스스로를 비춰보며 성찰하는 통과 의례가 필요하다. 나는 연암서가가 펴낸 〈헤세의 책 읽기와 글쓰기〉는 헤르만 헤세의 문장론과 독서관, 그리고 한 인간으로서의 그의 인생을 여러 각도에서 입체적으로 살펴볼 수 있었다. 질풍노도의 시기, 청춘의 한 시절, 헤르만 헤세의 소설을 읽으며 그의 감성적인 문장에 밤을 지새우곤 했다. 연상의 여인을 좋아하는 구석이 내게 조금이라도 있었다면, 그것은 아마도 〈데미안〉의 에바 부인의 영향이었을 것이다.

글쓰기는 맑은 거울. 밝고 맑은 마음을 비추는 명경明鏡과 비유할 수 있다. 그 시절 헤르만 헤세의 소설들은 한 줄기 구원의 빛과도 같았다. 나이 들면서 새로운 장소로 떠나는 여행은 익숙한 풍경을 벗어나게 된다. 영화도 그렇다. 떠들썩하게 새로 쏟아지고 있는 블록버스터보다 그 옛날 잠 못 들어하며 주인공의 이야기에 속절없이 빠져들던 영화들을 다시 찾아보게 된다. 문학의 세계도 다르지 않은 것 같다. 청춘의 밤을 위로했던 작품들을 다시 읽어보는 즐거움은 생각보다 크다. 작가 정여울은 『끝까지 쓰는 용기』에서 "글쓰기만으로 없던 집이 생기고, 잃어버린 사랑이 돌아오지 않는다. 모든 것을 잃었음에도 글을 씀으로써 여전히 살아 있는 자신을 만날 수 있다."라고 말한다.

나는 요즘도 저음과 중음, 고음이 잘 어우러지는 기분 좋은 선율을 들려주는 부루투스를 통해 클래식에 진종일 귀 기울이며 아파트 둘레길을 아침저녁 하루 만 보를 걷는다. 하루 100페이지 안팎의 책을 읽고 글쓰기 구상에 열심이다. 그리고 일주일에 한두 편의 에세이를 꾸준히 쓰는 삶을 이어간다. 마이크로소프트사의 창업주 빌 게이츠도 '1주일에 14권의 책을 읽고 한 시간에

150페이지를 읽는다.'고 하지 않는가. 다산 정약용은 18년 동안의 유배 생활에서 차 마시며 생각하고 독서와 연구, 글쓰기가 주된 일상을 계속하였다. 그 결과 500권이 넘는 저술에 2,460여 편의 시를 남겼다고 한다. 이를 본받아 우리도 글을 쓰기에 앞서 읽고 생각하며 말하고 듣고 보며 가멸차게 영혼을 다스려야 하리라. 강준만 교수는 『글쓰기 특강』에서 '작가는 창작자가 아닌 편집자의 자세를 가지라'고 권한 바 있다.

그만큼 스스로를 이해하고 알아가는 자기 인식과 성찰이 요구된다는 것이다. 미국의 전문편집인 제럴드 그로스는 『편집의 정석(Editors on Editing)』에서 '글쓴이는 책을 낳는 산모이고 편집자는 산파'라고 비유한 바 있다. 카나다 작가 마거릿 에드우드는 『글쓰기에 대하여』를 통해 '지적이고 솔직한 글 써라.'고 권하였고 대니엘 조슈아 루빈은 『스토리텔링 바이블』에서 "글쓰기의 핵심은 스토리텔링이다."라고 말했다. 유시민은 "남들이 잘 이해하고 공감하는 글을 쓰고 싶다면 내가 먼저 남이 쓴 글을 이해하고 공감할 줄 알아야 한다."고 말하였다. 문장가 고종석은 『문장1, 아름답고 정확한 글쓰기란 무엇일까?』에서 '글 쓰는 삶은 생각하는 삶이고 생각하는 삶은 좋은 삶'이라고 하지 않았던가. 고전평론가 고미숙은 『읽고 쓴다는 것, 그 거룩함과 통쾌함에 대하여』에서 "존재론을 먼저 구축한 다음 실전에 들어가는 것이 좋다."고 권했다.

"준비 없이 실전에 나섰다가 금방 밑천이 드러나 버린다. 그럴 경우 글쓰기를 지속할 의욕과 에너지를 잃을 것이다. 생각과 삶이 무엇이든 근본에 닿아 있어야 삶의 기술로 운용할 수 있다."고 했다. 내면의 삶에 기반을 둔 글쓰기는 자기만의 몫이고 특권이다. 그러나 빠르게 변하는 세상에서 낙엽 부스러기처럼 흩날리는 일상의 격랑을 붙들고 늘어진다. 작가 박민영은 글쓰기를 '자신이 벼리는 숫돌이자, 세상에 맞서는 칼'이라고 하였다.사무치는 감정과 추억, 남다른 경험과 관심사가 자연스럽게 자신의 몸에서 솟구친다. 우리는 일상의 침묵과 묵상 속에서 대화를 나눈다. 글의 소재는 항상 가까이에 있다. 영혼과의 대화를 나누는 공감과 감동의 기회를 가진다.

나는 글을 쓰되 영혼을 담은 산문, 에세이를 쓰려고 한다. 고전 중 아리스토텔레스의 수사학에서 제시한 설득의 3가지 요소로 로고스(logos, 논리와 근거), 파토스(pathos, 감동), 에토스(ethos, 신뢰)를 제시하였다. 그리고 퇴고한 원고를 읽어줄 동반자를 곁에 두어야 한다. 자기와 더불어 생활하는 가족이나 동료면 좋고 함께 사는 배우자는 더욱 좋을 것이다. 나는 탈고한 원고를 간혹 아내나 가족에게 보인다. 때로는 귀에 거슬리는 지적과 비판이 반복되기도 한다. 그것 또한 좋은 약방문藥方文이다. 잘 산다는 것은 좋은 책을 꾸준히 읽고 글을 쓰고 퇴고의 과정이리라. 나는 글쓰기로 살아 있다는 사실에 감사한다. 마거릿 에드우드는 '작가의 일과 삶에 드리운 그림자를 꿰뚫는 시선을 가지라.'고 권했다. 탈고한 글을 다시 읽을 때 때때로 부끄럽다.

자기가 쓴 글의 거듭된 퇴고를 통해 나의 초상肖像을 들여다보는 견자見者가 될 수도 있다. 한 편의 글을 쓰고 나면 그날로부터 퇴고의 연속이다. 퇴고 하고 하루 쉬고 퇴고 하고 하루 쉬는 과정이 며칠을 두고 이어지는 고난의 연속이다. 퇴고가 고난이고 고통이라는 말은 그만큼 힘들고 고통스럽다. 내가 하는 퇴고의 일정은 쉬는 기간을 조금씩 늘려가며 거듭한다. 기억에서 지우고 다시 읽는 기회를 가지면 글이 새롭고 편안하다. 글을 쓴다는 것은 솔직함과 서사에 대한 나름의 준비와 고민, 사회적 성찰과 공동체적 공감대를 이룬다. 나의 글을 대할 때 가면을 벗은 얼굴을 보듯 거울에 비친 얼굴을 뚫어지게 바라본다. 나는 글쓰기에 앞서 묻는다. 나는 가식과 가면을 벗은 솔직함으로 무장했는가. 자서전이나 타서전을 읽듯 자신을 들여다보자.

랭보가 말한 것처럼 '볼 수 없는 것을 보는 자', 그가 스스로의 참모습과 미래로 가는 길을 발견하는 사람이다. 미사여구로 자기를 포장하고 아름다운 표현으로 꾸미려는 사람의 글은 쉬 생명력을 잃는다. 글쓰기는 예술행위다. 고대 그리스에서는 "기술(art, techne)"이라는 단어는 오늘날의 "예술"과 "기술" 모두를 지칭한다. 예술(art)의 어원은 라틴어 기술(ars)에서 출발하였다. 누구나 글쓰기는 스스로를 표현하는 재능이다. 몽테뉴는 "이 책의 소재가 바로 저 자신입니다."라고 말한 「수상록」에서 위인들에게 '산다는 것'은 곧 '생각한다는 것'이라고 표현하였다. 그는 16세기 후반 프랑스의 광신적인 종교 시민전쟁의 와중에 종교에 대한 관용을 지지하고 인간 중심의 도덕을 제창하였다. 그 같은 견해를 피력하고 그것이 자신에게 무엇을 의미하는가를 밝히려고 에세(essai)라는 문학 형식을 빌어썼다.

그의 수상록은 인간 정신에 대한 회의주의적 성찰과 라틴 고전에 대한 해박한 교양을 반영한다. '통섭(consilience)을 주창한 사회생물학자 에드워드 윌슨은『창의성의 기원』에서 "창의성의 궁극적 목표는 자기이해"라고 하였다. 김시헌은『수필문학』제2집 책머리에서 "수필은 길이가 짧지만 소설이 담겼고 리듬은 없지만 시가 있다. 수필은 부담 없이 걷는 산책과 같고 장바구니를 든 아낙네의 마음이다. 그 속에는 꿈을 돌아보는 낭만이 있고 회의를 극복한 철학이 있고 생사를 초월한 우주가 있다."고 하였다. 일본 메이지대학교 문학부 사이토 다카시 교수는『책 읽는 사람만이 닿을 수 있는 곳』에서 "독서는 자신과 다른 관점을 얻는 데 도움이 된다."고 전제하고 "사고력을 키워줄 뿐만 아니라 상상력을 풍부하게 만들며 괴로운 상황에서도 앞으로 나아갈 힘을 준다"고 하였다. "인터넷을 통해 읽는 것과 직접 책을 읽는 것"은 차이가 있다.

"한사람이 인생에서 할 수 있는 체험은 한계가 있지만 책을 읽으면 다양한 유사 체험이 가능하다."고 일러준다. "많이 읽어야 잘 쓸 수 있고 많이 쓸 수 있다."고 말한 유시민은 『글쓰기 특강』에서 "첫째, 취향 고백과 주장을 구별하라. 둘째, 주장은 반드시 논증하라. 셋째, 처음부터 끝까지 주제에 집중하라."고 충고하였다. 글쓰기는 자신을 통찰하고 성찰하는 일을 스스로 행하는 수행이다. 수필의 핵심은 저자의 생각과 감정, 그리고 경험과 사회 인식을 반영함으로써 변화하는 시대에 대한 성찰과 탈출구를 마련하는 것이다. 수필의 일반적 개념은 평소 생활에서 경험한 감동, 재미, 사색과 통찰, 깨달음을 준 내용을 자유롭게 쓴 글이다. 그만큼 수필과 에세이는 자기 자신의 상상과 현실을 비추는 맑은 거울로 크나큰 깨우침이자 축복이다.

현실 세계를 자신과 연결하여 삶의 지평을 넓혀주는 확장과 통섭의 길에 나서기 위해서는 작가의 역할에 충실해야 하리라. 등단작가라면 작가의 책임과 스스로의 길을 생각하고 택해야 한다. 삶을 통해 끊임없이 영감을 얻어야 하고 다양한 느낌과 경험, 폭넓은 지혜와 교양을 이웃과 나누어야 하는 삶이어야 한다. 더불어 독서와 여행, 대화를 통해 자신만의 세계를 형성하고 탐험과 탐구, 정신적 모험을 통해 글쓰기를 위한 준비와 마무리 퇴고의 과정에 충실하려고 애쓴다. 글쓰기는 우리가 현실을 딛고 우주적 모험과 상상을 꿈꾸는 일이기에 더욱 그러하다.

생각이 다르면 적敵인가

2024년 12월 3일 밤. 윤석열 대통령은 '아닌 밤중에 홍두깨'처럼 생방송을 통해 "종북 세력과 반국가단체의 척결하기 위해 비상계엄을 선포한다."고 밝혔다. 윤석열 정부는 일찍이 대화와 협치를 이루지 못한 채 생각을 달리하는 사람들을 '좌파 카르텔'이라고 밀어붙였다. 광장의 모습은 날이 갈수록 군중의 거친 입과 닫힌 정치를 보여주고 있다. 카르텔(Cartel)이라는 용어는 원래 독과점적 이윤을 추구하는 기업 연합체를 일컫는 경제 용어다. 한밤중에 대통령의 계엄 선언을 듣는 순간 전래동화 '도깨비와 개암'과 프랑스 혁명 때 콩코르드 광장에 설치된 기요틴, 그리고 학교 다닐 때 배운 독일 나치 시대를 유지한 칼 슈미트의 '우적友敵관계 이론'이 떠올랐다.

기요틴(guillotine)으로 18세기 프랑스 혁명 당시 사용된 사형 집행 도구로, 범죄자에게 빠르고 효율적으로 사형을 집행하기 위한 도구로 사람의 목을 빠르게 절단하는 방식으로 작동하며 그 이름은 프랑스의 의사인 고안자 조제프-이그나스 기요탱(Joseph-Ignace Guillotin)에서 유래한 처형 방법이다. 생각이 다르면 적으로 몰아가는 사회, 정치적 이념의 갈등이 회오리가 헤게모니 싸움으로 번져 우리 사회를 지금 오랜 기간 파괴적 시대에 빠뜨렸다. 윤석열 대통령에 대한 헌법재판소의 선고를 앞두고 국회와 법정, 헌재 주변 길거리에서는 시위와 패거리 난타전이 벌어지고 있다. 국민은 국민대로 탄핵 찬성과 반대 두 패로 나뉘어져 이 시대를 극단적 '독주와 기피의 시대'로 몰아가 다툰다.

우리가 겪고 있는 갈등의 본질은 질 들뢰즈의 '차이와 반복'을 다시 읽게 한다. 즉 나만 있고 상대를 부정하는 유일 체제가 우리 사회의 병폐다. 남성이라는 존재가 인정받기 위해서는 여성이라는 존재를 인정해야 하듯 자신을 인정받기 위해 남을 존중해야 하듯 진보와 보수가 서로의 특성을 인정하고 공존할 때 하나의 공동체가 유지되는 것이 아닐까. 지금 우리의 현실은 마치 광장에 키로친을 세웠던 험악한 프랑스 혁명의 분위기를 재현하는 듯 살벌하다. 왕족과 귀족들은 협상 테이블에서 전통을 이어가려는 보수가 되어 급진 개혁을 요구하는 진보파와 충돌하였다. 우리는 지금 헌법재판소의 심판을 기다리고 있다. 반복을 통해서 드러난 차이는 윤동주와 박목월의 시구를 되새기게 한다.

동주는 '새로운 길'을 "내를 건너서 숲으로/ 고개를 넘어서 마을로// 어제도 가고 오늘도 갈/ 나의 길 새로운 길 －중략－ 나의 길은 언제나 새로운 길/ 오늘도… 내일도…/ 내를 건너서 숲으로/ 고개를 넘어서 마을로"라고 노래하였고 목월은 '나그네'에서 "강나루 건너서/ 밀밭 길을// 구름에 달 가듯이/ 가는 나그네// 길은 외줄기/ 남도 삼백리// 술 익는 마을마다/ 타는 저녁놀// 구름에 달 가듯이/ 가는 나그네"라고 노래했다. 시인 동주와 목월은 같은 길을 걷는 반복된 행동을 통해서 길 속에 숨어 있는 차이를 깨우치며 항상 새로운 시대를 살아가고자 했으리라. 우리도 이 난국에 시를 읊자. 우리는 글쓰기를 통해서 차이의 의미를 깨닫는 문인의 생각과 삶을 본받아야 하리라.

우리는 왜 동주나 목월처럼 삶의 의미를 깨닫지 못하고 허둥대는가. 우리네 정치인과 관료들, 공직자와 성직자들은 욕망의 아집에 빠져 차이와 간극으로 설치며 스스로 무너지고 있다. 우리를 절망케 하는 것은 거듭되는 시련과 수난에서 끝내 깨닫지 못한 탓이다. 우리의 어리석음과 무지에서 비롯된 뼈아픈 성찰이 요구된다. 지금도 우리를 숨죽이게 한 계엄의 현실, 그 끝없는 무질서와 혼란을 끊어내고 고통과 공포의 시간을 넘어설 수 있는 새로운 인간의 길을 다짐하는 일이 급선무다. 사랑과 자유와 정의가 자리 잡지 못하고 자신의 욕망과 이익에 눈이 어두워 방황하는 사회에서 '나와 생각이 다르면 적'이라는 정치인들의 이분법적 사고부터 뿌리를 뽑아야 한다.

지금 우리가 지향하는 정치체제를 근본적인 맹성을 촉구할 때다. 정치인과 국민 모두 나만이 옳고 바르다는 독선과 무지의 어리석음을 깨닫고 더 늦기 전에 선택의 정신을 가다듬는 집단지성集團知性을 길러 사회 구성원들이 서로 협력하거나 경쟁하여 쌓은 지적 능력의 결과로 얻어진 지성과 능력으로 국가사회를 근본부터 새롭게 해야 한다. 성숙하고 참다운 겸손과 긍휼矜恤의 정신으로 나라와 국민의 미래를 바로잡아야 하리라. 우리의 미래가 현재와 과거로부터 얼마나 자유로울 수 있을까를 생각하는 문제를 출발점으로 타인의 삶에 대해 얼마나 겸손한 자세로 진지하게 다가서야 하는지 반성이 앞서야 한다. 그 문제는 '양심과 철학의 대개혁'이 새로운 출발점을 맞아야 할 것이다.

대통령 윤석열을 파면한다

헌법재판소는 2025년 4월 4일 11시 22분 재판관 8명 전원일치로 주문을 선고했다. 헌법재판소는 파면 이유를 "파면함으로써 얻는 헌법 수호의 이익이 대통령 파면에 따르는 국가적 손실을 압도할 정도로 크다."라는 게 재판관 8명이 평의를 통한 일치된 결론을 내렸다. 문형배 헌재소장 권한대행이 '2024헌나8 대통령 윤석열 탄핵 사건'에 대한 탄핵선고문을 통해 "12 · 3 비상계엄의 위헌 · 위법성"을 조목조목 낱낱이 밝힌 탄핵결정문에서 비상계엄 선포 123일 만에 찬탄, 반탄으로 갈라진 정국을 닫고 내란 수괴 윤석열을 끌어내렸다.

벼랑 끝 민주주의를 구하고 윤석열 파면으로 국민들은 '이제 새 대통령의 선출과 함께 새 세상을 만들자'고 외치며 나섰다. 헌법재판소는 선고를 통해 "12 · 3 비상계엄 선포가 실체적 · 절차적 요건을 위반하였고, 국회에 대한 군경 투입, 국회 · 정당 활동을 금지한 포고령 발령, 중앙선거관리위원회 압수수색, 법조인 위치 확인 시도 등 5가지 탄핵소추 모두가 헌법 · 법률 위반했다."라고 밝혔다. 또한 헌재는 "피청구인의 위헌 · 위법 행위는 국민의 신임을 배반한 것으로 헌법 수호의 관점에서 용납될 수 없는 중대한 법 위반"이라고 준엄하게 조목조목 판시하였다.

주요 외신들은 헌법재판소의 선고를 일제히 주요 기사로 타전했다. 미국 트럼프 대통령의 일방적인 관세 폭탄과 맞물린 관세로 갈등 상황에서 외신 독자들은 한국의 민주주의 저력을 "부럽다.", "배우고 싶다."라고 평가하고 "우리는 왜 한국처럼 못 하나?"라는 탄식을 쏟아냈다. 그동안 계엄을 줄기차게 반대해 온 국민의 힘 소속 김상욱 의원은 "4월 4일을 민주주의 기념일, 국경일로 제정하자"라고 제안했으며 공안부장검사 출신이자 전 국민의 힘 김웅 의원은 "국민의 힘은 이번 대통령 선거에 후보를 내지 않아야 한다."라는 양심의 소리가 터져 나와 눈길을 끌었다.

윤석열 대통령에 대한 탄핵 선고를 하루 앞둔 3일 헌법재판소 주변에는 1700여 개 시민사회단체가 윤석열 즉각 퇴진 · 사회대개혁 비상행동과 원내 외 8개 야당은 안국역 6번 출구 앞에서 '내란수괴 윤석열 8대 0파면 최후통첩'과 '태극기와 성조기를 든 탄핵 반대를 외친 국민적 저항'이 살벌하게 맞닥뜨렸다. 경찰 버스와 차벽용 차량 200여 대로 헌재로부터 반경 150m를 시위 '진공상태'로 만들고 갑호 비상 명령을 내렸다. 한편 진보성향 교육감이 이끄는 경남 · 광주 · 부산 · 서울 · 세종 · 전남 · 전북 · 울산 · 인천 · 충남교육청 등 전국 10개 시도의 각급 학교에서는 헌법재판소의 윤 대통령 탄핵 심판을 수업으로 활용할 수 있도록 허용되었다.

나는 12 · 3 비상계엄 선포로부터 헌재 심판 선고까지 123일 동안 겪은 혼란과 갈등의 지루한 기다림 끝에 새날을 맞기까지 60여 년 전 정치학과 신입생 커리큘럼에 따라 서주실 교수님으로부터 강의를 들은 『헌법개론』 시간의 기억이 새로웠다. 그리고 고려대학교 출판부로부터 구입한 『현민 제헌헌법 관계 자료집』을 다시 펼쳤다. 이어 서가에 꽂힌 차병직 교수의 '피와 저항으로 쓰인 헌법의 세계사' 『헌법의 탄생』과 검사 출신인 서울대학교 법학전문대학원 이효원 교수가 쓴 '흔들릴 때마다 삶의 중심을 잡아주는 기준에 관하여'라는 부제를 단 『일생에 한 번은 헌법을 읽어라』와 박한철 전 헌법재판소장이 쓴 『헌법의 자리』를 차례로 읽었다.

헌법憲法은 '헌憲자와 법法자'로 이루어졌다. 헌법은 '법을 세운다'는 의미로 헌법은 나라의 체제를 제정하고 감시하는 역할을 담당한다. 헌법은 한 나라 최고의 상위법으로 우리나라 헌법은 1948년 7월 17일 선포된 제헌헌법制憲憲法이 우리나라 최초의 헌법으로 통치구조와 국민의 권리의무를 규율한 최상위 법이다.

"대한민국은 민주공화국이다. 대한민국의 주권은 국민에게 있고, 모든 권력은 국민으로부터 나온다."라는 헌법 1조 규정을 다시 외워 보았다. 헌법은 어떤 누구와 법도 헌법을 거스를 수 없고, 헌법에 위반된 법률은 효력을 상실한다. 헌법은 모든 국민의 생존에 필수 불가결한 보호막이다. 헌법은 우리가 이 땅을 떠나지 않는 한 금과옥조로 받들어야 할 최고의 법이다.

만성 콩팥병과 더불어 산다

세상은 우리가 살고 있는 시대를 백세시대라 일컫는다. 백세시대는 오래 살며 하고 싶은 일을 다할 수 있는 삶의 질을 보장받은 삶이리라. 만성콩팥병(만성 신장질환, Chronic Kidney Disease, CKD)은 신장이 점진적으로 기능을 잃는 증상의 상태를 말한다. 이 질환은 여러 해에 걸쳐 서서히 진행되며, 초기에는 증상이 거의 나타나지 않기 때문에 발견되지 않는다. 만성콩팥병은 신장의 여과 기능이 떨어져서 체내 노폐물과 과잉 수분을 제거하는 능력이 감소하는 문제다. 사람의 신장(腎臟, kidney)은 척추를 중심으로 양 옆구리 뒤쪽에 하나씩 두 개가 있다. 마치 강낭콩처럼 생긴 신장은 혈관 덩어리로 우리 몸의 종합 정수기 역할을 하는 장기다. 남아 있는 신장 기능은 시간이 흐르면서 점차 낮아져 결국은 신 대체 요법(투석이나 이식술)이 필요한 말기 콩팥병으로 진행된다.

어린이의 경우 성인과 달리 선천성 질환의 빈도가 높다. 특히 나이가 어릴수록 선천성일 가능성이 높아서, 5세 미만의 경우 신형성부전, 신이형성, 요로 폐쇄 같은 선천성 신장 기형 현상이 나타난다. 5세 이상의 경우 후천성 사구체 질환(사구체신염, 용혈성 요독 증후군) 또는 유전성 콩팥 질환(알포트 증후군, 낭포신)이 주된 원인이다. 성인의 만성신부전증은 가장 흔한 원인이 당뇨병으로 점차 악화하여 50% 정도를 차지한다. 그 외에 고혈압, 사구체신염, 다낭성 신장 등의 합병증을 동반한다. 신장은 혈액 속 노폐물을 걸러내면서 적당량의 수분과 전해질을 유지한다. 신장이 손상을 입어 혈액 속의 노폐물을 제대로 걸러내지 못하고 죽음에 이르게 하는 병이 만성신부전증이다. 만성신부전증은 신장의 80~90%가 망가질 때까지 아무런 증상을 느끼지 못해 흔히 '침묵의 장기'로 불린다.

한 번 망가진 신장은 회복되지 않고 죽음에 이르게 하는 침묵의 장기로 불리운다. 만성신부전증은 혈액과 소변검사를 통해 혈청크레아티닌(Cr)의 수치로 이상 여부를 판단하게 된다. 신장내과에서 혈청크레아티닌(Cr) 수치에 이상이 나타났을 때는 이미 병이 많이 진행된 상태다. 우리 몸의 신장은 나이가 들수록 그 기능이 조금씩 떨어지기 마련이다. 타고난 체질과 평소 나쁜 생활 습관이 발병의 원인이다. 건강보험심사평가원은 2019년 현재 만성신부 전증을 앓는 환자가 약 249,000여 명으로 5년 동안 무려 54%가 증가하였고 지금은 30여 만 명에 이를 것으로 예측하고 있다. 신장병에 걸리면 수명이 짧아지고 투병 생활과 함께 삶의 질 또한 크게 떨어진다. 우리나라는 이미 '초고령 사회'에 진입하였다. 이제 건강하게 오래 사는 게 문제다.

나는 6 · 25가 일어났을 때 초등학교 1학년이었다. 이듬해 1 · 4 후퇴 때 부산행 피란열차를 탔었다. 열차는 보름 동안 총알이 빗발치고 포탄이 터지는 전장을 뚫고 달리는 동안 전남 신안군 안좌섬 출신 우리나라 모더니즘 제1세대 화가 김환기 화백이 무개화차의 콩나물 시루 같은 피란열차(1951년)를 그린 바 있다. 나는 그때 피란열차에서 발이 퉁퉁 붓는 신장염을 앓았다. 그때 이미 콩팥병에 대한 경종이 울린 셈이다. 어른이 되어서는 폭음과 젓갈류, 짜고 매운 자극성이 강한 음식을 즐겨 먹는 나쁜 식습관으로 통풍과 고혈압, 당뇨병을 앓게 되었다. 신부전증은 40%가 당뇨, 30%는 고혈압, 나머지는 영양과잉과 운동부족으로 발병하는 병이다. 젊은 날 얼굴색이 항상 거무티티하고 거칠었다.

우리나라에서는 현재 70대 이상 노인 10명 중 한 명이 만성신부전증을 앓고 있으며 세계적으로는 약 8~16%에 해당하는 8,500여만 명이 만성신부전증을 앓고 있다. 환자 수는 계속 늘어나고 있다. 나는 2014년 6월부터 매주 화목토 3일간 혈액투석 치료를 받기 시작하였다. 매주 화 · 목 · 토 사흘은 눈비가 오나 태풍이 불어도 아침 7시 전후에는 아내가 운전하는 차편으로 집을 나서 병원을 찾는다. 팔순을 넘긴 몸으로 잠자리를 털고 일어나 혈압을 체크하고 아내가 차린 건강식을 아침으로 먹은 뒤 서둘러 병원으로 나선다. 늦가을부터 이른 봄까지 먼동이 트기 전의 새벽은 어둡고 스산하다. 그 시간 나는 까마귀와 아침인사를 나누며 한서병원 인공투석실로 향한다.

그 시간 병원은 진료가 시작되기 전이지만 불을 밝힌 채 의료진의 발걸음이 바쁘게 움직인다. 카드를 챙겨 체중의 변화를 체크한 뒤 지정된 침대에 눕는다. 간호사의 문진이 끝나면 니들링으로 투석이 시작된다. 그 뒤 전문의의 회진과 전문간호사의 돌봄이 이어지는 가운데 4시간 동안 꼼짝 없이 투석치료가 계속된다. 한서병원 투석실은 전문의 4~5명과 간호사 20여 명이 220여 명의 환자를 오전, 오후, 저녁 세 차례로 나누어 진료를 맡는다. 혈액투석기는 1942년 2차 대전이 끝날 무렵 독일의 콜프(Willem J. Kolff) 박사가 극히 초보적인 기기를 고안하여 전상병의 콩팥을 다스리기 시작한 일이 생명을 이어갈 수 있는 유일한 방법이 되었다.

투석기와 연결하는 주사바늘은 정밀기계에 적용되는 국제 규격으로 바깥지름이 7Gauge(4.752mm)~34G(0.184mm) 굵기가 있다. 투석바늘이 인체에 쓰는 바늘 중 가장 굵다. 처음 투석을 시작할 때나 지금도 니들링은 여전히 아프고 투석이 끝난 뒤 지혈에 신경이 쓰인다. 투석용으로 동정맥루를 갖춘 뒤 15G(1.829mm)~16G(1.651mm)의 굵은 바늘로 매번 두 곳을 찌른다. 성인의 머리카락 굴기가 0.1mm안팎 인데 비하면 혈액투석용 주사바늘은 그보다 엄청 굵다. 투석용 바늘이 굵은 이유는 혈액 속의 적혈구를 비롯한 혈액세포의 훼손과 변형을 막기 위해서다. 바늘이 굵은 만큼 아프고 지혈이 더디며 바늘구멍의 흉터가 쌓여 투석환자의 한 쪽 팔은 상처뿐인 영광으로 남는다. 안타깝게도 투석 치료는 완전한 치유(治)로 가는 길이 아니라 연명延命의 방법일 뿐이다.

투석 환자는 일정 기간 치료로 정상이 완화되거나 완치되는 것이 아니라 살아 있는 동안 망가진 콩팥(신장) 대신 투석기가 그 역할을 계속할 뿐이다. 투석을 통해 몸속의 노폐물을 필터로 걸러내고 차고 넘치는 수분을 제거하여 부종을 막고 전해질의 균형을 유지하는 치료법이다. 투석 이후 신장장애 2급 장애인으로 보건복지부에 등록되었다. 혈액투석환자는 인공투석기에 의해 제2의 인생을 살아간다. 투석 결정을 한 뒤로는 담당 의료진의 처방에 귀 기울이는 것이 환자의 일이다. 나는 2014년 6월 1일 오후에 첫 투석 치료를 받기 시작하였다. 그날로부터 나의 컴퓨터 바탕화면에는 'I ♥ kidney' 폴더가 만들어졌다. 투석에 앞서 2012년 3월에는 서울 한대석 박사의 진료에 이어 부산 공진민 박사의 특진과 2014년 봄에는 딸의 안내로 서울 혜화동 K의원에서 김성권 박사의 검진을 차례로 받았다.

그때 김 박사의 말이 "투석치료를 하면 동기들만큼 살 수 있다."는 권고였다. 나의 신장 상태를 체크한 부산 한서병원의 신장내과 전문의 공진민 박사는 신장 이식과 투석 치료의 장단점을 비교 설명하며 몇 차례 신장 이식수술을 권하였다. 나는 서울의 전 김대중 대통령 주치의를 역임한 한대석 박사와 서울대병원의 김성근 박사의 검진을 거쳐 혈액투석을 시작하였다. 부산으로 내려와서 서둘러 동정맥루 수술을 받고 아내와 함께 신장학회가 발간한 『일반인을 위한 콩팥병 바로 알기』를 읽으며 마음의 준비를 해나갔다. 나는 처음 콩팥병도 다른 병처럼 완치되는 병인줄 알았다. 그러나 투석치료는 12년째 계속되고 있다. 혈액투석을 택한 것은 콩팥이식수술과 집에서 할 수 있는 복막투석을 마다하고 병원에서 위생적이고 안전한 치료방법을 택했다.

히포크라테스(Hippokratēs, BC460~370)는 "음식으로 못 고치는 병은 약으로 고칠 수 없다."는 말과 함께 "음식이 곧 약이고 약이 음식이다."라는 권고와 함께 투석 이후 "걷기와 식생활이 최고의 처방"이라는 권유에 따라 하루 평균 7~8천 보를 걷고 4~50분의 스트레칭을 빠짐없이 계속하고 있다. 아내의 권유로 투석 치료를 받기에 앞서 우리 부부는 병원 영양사로부터 식이요법 지도를 청해 들었다. 투석치료를 받기 시작한 이후 '식이요법특강'을 청해 들은 뒤로는 외식을 줄이고 아내가 마련해주는 저염식의 집밥을 먹는다. 평생 즐겨온 담배와 술을 끊었다. 그러나 짜고 매운 자극성 음식과 육류 맛을 하루아침에 바꾸기는 여간 힘든 일이 아니었다. 때로는 입맛이 떨어져 아내에게 투정을 부렸다. 나는 식습관을 꾸준히 개선해 나갔다.

투석치료를 받은 이후 줄곧 체중 57kg 안팎을 유지하고 있다. 치료를 시작하기 전에는 하루 평균 100페이지의 책을 읽는 왕성한 독서욕이 다소 줄긴 했으나 오디오시스템 대신 블루투스로 KBS FM 방송을 종일 들으며 지낸다. 이와 함께 딸이 거실에 레이지보이 안락의자를 들여놓고 사위가 선물한 BOSE 부르투스 스피커와 SONY 노이즈 캔슬링 헤드셋을 쓰고 있다. 그렇게 투석을 시작한 지 12년째다. 투석 이후 수분 섭취량을 줄이기 위해 염도가 높은 국과 찌개류를 먹지 않으려고 애쓴다. 배뇨를 하지 못하는 투석환자에게 요구되는 수분 섭취 제한이 중요하다. 그렇지 않으면 부종의 부작용이 따른다. 아내와 가족은 하나같이 나의 투병에 동참하는 세심한 간병인이 된다. 아내는 신장병에 이로운 식품을 가려 조리하며 이를 가족들에게 알린다.

모든 야채를 2시간 이상 물에 담궈 칼륨을 줄이고 하루에 필요한 야채와 단백질을 적당량 고루 섭취하며 아내는 필요한 영양소를 놓치지 않으려고 애쓴다. 병은 담당의사 못지 않게 환자 자신과 그 가족들이 삼위일체가 되어야 한다. 그 결과 병원의 혈액검사 결과 BNU(섭취한 단백질 대사과정에서 발생한 노폐물, 혈중 요소와 질소의 농도), 매월 혈액검사를 통해 사구체여과율, 크레아티닌, 칼륨(K)와 인(P) 수치를 체크하고 투약의 처방에 충실해야 한다. 방 한 칸의 서재에 복잡한 오디오시스템을 모두 정리하고 부루투스로 KBS FM의 콩 앱을 통해 음악을 듣고 책을 읽으며 오후에는 한 시간 정도의 낮잠과 걷기, 스트레칭을 계속한다. 치료가 없는 날은 마치 축일을 맞은 듯 춥거나 덥거나 비가 내리거나 바람이 불어도 변함없이 아파트 둘렛길을 걸으며 이웃을 만난다.

나는 오늘도 의료진의 처치와 가족들의 돌봄으로 죽어야 끝나는 만성 콩팥병과 더불어산다. 만성 콩팥병 즉 신부전증 환자의 삶은 살아가는 동안 스스로에게 부여된 삶의 동기를 끊임없는 날을 반복한다. 나는 화목토의 일상을 투석치료로 잇는다. 아내의 그윽하고 우아한 사랑과 헌신으로 일주일에 화목토 사흘은 하루 네 시간의 신장 혈액투석과 함께 언제 끝날지 모르는 연명延命의 삶을 이어간다. 말기 질환으로 회복 가능성이 없는 내가 생명 유지를 거부한다는 사전의향서에 서명하고도 혈액투석을 받는 생명에 대한 삶의 이중성에 대한 갈등을 겪는다. 마치 다자이 오사무(太宰治)의 소설『사양斜陽』에서 남긴 마지막 유언 독백처럼 나는 다 지나간 젊은 날의 추억을 회상하며 나이듦을 지킨다.

나의 수필론 (10)

여든의 수구초심, 명지를 노래하다

부산일보 문화부기자 박종호

부부산일보 문화부 수석기자 박종호가 2024. 2. 15 투병 중인 저를 방문해 두 시간 남짓 인터뷰한 내용을 2024. 2. 20 기사화한 보도내용을 그대로 옮긴다. 글에 등장하는 '나'는 누구일까? 지은이가 상상해 낸 인물? 아니면 지은이 자신? 거의 모든 수필에 등장하는 '나'는 바로 글쓴이다. 글쓴이가 자기 삶의 이야기나 자기 주변에서 일어난 이야기를 있는 그대로 솔직하게 쓴 글이 수필이다. 내가 겪은 일, 나의 생각을 담은 글, '고백의 글'을 새삼 다시 읽듯 되새긴다.

"언론인 최화웅 씨 평생의 과제

'고향에세이 울말섬 찬가'발간"

"명지의 역사는 소금을 굽는 것에서부터 출발했다. 조선 후기 명지에서 일 년에 구워 내는 소금은 수천만 석으로 나라 안에서 제일이었다. 다만 민족 자본으로 제염업을 발흥시킬 기회를 놓친 게 아쉽다. 지금이라도 명지 염전을 복원해야 한다." 부산 지역 원로 언론인 최화웅(81) 씨는 최근 펴낸 〈울말섬 찬가〉에서 명지가 '잠자는 도시(베드타운)'로 전락하고 만 사실을 아쉬워하며 명지의 중요한 자산인 염전을 몇 곳이라도 복원하자고 주장했다. 최 씨는 1971년 부산MBC 공채 기자로 입사해 부산MBC의 보도국장 대우와 부산평화방송 초대 보도국장을 지냈다.

2001년 문예종합지 〈문예운동〉을 통해 등단한 수필가이기도 하다. 무엇보다 그는 1992년 〈MBC NEWS 최화웅입니다〉와 같은 사회비평서를 시작으로 〈한국민방개척사〉를 비롯한 언론이론서, 수필집 등 이미 12권의 저서를 출간한 지칠 줄 모르는 글쟁이다. 〈울말섬 찬가〉는 540여 쪽이 넘는 분량에 참고 문헌만 150여 편 이상에 달한다. 언론계 후배인 〈시빅뉴스〉 차용범 칼럼니스트는 "저자가 책 제목에 에세이라는 표현을 붙였지만, 그 서술의 폭과 깊이는 일상의 체험과 생각을 쓰는 수필을 껑충 넘어 논리성과 객관성을 완비한 사회과학 연구서에 가깝다.

외관과 내용에서 "객관적 논조를 제시한 지역연구서 겸 사회비평서이다."라고 높게 평가했다, '울말섬'은 김해문화원에서 발행한 민긍기 지음 〈김해의 지명〉 등을 통해 알아 낸 부산 강서구 명지동, 그러니까 명지의 고대 지명이다. 〈울말섬 찬가〉는 울말섬 모래톱 아야기, 가야로부터 이어진 고대국가의 흔적, 명지 염전이 조정의 국고, 명지의 문화유산, 울말섬의 현주소, 고향은 영원한 그리움까지 총 9부로 구성된 역작이다. 최씨에 대한 호기심으로 한 번 만나보고 싶다는 생각이 든 것은 지난 2017년으로 거슬러 올라간다.

기자 출신인 최씨가 아파트 주민을 위한 인문학 교실을 열어 재능 기부에 나섰다는 내용이 〈부산일보〉에 보도된 직후였다. 이 책이 나온 것은 지난해 연말이었지만 인터뷰는 그의 건강 상태 악화로 몇 차례 연기되는 난항을 겪었다. 그는 2011년 만성신부전증 진단을 받고 2014년 6월부터 일주일에 세 차례씩 혈액투석 치료를 받는 4급 장애인이다. 2017년 인터뷰 기사에 실린 사진의 얼굴이 너무 까맣게 보였다. 당시에는 신장 이식까지 준비하고 있었던 때였다고 한다. 그래도 인문학 교실은 5년간 계속되었다.

다음은 우여곡절 끝에 수영구 광안 4동 자택에서 진행된 인터뷰의 일문일답이다.

질문) 이 책에는 '고향에세이'라는 부제가 붙었는데 어떤 의미인가?

답변) 명지는 아버님 최인해崔仁海의 안태본으로 1·4 후퇴 때 서울에서 피란한 곳이다. 나이 팔십을 넘기니 나에게 남은 것은 고향이더라. 기자가 되기 전부터 내고향 명지의 유래와 변천에 대해 생각하기 시작하였다. 기자 생활을 시작하면서 명지에 관한 기초 인문 자료를 모으기 시작하면서 기자 생활을 통해 수집한 향토 자료를 정리하는 과정에서 이를 마무리 해야겠다는 생각을 필생의 목표로 삼았다.

질문) 병이 깊어 건강이 좋지 않은데 이 책이 열세 번째인데 열심히 쓰게 된 이유는?

답변) 처음 원고는 200자 원고지로 5만 매쯤 된다. 퇴고를 끝내고도 원고의 첨삭이 계속되어 가족과 주위의 고생이 많았다. 생각이 있는 사람으로 다음 세대를 위해 내 고향 명지에 대한 진실한 기록을 남겨 전해야 한다는 첨병 의식의 발로였다고 할까. 지금도 다 못 쓴 자료가 추적하고 밝혀야할 자료가 남았다. 건강이 허락하면 향토사 연구와 집필을 계속하고 싶다.

질문) 명지는 60년대까지 상주인구 만여 명에 머물렀으나 지금은 10만 명이 넘어 분동을 해야할 형편이다. 앞으로 명지가 어떻게 성장하길 바라는가.

답변) 명지는 6가야 중 가장 강력한 금관가야가 발흥한 곳이다, 광복 당시 명지의 염전에서는 해마다 60kg 들이 20만 가마가 생산되어 낙동강을 따라 경상남북도 지역에 공급하였다. 이 같은 명지 향토사를 전해줄 향토 도서관과 향토 역사문화관이 세워져 삭막한 아파트 단지의 건립으로 소외된 지역주민을 위한 주민의 역사적 문화적 텃밭이 제대로 가꾸어지기를 바란다. 그러기 위해서는 행정편의주의식 일방적인 개발보다는 주민이 참여하는 바람직한 자연의 보존과 개발을 효과적으로 이루기 위한 체계적인 토론의 장을 마련하여 모든 세대가 향토의 미래를 재인식하는 계기가 되길 바란다.

— 부산일보 2024.2.20. 일자 17면 문화면 게재

최화웅 에세이
차면望 기운다朔

인쇄 2025년 4월 10일
발행 2025년 4월 15일

지은이 최화웅
발행인 서정환
펴낸곳 수필과비평사
주소 서울시 종로구 삼일대로 32길 36(운현신화타워 빌딩) 305호
전화 (02) 3675-3885 (063) 275-4000
팩스 (063) 274-3131
이메일 essay321@hanmail.net
출판등록 제300-2013-133호
인쇄 · 제본 신아출판사

저자와 협의, 인지는 생략합니다.
잘못된 책은 바꿔 드립니다.

ISBN 979-11-5933-569-3 (03810)
값 20,000원

Printed in KOREA

부산문화재단
부산문화재단

※ 본 도서는 2025년 부산문화재단의 지원을 받아 발간되었습니다.